补偿的限度

——有关征地的社会学研究

何 健 著

BUCHANG DE XIANDU

YOUGUAN ZHENGDI DE SHEHUIXUE YANJIU

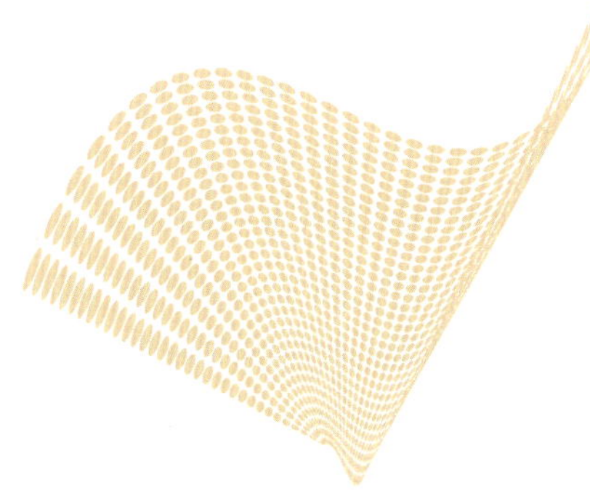

人 民 出 版 社

目　　录

序

在我国经济社会生活过程中,围绕土地的征地补偿纷争无疑是这几十年中比较突出的社会议题。不管从哪个方面看,这一社会议题背后潜藏着的社会秩序事实都是重要的。经济上的发展问题、社会上的住房问题、安全上的秩序问题,它都有所涉及。在经济发展的快速阶段,它是社会关注热点,在经济社会发展进入新常态阶段后,它也没有消失,总是时而跃出纸面。显然,征地补偿这一现象既具有具体性,也具有一般性。

本研究是借着对我国社会经济生活中的征地补偿现象作一种历史的描述和分析,并试图透过补偿这一概念理解社会学的一个基本问题:变迁中的社会如何能够保有团结,如何形塑制度,社会成员在特定情境下如何行动?如此这般设定议题的意义在于,我们透过一种制度史、社会史的研究可以揭示出行动者与结构之间的关联性。这种关联性表征着我国社会发展的程度和可能性。我们的社会确实在进步,制度从刚性向柔性发展是一个总的趋势,虽然其间会有这样那样对行动者选择的限制,但总的来看,这些限制不改总的趋势,社会成员的选择度增加是大势所趋、势所必然,从上到下都在做出改变,这种改变不是全然无轨迹,而是顺势而为,渐进地改变。既然体察到这种渐进性,人们就会好奇,什么社会机制会最有利于这种渐变,什么社会机制对这种渐变具有最低程度的副作用?本书的作者认为,随着社会的发展,社会系统会依靠自身的补偿机制去实现平衡。这一点可以说是本书最有价值的地方,它试图从制度史、社会史、理论史等多个层面去论证这一点。这样看来,本书的小标题其实并不太符合全书,作者的本意是要对补偿作一种全面的社会理论研究,小标题似乎换为“一种社会学研究”更为恰当一些。

在交代了研究动机之后,再扼要介绍一下全书的章节内容。全书由五个篇章和四个附论构成。第一章是导论,这部分提出了本书的研究目的、理论途径和研究方法。征地补偿过程是考察制度变迁的一个中介,通过对这个中介的历史原因分析可以揭示规范为什么会发生变化。第二章是关于征地补偿研究的文献梳理。通过对各种文献进行梳理与比较,尝试厘清征地补偿关系的实质,以及产生征地补偿矛盾的各种原因,比较清楚地揭示出当前征地补偿的一个重要特点是国家支配下的征地补偿。第三章和第四章是整个研究的主干。第三章纵向考察了征地制度的变化过程。民国时期的征地个案不仅为理解新中国成立后的征地制度变迁提供了一个历史参照,也显示出在中国民族国家建设过程中始终面临着程序治理如何施行、规范如何可能的问题。通过历史考察发现,在生产的城乡二元结构背景下,目前的征地规范在形式上表现为“规范冗余”,其原因在于现行征地制度欠缺互惠性、利益追逐者偏离了制度的价值规定、制度的承诺程度低等三个方面的实质性内容。总的来说,这部分内容是一种宏观的社会史考察。第四章是从横切面着手,对西部城乡结合部一个征地个案作比较详尽地解剖。通过描述、分析发现,当时的征地制度的很多规定很难惠及被征地者,表现为“规范不足”,其原因在于该征地场合中社会力量配置的不均衡,具体而言是因为关系支配功能、环节结构抑制社会力量发展以及地方组织中存在容隐机制。总的来说,正是以上宏观和微观两方面的原因使得目前补偿的实现受到限制。第五章是讨论和建议，它总结了征地场合缺少约束性的特征，并提出要从重建社会补偿的道德性、增强场合中的社会力量，以及实施程序治理等几方面来解决问题。

这项研究在实践意义上具有一定的问题意识，即在市场过渡和社会转型这两大背景下，探究我国征地规范之有效性的情况和原因。在理论意义上，这项研究有两个特点：一是区分了补偿的不同类型，二是揭示出我国征地补偿关系的实质，即国家权力支配下的补偿关系。目前已有不少关于征地的研究，这些研究大多是从政府政策角度进行研究，鲜有从制度实际运作的社会过程进行研究，虽然也有个别学者从国家权力与土地产权关系着手，然而其研究方法上仍较多关注与征地相关的成文法条，对某个征地个案的深描不够，更鲜少从历史社会学着手。本研究因此是从历史过程和个案实际过程两方面拓展以往的研究。

本书主体后面有四个附论，其中第三、第四个附论是已经发表了的两篇文章，这次之所以收录进来，实是因为它们都和本书的补偿这个主题相关，一篇是“补偿与社会系统平衡”，另一篇是“补偿的道德性及其实现”，分别从社会学和社会理论的角度讨论了补偿的功能和内涵。第一个附论从理论史的角度对补偿作了一个简要的梳理。这部分内容涉及两方面：一方面是关于社会补偿机制的讨论，另一方面是补偿机制的两种理想类型，即支配型补偿和交往型补偿。第二个附论从理论源流上梳理社会补偿的演变，展现出了补偿社会性的形成过程。

以上说的是这些研究做了些什么，接下来想说哪些是这项研究没有做的。这些没有做的恰恰是本书最大的不足，也是研究者认识上的局限性。首先，没有分清过渡与转型之间的差别。近来通过阅读一些文章发现，过渡和转型是有差别的。在学术界，“过渡”主要是指性质上有根本之别的不同社会之间的过渡。“转型”是指一定性质的社会内部的机制调整，比如计划机制向市场机制的转型。作者在进行研究时，当时没有作细致区分，如果在区分的前提下，可以进一步考虑过渡阶段的社会补偿机制和转型阶段的社会补偿机制，这就会增益社会秩序的理论和实践研究。其次，在研究的路径上，主要是从西方社会理论着手来讨论补偿机制的，没有从中国社会、中国社会思想去梳理，这样一来缺少了比较的眼光，也多少有理论与经验之间不搭界之嫌。最后，作者虽然力图从一般意义上考察补偿的社会理论内涵，但显然功夫还没有花够，虽然研究者尽可能注意理论与经验、历史与理论之间的联系，但明显对历史和经验关注更多，有失偏颇，这是需要进一步改进的。

任何研究一定会过时，这是一个研究者的宿命。虽然如此，研究依然有它的功能：一方面，研究能够给研究者的头脑带来某种清明的训练；另一方面，研究者通过研究带来了种种欣赏价值，他学会欣赏别人的研究，也把自己的作品展现给他人来欣赏，虽然每种欣赏都是经过评价之后的欣赏，但欣赏者自会取得愉悦，如果他积极的话，他是能够找回平衡的！

何 健

二零一六年十二月十一日

第一章　导　论*

市场过渡和社会转型是当代中国社会变迁的两大主题。这两个主题暗含着的问题，与卡尔·马克思当年致信维拉·伊万诺夫娜·查苏利奇比较说明西方和俄国两个运动的实质性问题一样，具有同等重要性。马克思认为，西方的问题是“把一种私有制形式变为另一种私有制形式”，即“以个人的劳动为基础的私有制……被以剥削他人的劳动、以雇佣劳动为基础的资本主义私有制所排挤”，“相反地，在俄国农民中，则是要把他们的公有制变为私有制”①。中国的市场过渡和社会转型与马克思所说的两种运动是不是一样？如果不一样，它们具有什么特点，引起了什么问题？解决这些问题的可能途径在哪里？我们虽然无从解决如此宏大的问题，但是，我们可以通过研究某一具体制度的实际过程，比如对征地制度进行一个总的把握，以求对征地制度变化过程中的补偿问题获得一定认识，继而希望对前面的那些根本性问题有

* 本书涉及的事件名、人名以及地名等已按社会科学惯例作了匿名化处理。

① 参见[德]马克思：《马克思致维拉·伊万诺夫娜·查苏利奇》，《马克思恩格斯全集》（第35卷），人民出版社1971年版，第159—160页。

所理解。①

一、问题的提出

（一）征地是一个重要“场合”

近年来，由征地引发的群体性事件、信访事件已经达到了农村各类社会事件的65%以上②，它与影响社会稳定的前五项因素（失业、腐败、贫富悬殊、道德滑坡、治安恶化）几乎都相关。③ 很明显，征地已成为事关社会变迁走向和秩序稳定的重要问题。

土地问题过去是、现在仍是中国社会的中心问题之一。④ 日常见诸报端、网络，与土地相关的信息报道不绝于耳。其中，有这样一则消息：

> 在中国“世界上最严格的土地保护制度”下，目前房地产开发商却囤积了近50万亩土地……“严格的土地保护制度”其实是土地征用制度……在中国，土地市场被分为两个层次：在一级市场上，农地

① 正如列宁所言，必须把“‘市场问题’从‘可能’和‘应当’这种毫无裨益的臆测中移到现实的基础上来，移到研究和解释俄国经济制度怎样形成、为什么正是这样形成而不是那样形成的基础上来”。参见列宁：《论所谓市场问题》，载《列宁全集》（第1卷），人民出版社1956年版，第89页。

② 参见匀晓峰：《土地矛盾渐成不稳定因素　征地制度改革成关键》，《经济参考报》2006年2月28日。

③ 参见王绍光、胡鞍钢、丁元竹：《最严重的警告：经济繁荣背后的社会不稳定》，《战略与管理》2002年第3期。

④ 参见毛泽东：《湖南农民运动考察报告》，《毛泽东选集》，人民出版社1964年版；[美]韩丁：《翻身》，韩倞等译，北京出版社1980年版；[美]吉尔伯特·罗兹曼：《中国的现代化》，段小光等译，江苏人民出版社1998年版。

被独家征用为城市或工业用地，在二级市场上，这些地块及其权利以各种方式交易。一级市场的垄断提高了官方征地的冲动，二级市场的混乱则刺激了腐败行为……农地不是敌产，工业化城市化也不是战争或救灾，为什么非征用不可？①

这则消息说明，征地不仅反映了国家和农民之间的互动，也反映了经济发展与社会福利之间的矛盾，从征地的社会过程可以看到限制社会福利增长的因素。那怎么看呢？征地是各方的互动，参与互动的有村民、企业、各级地方政府，以及代表国家的中央政府。有互动就可能有利益博弈。虽然社会学研究将利益冲突视为自己的重要研究对象之一，但是，这并不意味着研究者只要专注于利益冲突就万事大吉了。事实上，权力研究并不简单的就是利益冲突研究，它还涉及权威合法性和关系力量等方面。而且，由于单一的利益冲突研究很可能使研究者陷入“索引”不尽的经验片段中而无法抽身，结果，这样的研究也就无法充分把握社会变迁的实质过程。比如在对待国家的作用上，研究者经常视国家为社会变迁的外部变量，很少把它视为一个内生变量。因此，研究者不仅要关注利益斗争，也应把这种“斗争”放在社会系统的框架中来思考。

我们认为，如果从行动的“场合”(occasion)来思考征地，则是以一种整体论(holism)的方式在考察社会变迁。这时，征地的重要性是通过它已嵌入的那个更大的社会系统来呈现的。这样一来，一方面，征地所涉及的制度史和社会史就显得格外重要了，因为，对目前征地的横切面剖析就有了参照点，使得研究者可以有的放矢。另一方面，征地的补偿分配问题也具有了纯经济意义以外的意义，不再止于补偿能力不足这个狭窄方面，它的更多方面将会表现为规范的有效性、土地上人们的价值观念和情感等。

① 参见文榕：《中国“土地问题”》，《东亚经济评论》(2005年7月25日)：http://www.e-economic.com。

那场合是什么呢？场合这一概念与布迪厄（Pierre Bourdieu）的“场域”[①]概念有些区别。场合（occasions）和场域（field）都具有结构特征，但场合是社会系统论意义上的概念，场域不具有这种指称意义。按照布迪厄的话说，“场域理论排除了一切功能主义和有机论：一个既定场域的产物可能是系统性的，但并非一个系统的产物”[②]。

在最简单的意义上，场合是指涉及两个以上社会行动者的表达空间。这一活动空间发生的“表达”主要是指与某种财产相关的社会行动者所传出的给予、反应及忠诚等行为。这些行为不仅面向每个行动者的自我取向（ego's orientation），也面向他者（alters）。也就是说，场合对自我而言的重要性在于：场合构成了自我取向的情境，这一情境往往为行动者的表达活动提供了适当的时空范围；同时，构成场合之要素的选择和规则化促成了自我表达取向的各相关体系的系统化。因此可以这样认为，场合是一个分析复杂社会系统之组织化和动力因的重要参照点。[③]

具体而言，这主要是因为场合的扩展或界限不仅取决于场合中交往行动的变化，并且也因为场合有日益规则化、制度化，乃至向社会系统发展的趋势。行动系统通过不同行动者的交往不断扩大、复杂化。在行动者的相互交往中，交往的稳定化取决于交换的稳定化，也即日常所说的制度化。由于每个行动者是按照自己的目的来作出各项选择的，于是就可能产生危及交往稳定的冲突，因此，如果要确保每个交往者得到对等补偿，那么就得使补偿规则化。不仅如此，补偿的规则化还要有另外三个方面的支持：即财产权利化、行动者各自的专业化，以及行动者间的协作化。财产权利化

---

① 场域是附着于某种权力（或资本）形式的一系列客观性历史社会关系构型，它对所有进场者有着像游戏、战场一样的身心影响，在互动中场域会在资本力量和结构上有所变化。参见［法］皮埃尔·布迪厄、［美］华康德：《实践与反思——反思社会学导引》，李猛、李康译，中央编译出版社1998年版，第17页。

② ［法］皮埃尔·布迪厄、［美］华康德：《实践与反思——反思社会学导引》，第141页。

③ 参见 Talcott Parsons, *The Social System*, New York: The Free Press, 1951, p.79。

意味着行动者对“物”有处置权,补偿规则化强调交换的平等性,专业化强调行动者准入场合的可能性条件,而协作强调了分工对交换发展的促进作用。这样一来,场合才可能保持一种比较稳定的状态。①

显然,某一场合的稳定很可能会因交换没有得到适当补偿而受到破坏。为处理这一问题,在场合基础上就得发展出更为复杂的系统,并进一步涉及分化、适应性升级、包容,以及价值一般化等方面。② 这需要一方面考察价值和境况,另一方面考察场合受到系统的影响。场合因此遭遇风险的两重复杂性,一是产生于构成社会系统的场合本身中的各种交往过程的复杂性,二是产生于社会系统自身的复杂性。双重复杂性是导致场合和系统失衡的可能原因。场合的失衡在符号意义上表现为两个方面:一方面,如果场合中的行动者向外界所传达的给予、反应以及忠诚等的符号表达不被接受和理解,那么,这个场合就失去了行动者作出表达性活动的时空功能,于是,它就可能濒临瓦解;另一方面,如果场合瓦解了,那么,社会系统的整合就失去了现实的基础。

对于场合来说,处理的方法在于实现场合中交换补偿的规则化、专门化、协作化,以及财产权利化。对于社会系统的失衡,这里可能有两种路径:一种是帕森斯式的,另一种是卢曼式的。二人的理论实质是不太一样的。前者认为人在系统之中,后者认为人在系统之外;前者以行动系统为主要分析对象,后者则以交往为核心概念;前者强调社会共同体,后者强调自组织性。虽然如此不同,不过二人解决社会系统失衡的分析路径有很多相同之处,即都主张在社会分化的路径中寻求化解复杂性的方式。帕森斯采取的是一种社会系统诸结构的功能互补;而卢曼强调的则是一

① 参见 Talcott Parsons, *The Social System*, pp.69-73。

② 托比(Jackson Toby)将帕森斯的行动系统理论简称为“关于变迁之文化方向的控制论模型”,并阐述了以上四个过程。参见 Jackson Toby,“Parsons' Theory of Societal Evolution”, in *The Evolution of Societies*, (ed.) by Jackson Toby, New Jersey: Prentice-Hall, Inc., 1977, p.2。

种"以复杂性应对复杂性"的补偿机制。[1]

这样看来,不仅场合有维持自身稳定的补偿机制,社会系统也有着一种保持系统均衡的补偿机制。在我们这样一个以"变"为主题的社会,寻找系统稳定的补偿机制应该是一项重要工作。基于此,本书尝试将某一征地事件视为各种场合的叠加,通过结构和过程两方面去揭示征地补偿关系的类型、实质、运作的功能要件,以及发展的限制性条件。[2]

(二)场合中的一道声音:"上面讲了,下面不听"

中央与地方间的关系问题一直是中国政制发展中的重要科目。1949 年以来,领导民族国家建设的中国共产党也同样受到这一问题的困扰。如果说中国共产党在 1949 年以前充分利用军阀割据、不统一的国情,走出了一条农村包围城市、武装夺取政权的成功道路,那么在 1949 年以后,它也面对着一个去除事实上的"山头",处理"集权"与"分权"的问题。一般而言,"制度化分权"的前提是制度上的集权。从中国政制实践过程来看,从 1949 到 1978 年间,基本上是一个集权的过程,1980 年过后,则是如何"制度化分权"[3]。

---

① 参见 Bryan S. Turner, "Social Systems and Complexity Theory", in *Talcott Parsons Today*, ed.by Javier Trevino, Rowman & Littlefield Publishers, Inc., 2001;[德]卢曼:《社会》,《国外社会学》2001 年第 6 期。

② 在一定意义上,整合是现代社会学最核心的论题之一。在社会学史上,合理化与特殊性、分化与失范、系统整合与社会整合等命题都是这一论题的各种表现。目前国内理论界也日益研究变迁与整合,比如李猛的抽象社会研究、渠敬东的失范研究。相比理论研究而言,关于社会整合的经验研究要逊色一些。正如许慧文(Vivienne Shue)认为的那样,目前的中国研究主要体现的是社会分化,以及较少的凝聚力方面的内容,而对社会的整合机制的探索不是很充分。参见 Vivienne Shue, "The Review of State and Society in China: The Conseaqueses of Reform", *The China Quarterly* No. 135 (1993), pp. 604-606;李猛:《论抽象社会》,《社会学研究》1999 年第 1 期;渠敬东:《涂尔干的遗产:现代社会及其可能性》,《社会学研究》1999 年第 1 期。

③ 朱苏力:《当代中国的中央与地方分权——重读毛泽东〈论十大关系〉第五节》(2003 年 10 月),北大法律信息网。

当我们讨论“制度化分权”时，不管是主张“横向分权”，还是主张“纵向分权”，都得从社会生活中的实际逻辑出发。传统中国政制被认为是一种“皇权”与“绅权”共治的逻辑，那现在的治理逻辑是什么呢？王嘉州借助政治利益总量与经济利益总量两项指标，并就其在中央与地方间的分配情形，区分出四种关系类型：开放且分权型、封闭而分权型、封闭且集权型、开放而集权型。他发现，从1982年的“十二大”到2002年的“十六大”，中央与地方的政经关系均属于封闭且集权型，亦即地方所占政治利益少于中央，但经济利益多于中央。① 不过，这种情况并非一直如此，其间也有变化。比如1997年的中央地方关系是封闭而分权型，其优点是有利于国家政治统一与经济发展，缺点为政治的集中化与区域差距的扩大。各省与中央的关系则四种类型均有，封闭而分权型占51.61%，封闭且集权型为29.03%，开放且分权型有12.9%，开放而集权型仅6.45%。② 王嘉州的讨论揭示了两点：一是中央与地方间存在博弈，二是各地方政府间存在竞争和不平等。

在社会变迁过程中，征地比较明显地反映了中央与地方关系间的博弈关系。比如1999年国土资源部办公厅的一份报告对此关系作了如下陈述：

> 土地执法形势严峻，在地区、执法监管力度、违法案件查处与依法处理上具有非常明显的不平衡性。这些问题主要出在管理者自身，特别是一些地方政府由过去通过化整为零批地、越权批地或公然违法占地等公开半公开违法，转向钻政策空子，搞上有政策、下有对

---

① 王嘉州：《理性选择与制度变迁：中国大陆中央与地方政经关系类型分析》，国立政治大学东亚研究所博士论文（中国台湾），2003年5月。

② 王嘉州：《中央与地方政经关系类型之建立与检定》，《远景基金会季刊》（第四卷第三期），2003年7月。

> 策，通过把事实上的违法行为披上合法外衣，达到大量批、占耕地的目的，以此规避法律、政策和上级监管，导致政令无法畅通，政策产生逆向效应。土地管理秩序好坏的焦点，已由管理相对人集中到管理者（政府、主管部门）自身。冻结令几乎未生效。土地违法新特点：从违法主体上看，出现了违法主体特殊化和多重化的特点。数据难以统计，违法作非法处理，违法案件有特殊背景，一起案件的发生，往往涉及几级政府或几级土地行政主管部门。这是一个新的特点，具有倾向性、规律性。从违法手段、违法方式上看，出现了欺骗性、隐蔽性的特点。倒填日期、编造名目钻清查补办手续的空子，钻重点工程的空子，重点工程不重，慷重点工程之慨，搭车批地，多征预留，整批零售。土地违法行为发生的原因除了认识问题、部门政策衔接、条块管理衔接协调问题、主管部门服务滞后等问题外，主要存在机制问题、新旧法律政策交替的问题。机制上是征地背后有动力，可以生财出政绩；新旧法律政策交替下，为把钱留在地方千方百计要征地。结果在地方上造成“违法者胆大，执法者胆小”①。

上述报告的内容可以归结为一句话，即“上有政策、下有对策”。实际上，这种声音并不仅限于正式体制内，在正式体制外也充斥着。在各个征地场合，我们时常会听到农民们讲“上面讲了，下面不听”。虽然说话者不一样，但话语似乎具有同样的意义。如果这是一个具有普遍性的问题，则意味着征地场合涉及如下一些比较重要的问题：征地制度是如何失去规范功能的？哪些规范失去了意义？又有哪些还保留着，并一直发挥作用？是什么使之失去或保留的？新的规范如何能够产生作用？艾森斯塔德认为，在社会变迁过程中，“去总体化”和“去分化”是结伴而行的，社

① 参见土地执法监察情况调查组：《土地法监察情况调研报告》，载国土资源部办公厅编：《国土资源调研报告》，地质出版社1999年版，第11—31页。

会变迁过程并不必然引起整个社会系统的变迁，分化后并不一定跟着就是新的制度化，而且，即使结构分化是制度化的，新的制度化、符号化结构的具体轮廓不仅可能存在差异，也很可能存在不同的阶段，所以，研究社会分化过程与精英形成（活动）间的关系有助于解释制度化的各种可能性，因此必须更加注意研究分化整合原则以及社会分化特定层级上之具体结构。①

上述认识在中国问题研究方法变化过程中得到了体现。比如，盛行一时的总体社会模型日益为"地方法团主义"②"国家—社会关系模式"等解释工具所替代。虽然这些新工具有一定的解释力，但是也易使人模糊过去与现在的连续和断裂。③ 沈大伟（David Shambaugh）对此指出，连续性范式在目前的中国社会转型研究范式中不占主导地位，不连续的阶段论成了主角。④ 华尔德（Andrew G. Walder）也认为，阶段论（包括"国家—社会"范式等理论）是从观念着手处理问题，而不是从实际过程着手，在处理跨界问题上存在着明显的困难，与此相反，他采取了进化连续体分析范式，认为"制度机制维持着秩序稳定"，"有一种社会过程推动了旧政权的稳定"，社会之所以转型，则是因为维持旧社会秩序的机制发生了变化。⑤

---

① 参见 S.N.Eisenstadt，"Social Change，Differentiation and Evolution"，*American Sociological Review*，Vol.29，No.3（June 1964），pp.375-386。

② Jean C.Oi，"Fiscal Reform and the Economic Foundations of Local State Corporatism in China"，*World Politics*，Vol.45，No.1（1992），pp.99-126.

③ Elizabeth Perry，"Trends in the Study of Chinese Politics：State-Society Relations"，*The China Quarterly* Vol.139，（September 1994），pp.704-713.

④ 所谓阶段论，是指对社会发展过程作的时期划分，比如前现代/现代/后现代、帝国/共和/共产主义，以及前革命/革命/后革命等划分形式。参见 David Shambaugh，"The Review of Perspectives on Modern China：Four Anniversaries"，*The China Quarterly*，Vol.132（December 1992），pp.1181-1183。

⑤ Andrew Walder，"The Decline of Communist Power：Elements of Institutional Change"，*Theory and Society*，Vol.23，No.2（1994），Special Issue on the Theoretical Implications of the Demise of State Socialism，pp.297-323.

这就是说,对中国社会的转型研究越来越采取社会系统论的机制分析方法了。[①] 当然,社会系统论分析并不等同于社会现实本身,它只是为我们提供了一种分析图式,使我们更清晰地看到导致"去总体化""去分化"的原因,它能更充分地揭示"上有政策、下有对策""打擦边球"等话语背后的社会逻辑,以及更能解释改革何以是渐进式的,政体、精英以及意识形态上是如何保持连续性的。[②]

(三) 补偿过程:一个有待说清的问题

前面谈过,既然视征地为一场合,那么,关乎这一场合稳定的补偿过程则是必须考虑的问题。虽然补偿与征地是同一过程,不过从总体上来说,补偿从属于征地过程,征地过程是一定征地制度下人们的互动过程,所以可以这样认为,征地场合是一个考察补偿机制的较适宜载体。

在国内目前关于补偿机制的讨论中,比较成型且具解释力的是刘世定在研究中国农村土地调整中的公平问题时提出的"递推补偿平衡机制",即"把一个过程遗留下来的问题推到其他的过程当中去补偿,以便求得在更大过程中的平衡"[③]。刘世定不是从功利主义的个人需求和欲望出发,而是在坚持一种社会关系的实在论,即在人际关系已然存在的情况下提出这一机制的。这是说,个人需求与价值取向只有在某一固定

---

① 我们在这里并不是要否认"过程—事件分析"研究策略的重要意义,恰恰相反,我们极其看重这一研究策略和叙事方式对事物过程的连贯与流畅的描述与解释。这一方法由于将行动者的行动、行动者间的交往关系作为研究对象,能对结构特征与效能间的不对称性有较为充分的把握。也就是说,"过程—事件分析"与社会系统分析方法并不互相排斥,因为两者都视"行动"和"交往"为分析的起点,都视"过程"为社会学分析的"核心内容"。这里之所以强调社会系统论的分析方法,只是研究者出于对整合和功能要件关注的需要。

② 孙立平:《社会转型:发展社会学的新议题》,《社会学研究》2005年第1期。

③ 刘世定:《占有、认知与人际关系——对中国乡村制度变迁的经济社会学分析》,华夏出版社2003年版,第166页。

“场合”才会充分表现出来。所以他认为“这种递推补偿平衡机制不是在任何条件下都可以存在的,也不是在任何条件下都会被认为是公平的,它至少要取决于这种补偿的代价大小等因素”①。虽然这一概念的适用有限定,但是它却有极重要的启示意义,即补偿机制只有在社会系统论的意义上才是可能的。

刘世定的“递推补偿平衡机制”反映了某一调地场合的各行动者间的“找平衡”关系。这是说,调地的人们预期自己损失的,将来还可以通过再分配进行弥补,他们也能清醒地意识到自己的“地位”还受到尊重。也就是说,补偿与再分配之间没有断裂。但是,如果补偿与再分配是冲突的话,那平衡怎样找回来呢? 虽然古丁(Robert E.Goodin)认为,“补偿和再分配并不必然不匹配”②,但他跟约翰·罗尔斯一样认为,要实现这种匹配最好还得做出一些努力,只有经过恰当安排的制度,分配过程的结果才可能是正义的③,只有以重建人们的“地位”为出发点,才可能使补偿与再分配相一致。

如果征地场合充斥的是“上面讲了,下面不听”的声音,“找平衡”机

---

① 刘世定:《占有、认知与人际关系——对中国乡村制度变迁的经济社会学分析》,第166页。

② Robert E. Goodin, “Compensation and Redistribution”, in *Compensatory Justice*, (ed.) by John W.Chapman, New York University Press, 1991.

③ 约翰·罗尔斯(John Rawls)为阐明一个完全正义的社会的全部情形确定了一套严格服从的理论,与它相对立的是部分服从的理论。后者是指导我们对待不正义的原则,包括诸如惩罚理论、正义战争论、非暴力反抗、补偿的正义以及衡量某种制度的非正义性的问题。简言之,部分服从的理论解决的是当下最紧迫的问题。罗尔斯认为,出身和天赋的不平等是不应得的,对于这些不平等应给予某种补偿。补偿原则认为,为了平等地对待所有人,提供真正同等的机会,社会必须更多地注意那些天赋较低和出生较不利的社会地位的人们。这个观念就是要按平等的方向补偿由偶然因素造成的不平等。补偿原则并不是提出来作为正义的唯一标准,或者作为社会运行的唯一目标的。它的有道理正像大多数这种原则一样只是作为一个自明的原则,一个要与其他原则相平衡的原则。参见[美]罗尔斯:《正义论》,何怀宏、廖申白译,中国社会科学出版社1988年版,第95—96页。

制作为一种策略还在发挥作用,但它作为维系某一系统的平衡机制,就显出局限性了。这时候,如果还认为补偿机制存在的话,那么也只能从统合征地场合的社会系统中去寻找了。

二、研究征地制度的理论途径

(一) 制度的含义

通常,当研究者面对某一制度时,他们的兴趣主要在于两个方向,一方面是认识它的"消亡"过程,另一方面是发现它的建构逻辑。前者关注的是某一社会的失范,后者看的则是它的制度化。这样一种讲法并不是说两者在现实领域就是非此即彼的两个过程,其实,它们是并行不悖的,正如帕森斯所言,制度化和失范只是分析的两极,现实中既没有绝对消亡的社会,也没有绝对不变的社会。① 当我们采取这种立场来审视征地制度时,我们得弄清如下三个问题:(1)制度变迁的动力是什么?(2)由这些动力推动的制度变迁可以明确划分为几个阶段?(3)在每一阶段主要制度创设者是谁?②

研究者怎样来处理这三个问题呢?我们认为,研究者首先得确立起一套比较说得过去的分析原则,"按照制度本身发展的逻辑"这一原则也许是适合分析上述问题的。这就要求我们排除那些不是按照制度本身发

---

① Talcott Parsons, *The Social System*, p.39.

② 关于制度动力原则的探讨,可以从孟德斯鸠那里得到一点启迪。孟德斯鸠在《论法的精神》中指出,现代民族国家的根本动力原则是"政治品德",这就给我们暗示出,制度是源于某种集体认同,无认同者无制度。

展逻辑的分析方法。在这里,所谓的没有根据制度本身逻辑的做法通常指的是研究者主观地给出一套框架,然后用这套概念框架去评判目前的这套制度。这类研究方式主要有这么几个问题:(1)外在性。没有从制度本身的逻辑出发,从而将制度套在了某个概念框架中。(2)局部性。从制度的内在发展逻辑看,这套外在性的概念框架可能只反映了整个制度的一部分,从而犯了以偏概全的毛病,结果没有做到客观。比如,有人用"效率—公平"的框架来分析某一制度时会发现,这类框架有两种相互矛盾的理论预设,一种是理性假说,另一种是超经验的应然说,结果发现这类框架犯了一个理论上的谬误,即它们本身是一种德里克·帕菲特所说的"自败的理论"①。(3)单维性。这类理论在解释原因的时候容易导向单维性,事实上,社会制度一定是多维性的。目前在解释制度变迁方面比较有影响的工具是"强制性变迁/诱致性变迁",但是这一解释仍显简单化。②

制度本身的逻辑是要求研究者正确回答制度是什么的问题。在这里,我们采取了帕森斯的立场,即一个失范的社会与一个绝对静止的社会都只是分析的理想型,现实的常态是,绝大多数的社会都是比较稳定的。基于此,对制度的定义主要是从常态上来着手的。对此,帕森斯认为,

---

① 参见[英]德里克·帕菲特:《理与人》,王新生译,上海译文出版社2005年版。

② 制度的运作是指社会通过一定机制把自己生产和再生产出来,人类学家玛丽·道格拉斯(Mary Douglas)在《制度如何思维》里指出:(1)制度实际上是一种约定俗成的规则和惯例,它是用来协调人们之间关系和行为;(2)制度在习俗的基础上必须合法化、自然化。制度的变迁虽然经常表现为震荡、衰退、革新,但总的来看是在进化中发展的,革命不过是对旧有价值、习俗的大多数放弃的那一刻。所以变迁其实包含了革命时刻那一社会过程,社会制度进化发展需要遵循知识进化、分化、控制原则。参见周雪光:《组织社会学十讲》,中国社会科学文献出版社2003年版,第80—85页;渠敬东:《缺席与断裂:有关失范的社会学研究》,上海人民出版社1999年版,第266—267、274—275页;[英]伊雷姆·拉卡托斯、艾兰·马斯格雷夫:《批判与知识的增长》,周寄中译,华夏出版社1987年版,第171页;[美]乔纳森·特纳:《社会学理论的结构》,邱泽奇译,华夏出版社2001年版,第40页。

“制度将被认为是制度化了的角色集合(或者可以认为是地位—关系的集合)的集合体,在考虑有关社会系统的问题时,这一角色集合在社会系统中有着结构上的战略重要性。与角色相比,制度被认为是社会结构的较高级秩序单位,而且,制度的确是由相互关联的多样性的角色模式或是由角色模式的组成成分构成的。因此,当我们谈及社会系统中的‘财产制度’时,我们是将具有构成性功能特征的行动者的角色的那些方面聚集在一起,而且,这些具有构成性功能特征的行动者必须将行动期望与界定财产中的权利和与之相关的义务的价值模式整合起来。在这个意义上,制度应该可以清楚地与集体区分开来。集体是一个由具体地互动性的特殊角色构成的系统。在另一方面,制度则是角色期望中的模式化元素的集合体,它可以被应用到不可计数的集体身上”①。

从以上论述可以看到,“制度”一词的意义是指那些对追求直接目的的行动起作用并依靠共同价值体系发挥道德权威作用的规范。② 它主要由这么几个关键概念组成:(1)行动者;(2)角色期望;(3)价值模式。在这里,先要对这几个概念作粗略地解释,以便于理解稍后的制度分析。首先,行动者既可以作为分析“与目标相关的行动过程和行动取向模式”的参照点,也可以作为一个行动系统。作为分析的参照点,它要么是主观行动者(行动者处于分析框架的中心),要么是个社会目标(行动者是主观行动者的目标取向);作为行动系统,它要么是个体,要么是集体。③ 在以下对征地制度的分析中,政府、商人、农民既表现为集体的行动系统,也被作为分析的参照点。作为分析的参照点意味着:政府、商人和农民在制度变迁的阶段上发挥着不同的创设作用。理解这一点很重要,因为作为制

---

① Talcott Parsons, *The Social System*, p.39.

② [美]T.帕森斯:《社会行动的结构》,张明德、夏遇南、彭刚译,译林出版社 2003 年版,第 454 页。

③ Talcott Parsons, Edward A. Shils (ed.), *Toward a General Theory of Action*, Harvard University Press, 1962.

度物质载体的各利益团体的地位是有差别的,占据核心的是坚持那些具有传统性观念的团体,这些团体在社会的物理分布并不都集中在一个区域,而是呈同心圆方式散布开来,其中的每一个点又会构成一个核心,形成辐射状;在核心之外,则是由政治上较活跃的群体构成,它们受核心限制,但又不时制造动荡。比如在中国传统社会,皇帝、文士和农民构成了核心,商贾、贵族其实处在核心之外,因为他们对于核心来说是制造不安的策源地。所以S.N.艾森斯塔德认为,一方面,统治者对增加资源感兴趣,尤其对把资源从传统贵族群体的束缚中解放出来感兴趣,但另一方面,统治者又希望控制这些资源为其所用。例如,统治者试图以小块地产产生和维持独立的自由农民,限制大土地所有者侵占小块土地,以便保证小农的独立性和对统治者的资源供给。[①] 的确,从中国历史来看,皇帝与农民通常被认为是最主要的保守主义代表者。这正如蒋廷黻谈到琦善和鸦片战争的关系时,他认为琦善这位满族贵族虽有错误,但总体上比国内的人要清醒许多;相反,皇帝则是明显的保守主义代表。[②]

其次,因为各个行动者可能具有不同的行动动机,托马斯·霍布斯(Thomas Hobbes)意义上的秩序问题会不时呈现出来。用压制来解决秩序问题似乎在理论上可行,但是,如果考虑到"使用压制的组织本身又不能靠同一意义上的压制组织起来",就会发现压制并不能真正解决秩序问题。所以,比较好的方式是在社会控制方面,让规范体系运用道德权威发挥基础性作用,而让制裁作为第二位的支持力量,以阻止对权力和财富之欲望的无限扩张。[③] 在现实经验中,我们最容易感受到的规范主要指的是现行的制定法。因此,本篇论文所说的征地制度主要是指与征地相

---

① [以]S.N.艾森斯塔德:《社会系统的质与界限——若干理论思考》,《国外社会学》1991年第2期。

② 蒋廷黻:《中国近代史》,海南出版社1994年版,第158—190页。

③ [美]T.帕森斯:《社会行动的结构》,第448页。

关的整个法律体系。虽然法律和规范之间在学理上有明显差别,但是考虑到如果法律自身是比较完备的话,那么它是较为充分地体现了社会规范的实质性内容。[①] 因此,我们将与征地有关的法律体系划为有形规范的范畴。这样一来,我们可以通过考察与征地相关的法律体系的欲望因素和道德因素,并联系相关行动者的地位和角色,来揭示我国征地制度的变迁动力、阶段以及创设者等情形。

(二) 关于制度变迁的三个命题

下面关于制度变迁的讨论基本是在帕森斯意义上的社会系统变迁理论脉络展开。[②] 之所以如此,主要是基于这样的认识:理论犹如研究者发现事实的电筒光圈,对征地方面经验变化的观察并不能代替对征地制度这个核心问题的认识,基于此,我们认为,有必要从社会学意义上的制度理论来审视征地。

在帕森斯看来,制度是指将行动者的行动取向予以整合的规范集合。[③] 这一分析性概念指出了制度的两方面内容:一是从结构方面描述社会系统的"制度化角色",二是从过程方面分析"动机化过程",并把中

---

① [美]波斯纳:《法律与社会规范》,沈明译,中国政法大学出版社 2004 年版。

② 帕森斯强调社会系统变迁是一种移动均衡,因而反对单因素的变迁理论,所以,他强调变迁是从系统内的某部分结构开始的。他认为,结构利益,即被赋予权利的利益集合体并不是经济学意义上单纯的利益,而是涉及行动者的不同需求倾向,因此,对社会系统变迁的研究涉及动机取向和价值取向模式。分析一个具体的社会变迁可能有这样几个步骤:第一,掌握系统的最初状态是什么。第二,具体分析系统各个结构部分的变化。第三,看功能要件上出现了怎样的困难,比如变迁危及了哪些重要群体的什么动机需要;权力系统的控制是因为什么弱化了;是什么扰乱了报酬系统的平衡;是否由于引入了一个与系统结构不相匹配的结构而产生不稳定;等等。参见 Talcott Parsons, *The Social System*, pp.490-496。

③ 帕森斯在《社会系统》一书中给出了"与社会系统相关的制度化之类型(个体动机与文化模式的整合)",即一个"关于行动取向、文化模式以及制度的形式、类型之大纲"。参见 Talcott Parsons, *The Social System*, pp.57-58。

心点集中在"角色之价值取向模式的制度化"。[①] 帕森斯根据社会行动者的角色价值取向是制度化的核心内容这一点,给出了制度的三个维度。

社会本质上是一个互动关系网络。在社会中,处于中心位置的制度便是由这些关系的模式构造的制度(通过对地位和角色的定义)。因此,社会制度的第一种类型便被称为关系型(relational)制度。他认为关系型制度的本质和重要性只能根据社会互动这一基本范式来理解。关系型制度根据共同价值模式的内化来实现互动过程的稳定。就具体而言,这一共同价值模式的内化反映了各互动行动者身上存在着互惠取向(reciprocal orientation)。关系型制度是社会系统的结构核心,是社会系统自身稳定的首要机制。因为这些最主要的价值取向模式内化了,所以,需求倾向结构的某些基本要素,以及行动者的利益在社会系统中得以决定。虽然需求倾向因为关系型结构得以整合,然而它并不就此抹掉了个体行动者的需要和利益。因为这一点,关系型制度这一社会系统的基本制度模式是限制性的,而不是构成性的。这一点对于利益的、工具的、表达的以及自我整合等基本类型来说,都是真实的。[②]

第二种类型被称为调整型(regulative)制度。特殊的行动者,不论是个体行动者还是集体行动者,它总是根据一定利益行事,这些利益使得它对社会系统的道德整合模式保持了相对独立性。因此,就集体整合而言,社会系统术语中的功能问题是指对这些利益追逐的调整,而不是指关于目标、手段的构成性定义。工具的、表达的以及自我整合的利益也许被包含在任何组合中。然而,这在一方面,制度化的问题也是非常清楚的。所以,制度的调整功能主要有两个方面的内容:一是根据私人利益追逐过程中的可接受活动的方向对价值标准进行定义。这构成对目标取向定义的

---

① Talcott Parsons, *The Social System*, p.vii.

② Talcott Parsons, *The Social System*, p.52.

一个要素。二是在实现目标、价值的过程中对手段选择和行动程序作出一定的限定。

第三种类型叫做文化型制度。文化型制度处于社会关系结构的边缘。这类制度是由文化取向模式组成的。文化型制度虽不直接对公开的行动表示承诺,但“承诺”会始终隐含在社会行动过程中。如果行动只涉及“接受”,而不涉及承诺的时候,那么信仰、特殊的表达性符号系统,以及道德价值取向模式就成了重要问题。①

根据以上关于制度的解析,我们可以得出三组关于制度的命题:

(1)制度越具有互惠性,制度结构越稳定;

(2)利益追逐越独立于制度价值取向,制度的稳定越需要调整性制度;

(3)承诺越制度化,制度越受信任。

就征地制度的实际运作过程来看,以上三个命题对于它来讲也是比较适用的。征地的经验史将会显示出,不同行动者间的相互作用往往极大地使征地制度稳定或动荡、有效或失效,征地不仅意味着土地上的权利变化,更意味着社会关系的变化,不仅有经济交换过程,政治权力组织也参与其中。因此,将征地看作不同社会行动者角色价值取向的制度化过程似乎比较好地反映了实际情况,正如周雪光强调的那样,对于处在转型过程中的中国来说,把产权看作关系结构,而不仅看作权利束,可能更接近问题的实质。②

---

① Talcott Parsons, *The Social System*, pp.51-52.

② 周雪光:《“关系产权”:产权制度的一个社会学解释》,《社会学研究》2005 年第 2 期。

三、把历史带回到分析中来

帕特·香农(Pat Shannon)认为,马克思的理论经常被人简单化了,有人要么错误地视马克思主义理论为一种粗糙的经济主义,要么视之为一种批判性理论。粗糙的经济主义是指国家这一上层建筑仅仅是经济基础的反映,而批判性理论硬是在这一理论头上冠上了一种建筑学的隐喻,败坏了马克思的理论的名誉。① 所以很长时间以来,国家便被认为是一个消极的东西。目前的研究越来越不满足于上层建筑/基础隐喻的机械类比,开始寻找一种中间位置的理论,满足资本主义生产模式的需要成了优先考虑的描述对象,研究越来越注意有目的的人类行动,特别是工人阶级斗争。国家不只是统治阶级的工具,也具有相对的自治权力,传统马克思主义理论能够解释国家干预在什么时间、什么地方发生,但是对于怎样干预却有一定的局限性,比如在解释国家干预与民主形式、工人阶级行动等的关系上不令人满意。因此,香农采用了一种历史原因分析法(casual-historical analysis)来分析"国家干预与制度生成"的关系,并得出了一系列命题。比如,某一地区在世界经济秩序中的位置以及它自身的政治形式决定了它创新的限制和可能性。国家干预主要发生在资本主义世界体系的边缘地带,这一方面源于传统政治模式的干预性,另一方面则源于它主动摆脱其在资本主义生产体系中的落后位置所致。因此之故,制度生成便是由于生产之故,制度变化则是某一政治体制在一定环境中的首创

① 参见[德]亨利希·库诺:《马克思的历史、社会和国家学说——马克思的社会学的基本要点》,袁志英译,上海世纪出版集团2006年版,"导言"。

精神所致。①

由此可见,历史原因分析方法认为社会是一个由生产或行动推动、然后不断结构化、复杂化,继而分化的过程,是一种带有历史唯物主义性质的分析方法。这种方法大致有三个特征:(1)重视对资本主义生产关系、生产结构的研究;(2)重视历史过程分析;(3)将国家视为社会过程的内生变量。

上述分析方法的出现不是偶然的,它顺应了当代社会科学变化的趋势。这种趋势是指关于市场经济、社会、自然与国家作用的讨论。比如卡尔·博兰尼的《巨变》一书就是一个重要开端。② 该书对于市场经济过渡与社会转型、国家干预之间关系的分析,对往后的制度变迁研究影响颇深。比如,不管是西达·斯考切波(Theda Skocpol)的"把国家带回分析的中心"③的主张,还是其他人把工人、强关系带回分析的中心的主张,在实质性问题上,都比较重视资本主义生产,以及生产关系过程中的行动者间的联系。这些研究大多带有麦克·布洛维(Michael Burawoy)所说的"社会学的马克思主义"方法特点:(1)社会学的马克思主义将"大转变"首先理解为生产方式的改变(比如组织的内部劳动力市场和内部国家的出现);(2)阶级关系是生产关系的一种表现形式;(3)剥削关系是阶级关系的实质性内容。④

---

① Pat Shannon,"Bureaucratic Initiative in Capitalist New Zealand:A Case Study of the Accident Compensation Act of 1972",*The American Journal of Sociology*,Vol.88,Supplement:Marxist Inquiries:Studies of Labor,Class,and States(1982),pp.S154-S175.

② 参见 Karl Polanyi,*The Great Transformation*,Boston:Beacon Press,1957;[匈]卡尔·博兰尼:《巨变:当代政治、经济的起源》,黄树民、石佳英译,远流出版社 1990 年版。

③ Theda Skocpol,*States and Social Revolutions*,Cambridge University Press,1979;Theda Skocpol,"Bring the State Back In:Strategies of Analysis in Current Research",in *Bring The State Back In*,(ed.)by P.B.Evans,D.Rueschemeyer and Theda Skocpol,Cambridge University Press,1985.

④ 参见沈原:《社会转型与工人阶级的再形成》,《社会学研究》2006 年第 2 期。

看得出，上述理论运动在形式上表现为“历史—结构”的研究路径，即通过观察事物在时空背景中的事实发展，从纵向和横向获得对问题的理解。这一途径有这么四项特征：(1)由特定的时空去解释社会结构与社会过程；(2)研究处理长期的过程；(3)历史分析必须注意到有意义的行动，以及与结构网络的交互影响；(4)强调特定社会结构与变迁类型的特殊性和多面性特征。①

进一步需指出的是，这一理论运动带有一定的现代化理论特征，须经批判后加以再选择，须从单一的文化维度转向文化价值、社会结构和网络、行动者取向等结合的多维度分析。

在一定程度上，现代化理论是西方文明化过程的代名词。② 马克斯·韦伯的世界诸大宗教的比较研究试图强调以现代资本主义(现代化)为特征的西方理性化文明具有普遍历史性质。③ 问题在于，以西方经验为背景的现代化理论到底是普遍性的还是西方中心论式的？黄宗智表示了反对，他认为即使有人在谈论非西方中心主义的时候，他所谈的仍是西方主义的东西。④ 如果生硬地将现代化与非西方文化结合，就可能造成非西方世界社会的断裂，富永健一就说：“‘现代化理论’的内在困难最终在于通过现代化概念的一般化，把非西方后发展国家乃至发展中国家在面向现代化之际所面临的各种问题与西方先进国家在现代化过程中所

---

① 参见潇湘台：《改革开放后大陆社会稳定之研究》，中国台湾国立中山大学研究所在职专班硕士论文 2004 年 6 月；Theda Skocpol, “Sociology's Historical Imagination”, in *Vision and Method in Historical Sociology*, Theda Skocpol(ed.), Cambridge University Press, 1984, pp.1-2.

② [以]艾森斯塔德：《现代化：抗拒与变迁》，张旅平等译，中国人民大学出版社 1988 年版。

③ [德]马克斯·韦伯：《新教伦理与资本主义精神》，于晓、陈维纲等译，生活·读书·新知三联书店 1987 年版，第 1 页。

④ [美]黄宗智：《学术理论与中国近现代史研究——四个陷阱和一个问题》，《中国研究范式转移》，强世功译，社会科学文献出版社 2003 年版，第 102—133 页。

面临的问题相提并论"①。

现代化理论在其发展初期主要带有文化研究的特征,战后随着西方"黄金时期"的到来,理论的"结构性"色彩日益增强。就在这一时期,塔尔科特·帕森斯也初步实现了社会学史上的第一次现代综合,给出了一个"根据行动参照框架分析社会诸系统"的一般理论。这一理论是将"行动系统"作为分析起点,以"制度化"为研究中心,进而扩展至整个社会系统。这一社会理论虽然形式上是大量的分析框架,但实质上在于帮助社会研究者分析社会的实际运作过程,所以,帕森斯本人也认为其《社会系统》一书使用的是"结构—功能"的分析方法。② 所谓结构,即探讨的是关于"制度化"方面的内容;所谓功能,是指关于社会系统的"移动""变迁""过程"诸方面。由于战后西方国家的大部分社会学家用体系取向来研究现代化,所以,帕森斯的社会理论就成了肢解的对象,人们关注的主要是结构以及结构之间、结构内部各要素间的互补(complementary)关系,而对社会系统的"移动"和"变迁"注意不够。③ 也正因为这样,帕森斯愈到后来,愈较少称自己的理论为结构功能理论,而强调"过程",以区别于蔚然成风的"结构功能主义"。④

20 世纪 80 年代中期,发展研究面临理论、方法、实践上的困境。这个困境主要是指带有决定论、单线式、制度霸权式特征的结构功能理论(譬如现代化理论及其变种)所带来的现实危机和方法论危机。在这种

---

① [日]富永健一:《"现代化理论"今日之课题——关于非西方后发展社会发展理论的探讨》,载《现代化理论与历史经验的再探讨》,罗荣渠主编,上海译文出版社 1993/1998 年版,第 107 页。

② Talcott Parsons, *The Social System*, p.vii.

③ Alejandro Portes:《论发展社会学:理论与问题》,载萧心煌编:《低度发展与发展——发展社会学选读》,巨流图书公司 1982 年版,第 25—55 页。

④ 本人得益于赵立玮先生一再提醒,要将帕森斯的理论与贴上了"结构功能主义"标签的帕森斯理论区别开来。

背景下,行动者取向的社会研究被适时提出。行动者取向的发展研究试图超越结构主义和文化解释模式,在全球化背景下强调地方对社会变迁的根本性作用,而不是一味赞成把外来因素内化的做法。正如诺曼·朗(Norman Long)所说的那样,“所有外来的干涉形式都必须到能够受到影响的个体和社会群体的生活世界(life world)中去,只有通过这种方式,这些干涉形式才能通过行动者和结构发挥中介和转换作用。而且,大规模的和遥远的社会力量只能在一定程度上改变个体的生活机会和行为,它们仅能直接地或间接地有助于个体及其相关群体的日常生活经验和感觉”①。

行动者取向视角与以往理论的不同之处,或者说可贵之处在于把“行动者”和“科学工作者”两个概念区分开来使用了。这就是站在地方的立场上看问题和做工作,而不是硬要采取外来者立场看待发展。这标志着今后社会研究的重大转向,即在今后的研究与实践中,可能会越来越多地回到舒茨(Schutz)的现象学、戈夫曼(Goffman)的符号互动论、加芬克尔(Garfinkel)的常人方法论上来。换句话说,就是要站在社会建构论的立场上看待社会问题。当然这也说明了可能会更多地采取符号、谈话、民间文化知识分析等方法。不过,我们不能因为行动者取向研究采取的是本地化行动战略就误认为这种方法全然不考虑全球化、社会结构等因素。它不过是使研究者和实践者进入本地时暂时将之悬搁,尽可能不带外来者的偏见。正如诺曼·朗所说,既然社会行动的世界从未是一个由分离的个体和原子似的决策者所构成,那么把行动者取向研究还原为理性选择理论,就是一种严重扭曲。人们与其环境始终是互惠式建构,人们不会只需要文化规范、价值,也不会只听从命令。② 采取本地立场的方法论意义在于,行动者是从事生产的行动者,从事生产的行动者是历史中具

① Norman Long, *Development Sociology: Actor Perspectives*, Routledge, 2001, p.13.

② Norman Long, *Development Sociology: Actor Perspectives*, Routledge, 2001, p.4.

体的人而不是抽象的人，从生产的行动者出发追问当代社会结构与社会互动模式，是一种历史的视角。①

总之，本书强调把历史带回到分析中来的意义在于：一方面是强调工业生产与国家的紧密关系，另一方面是强调各个行动者能对制度产生重要影响。

因为历史原因分析方法是以社会生产为出发点，从纵向历史和横向事件两个维度考察研究对象，所以，不论是对征地文献作历史档案分析，还是对征地个案作深描，研究者都比较重视个案的历史社会分析。正如涂尔干所言，这是有利于研究者"把某项制度分解成它的各个组成要素，因为它向我们展示了这些要素在时间中是怎样相继为生的。此外…还可以把其中的每个要素置于它得以产生的条件之中，藉此我们才获得了确定这些要素之形成原因的唯一手段。每当我们从某个特定的历史时期中选取与人类有关的某些事物……并着手解释的时候，必须追溯其最原始和最简单的形式，尽力说明在那个时代标志它的各种特征，再进一步展示它是如何发展起来，如何逐步变得复杂起来，如何变成我们所要讨论的那个样子的"②。

历史分析包括理论史分析和社会史分析两部分。研究者从理论史角度梳理了补偿作为一个现代问题的形成过程（见附论），在征地史上则主要集中于D市民国后期到目前这样一个阶段。通过检阅理论史和社会史得出关于征地补偿的图式是研究当代个案的一种参照，其意义在于，便于研究者问题意识的形成。有了一定的问题后，个案研究相应地是对历史分析的充实和进一步展开。基于此，我们在研究中借鉴了人类学方法

---

① [美]约翰·曼达利奥：《历史社会学的发展趋势》，姚映然、李康译，《国外社会学》2001年第4期。

② [法]埃米尔·涂尔干：《宗教生活的基本形式》，渠东、汲喆译，上海人民出版社2000年版，第3—4页。

中的参与观察法。人类学中的参与观察是指研究者生活于他所研究的人之中,参加他们的社会生活,观察正在发生的事情。①

本研究所运用的历史档案卷宗以及个案都发生在D市。研究者之所以这样做,除了研究者作为当地人对它比较熟悉这一原因外,还因为这么三点:第一,研究者相信,任何一个点都可能是个“大世界”,关键在于如何从经验之流走出来,能否做到“上下结合、虚实相应”,能否通过该点看到这个点所在的那个过程;第二,确实也出于经济能力原因,这是一个实际;第三,最根本的一点还是在于D市本身处于中国西部,具有一定的代表性。因为,对于目前社会学研究来说,“把注意力转向那些亟待研究的后发展地区尤为重要,这样有助于我们均衡地把握资本主义全球化的渗透作用”②。

研究所用档案资料分为三部分,一部分为D市B局民国时期的征地档案;另一部分为D市在中华人民共和国成立后关于征地的档案;还有一部分为D市G镇F厂征地案的档案。在历史原因分析框架里,原本无多大时空联系的三部分资料现在都服从于同一分析框架的运动,比较真实地反映出社会变迁的性质、内容和形式。

---

① 参见[美]罗伯特·E.墨菲:《文化与社会学引论》,王卓君、吕迺基译,商务印书馆2004年版,第299页。

② [美]流心:《自我的他性——当代中国的自我谱系》,常姝译,上海人民出版社2005年版,第5页。

第二章 关于征地补偿研究的文献综述

讨论征地的文献有很多,主要包括两类:一类是由处在征地一线的征地工作者在各类刊物上发表的工作经验说明和政策建议;另一类是专家学者发表的学术专论,这些文献主要论及了征地制度本身的各个方面,比如土地制度、补偿标准等。它们的共性是,对与征地关系甚密的中央地方政府行为关系、干部评价体制等内容关注不够。因此,我们主要从财政体制变化的角度,梳理地方政府行为变化、现行干部评价体制等文献,冀求通过这一过程获得对征地矛盾成因、补偿关系实质的理解。

一、谋发展、参与竞争的地方政府

一般认为,改革开放过后的中国地方政府具有明显的经营取向①,而

① 参见张静:《基层政权——乡村制度诸问题》,浙江人民出版社 2000 年版;Jean C. Oi, "The Role of the Local State in China's Transitional Economy", *The China Quarterly*, No.144 (December 1995), pp.1132-1149; Victor Nee and Rebecca Mathews, "Market Transition and Societal Transformation in Reforming State Socialism", *Annual Review of Sociology*, Vol. 22(1996), pp.401-435.

且这一行为是在"有意识的战略决策模式支配下进行的",其表现要么是"明示的竞争战略",即在地方政府的"五年规划"以及地方党委和政府主要领导人的年度工作报告中出现,要么是"隐含的竞争战略",即通过各个地方政府的竞争行为表现出来。① 因此有人认为,这种地方性行为是经济得以搞活、企业得以增效的重要原因。② 所以,渐进式改革被认为是"维护市场的经济联邦制"(market-preserving federalism)③,它"创造了一个来自地方和基层的改革支持机制"。基于此,地方政府的这种主动性被人解释为是经济上分权、行政上集中、地区禀赋差异的综合结果。④

(一) 财政体制改革与中央地方行为关系

从新中国成立初期到改革开放前的30年间,我国先后实行了统收统支、统一领导、分级管理的财政体制。其间,中央曾两次较大幅度地下放财权和事权,一次是1958年,一次是70年代初。两次权力下放都是为了解决当时的一些突出问题,问题一旦解决,中央又开始收权,多次的调整都没有从根本上改变高度集权的财政体制。这时期财政体制的一个重要特征便是,地方政府收支支配权和管理权较小,并不构成一级独立的财政主体。所以,从20世纪50年代初至80年代末,我国的中央与地方政府关系一直处于"一放就乱,一乱就收,一收就死",一直处在集权——分权——再集权——再分权的循环怪圈中。每一次的权力集中或下放,都没有从根本上解决我国中央与地方政府的关系:即要么出现"强中央,弱地方";要么是"强地方,弱中央"。在这种关系下,要想追求中央与地方

① 洪兆平:《地方政府竞争战略的基本类型》,《扬州大学税务学院学报》2006年第2期。

② 张维迎、栗树和:《地区间竞争与中国国有企业的民营化》,《经济研究》1998年第12期。

③ Qian Yingyi and Barry R.Weingast, "China's Transition to Markets: Market-Preserving Federalism, Chinese Style", *Journal of Policy Reform*, No.1(1996), pp.149-85.

④ 高鹤:《基于财政分权和地方政府行为的转型分析框架》,《改革》2004年第4期。

政府两个积极性实际上是很难同时实现的。①

随着改革开放的启动和深化，我国于1980年开始对传统的财政体制进行了改革，中央逐步向地方分权，主要体现为事权和财权的下放。中央政府逐渐下放了与地方发展自身经济事业密切联系的若干权力，如基本建设计划审批权、物价管理权、利用外资审批权、外贸及外汇管理权等，一些原由中央部委管辖的企业也下放给地方政府管理。除此之外，中央还授予少数地方政府、经济特区、经济技术开发区、中心城市等一定的“经济特权”。1980年开始实行划分收支、分级包干体制，并于1985年和1988年进行了两次调整，调整的内容主要体现在包干方法上，从1988年开始对37个省、自治区、直辖市和计划单列市分别实行收入递增包干、总额分成、总额分成加增长分成、上解额递增包干、定额上解、定额补助六种包干方法。虽然财政包干增强了地方财力、调动了地方政府增收节支的积极性，但是它也带来了一个消极后果，即中央财政收入在总财政收入中的比重大幅下降，中央陷入严重的财政危机，宏观调控能力日渐萎缩。所以，国家于1994年开始实行分税制的财政体制。分税制是在划分事权的基础上，根据事权与财权相结合的原则，将税种划分为中央税、地方税和中央地方共享税，中央与地方在法律上更接近于对等的契约主体，而非单纯的上下级关系。② 然而，事情绝非预想那样简单。

事权下放、财权集中的实际结果表现为，中央与地方间权力博弈强弱关系由弱渐强。谢蓉、温倩文认为，传统的计划经济体制向社会主义市场经济体制转轨的过程中，中央对地方和企业实行放权让利改革，地方政府逐步具备了与中央讨价还价的能力，成为独立的利益博弈主体。地方政

---

① 周鹏、詹耀文：《论分税制条件下我国中央与地方政府关系的嬗变——以财政关系为例》，《上饶师范学院学报》2003年第1期。

② 于晶、牛海涛：《从利益冲突看我国中央与地方财政关系变迁》，《湖南税务高等专科学校学报》2005年第6期。

府充当着中央政府和非政府主体沟通的中介和桥梁，一方面代理中央政府对辖区经济实行宏观管理和调控，另一方面代表本地区的企业等非政府主体争取中央的支持，以实现本位经济利益最大化。这样，中央政府与地方政府的目标之间必然既存在一致性，又存在差异性。当双方的利益目标不一致时，就存在博弈的可能，具有很大自主权的地方政府会针对中央的政策，从地方利益出发做出相应的策略选择。这种策略选择存在这样四个可能性条件：(1)中央政府与地方政府之间的不完全信息博弈使转移支付中的补助数额和上解数额的确定缺乏科学性；(2)依据基数法核定转移支付额度的制度安排一定程度上助长了地方政府的策略行为；(3)因素法核定财政转移支付额度的技术方法尚不完善，为地方政府之间的博弈提供了制度空间；(4)财政转移支付的监督机制不健全，中央和地方的博弈缺乏有效的规则约束。① 因此，中央政府的制度选择和地方政府行为之间有极为紧密的关系，为此，高鹤构建了一个基于财政分权和地方政府行为的转型分析框架(见图1)。

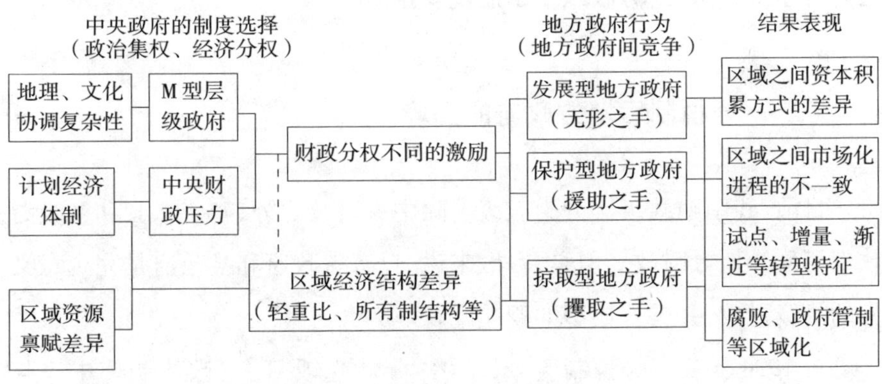

图1

资料来源：高鹤：《基于财政分权和地方政府行为的转型分析框架》，《改革》2004年第4期。

① 谢蓉、温倩文：《财政转移支付制度下中央与地方的博弈关系》，《中国行政管理》2005年第7期。

这一分析框架虽然避免了将地方政府行为视为同质性的局限，看到了区域差异，但是仍有同类研究的不足，即，一是偏重于静态分析，动态分析不够；二是偏重于总体分析，分阶段的研究不够。黄燕和孟繁邨因此提出了地方政府行为变化的三个阶段：(1)第一阶段 1982—1994 年，地方政府主要经营企业；(2)第二阶段 1994—2005 年，地方政府主要经营城市和园区；(3)第三阶段，经营“管制”阶段。所谓地方政府经营管制就是地方政府放大、用足、用活管制权利，同时还不断地创造出一些管制的内容、管制的项目，为自己谋取经济利益。① 他们虽然照顾到了历时的变化，但却对结构有所忽略。在结合结构和过程方面，苏姗·H.惠婷(Susan H.Whitting)给出了一个比较好的关于地方制度变迁的解释框架：(1)固有的制度框架：财政体制、地方公营企业发展的遗产、干部评价体制；(2)出现的所有权模型：国家政治遗产环境、要素和产品的市场本质、地方对公营和私有所有权给予政治支持的程度、地方经济中公营和私营企业的比例；(3)变化中的收入抽出制度：抽支之总的交易成本、私人资本之讨价还价力量、地方收入抽出制度安排。②

（二）分税制后地方政府的困境

目前，我国财政级次分为五级。除中央财政之外，省、市、县和乡级财政都可称为地方财政。但是，一般来说，只有省政府和县政府是完全意义上的一级财政，并具有典型的职能配置。③

自 1994 年实行分税制至今，虽然“分灶吃饭”的财政体制使中央与

① 黄燕、孟繁邨：《地方政府行为演变的阶段性特征及其趋势分析》，《管理现代化》2006 年第 4 期。

② Susan H.Whiting, *Power and Wealth in Rural China: The Political Economy of Institutional Change*, Cambridge University Press, 2001, p.26.

③ 刘炎焱：《财政职能在地方政府之间的配置比较》，《经济与法》2006 年第 1 期。

地方政府成为具有不同权力和利益的平等的经济主体，但是，它们之间的地位却是不对等的。分税制改革对中央与地方的事权和支出作出了明确的划分，但是在对中央与地方的收入按税种进行划分时，只规定了中央和省级政府之间的税种划分，对于省以下的财政分税没有作出规定，所以，现行省以下财政基本上不存在分税制，也没有其他规范的做法。分税制改革的突出效果就是增加了中央政府的收入，使中央有了更充足的财力来行使事权，从而进一步巩固了中央作为宏观调控主体的地位。与此相比，地方政府的财力并没有得到明显增加。在我国现有的28个税种中，财政收入主要集中在增值税、营业税和消费税上，这三项税收收入占整个财政收入的51%以上，1994年分税制改革将消费税和增值税的75%、中央企业所得税和铁道部、银行、保险机构等条条管理的大型机构的营业税都划归中央财政所有，而所剩的财政收入已极为有限，省级政府根本无法再与下级政府进行分税，由于缺乏主体税种的支持，地方财政尤其是省以下政府的财政根本无力支持地方政府完成事权，实现政府职能，造成了目前地方财政收入比重的持续下滑，地方财政自给能力弱的现实。所以，目前我国的分税制实际上是在中央和地方之间分收入，而不是真正的“分税”①。

因此，目前地方财政有三大风险：第一是地方财政的收入风险。(1)自有财力不足且增长缓慢。(2)财政收入质量明显下降。一是我国地方财政“虚收”现象严重，导致地方财政出现“假平衡、真赤字”现象，不仅增大了地方财政收入的水分，而且直接构成地方财政风险。花钱“买税”、政府出钱“空转”、预征税款等行为就是极端表现。二是其税收收入占财政总收入的比例偏低，而非税收入所占比例则偏高。(3)收入来源结构不尽合理。第二是地方财政的支出风险。因为地方政府财政的支出范围不

① 李冬梅：《我国地方财政困境辨析》，《云南财贸学院学报》2005年第5期。

明晰,支出结构不合理。第三是地方政府的赤字与债务风险,应支未支、已支未报、单位垫支、财政挂账等行为比较普遍。①

一些经验数据有效地支持了上述结论。比如,(1)中央地方财政能力的变化。改革开放以来,中央财政能力呈上升趋势,1980 年为 0.43%,1995 年为 1.63%,2004 年为 1.84%,地方(省及以下)的财政能力呈下降趋势,1980 年为 1.56%,1995 年为 0.62%,2004 年为 0.59%。② 1979—1993 年中央政府与地方政府的财政自给能力系数比是 0.77 ∶ 1.06,1994—2002 年这一比例就变成了 1.51 ∶ 0.61。(2)地方政府财政赤字水平。1991 年我国的赤字县就已经多达 1216 个,占全国县级总数的 50%,到 1994 年年底,这一比例上升到了 58%,赤字额也由 58 亿元上升到了 78 亿元,尽管目前还没有表明我国县级财政赤字的准确数字,但是现实中欠发工资、基础设施落后等困难表明县级财政运行困难已是个不争的事实。③

对这种困境成因的解释一般有四个因素:(1)体制性因素,即当前财政体制的缺陷,比如财权与事权不对称、财政支出决策权过度集中和规则紊乱等;(2)政策性因素,即中央和地方某些政策失误或政策落实不足,比如中央对农村基本建设投资的减少、机构改革不到位导致财政供养人员过多;(3)技术性因素,即对地方政府的政绩考核体系尚待改进,比如过于偏重 GDP 指标;(4)宏观经济形势因素,比如"过剩经济"时代导致竞争力弱小的乡镇企业倒闭,由此减少了地方的税源。麻挺松和张克难认为上述解释都有一定的合理性,但它们并不是这一困境产生的根本原因。他们从单一制的国家结构形式和正处于经济转

---

① 饶友玲:《地方政府财政风险:表现形式、成因与防范》,《中央财经大学学报》2004 年第 4 期。

② 所谓财政自给能力,是指本级财政收入与本级财政支出之比。

③ 李冬梅:《我国地方财政困境辨析》,《云南财贸学院学报》2005 年第 5 期。

轨的特殊时期这两个重要国情着手分析，认为地方政府财政困境的原因在于改革导致了一种“行政性经济代理合约”，即地方官员其实是依据与各自上级政府签订的代理合约来履行职能的，上级政府则通过相应的治理结构来对其进行激励和考核以确保职能履行的高效率。①

（三）分税制下地方政府的竞争策略

在现行财政体制下，地方政府只有省、县是完全意义上的一级财政，由于中央与地方事权、财权的不均衡分配，省为减“负”，也把事权下放、财权上收，把负担转嫁给县乡。国研中心数据显示，分税制后，中央财权大幅度提高、地方财权大幅度下降，但是中央与地方的事权划分变化幅度较小：1994—2002 年期间中央财权平均为 52%、地方财权平均为 48%，中央事权平均为 30%、地方事权平均为 70%。

在上述情形下，中央主要通过财政转移支付、税收返还政策来实施平衡。但是，由于“财政联邦制和行政架构不匹配”②，产生了两方面问题，一方面是因为在目前的财政转移方式中，税收返还占主导地位，导致分税制后，虽然中央政府集中收入增加，但中央政府实际上可以用于调节地区间差距的财力并没有显著增加，不能统筹到基层。另一方面由于现行的积极财政政策主要是生产性的公共支出，“对三农、义务教育、公共卫生、社会保障等重点支出的保障力度还不够；促进转变经济增长方式、自主创新、节约能源资源和保护环境方面还缺乏强有力的财

① 麻挺松、张克难：《转轨经济中的我国地方财政困境：一个合约视角的分析》，《南京政治学院学报》2006 年第 2 期。

② 姚洋：《财政联邦化导致地方政府商业化和机会主义倾向》，《领导决策信息》2003 年第 8 期。

税政策”①,这种以生产性支出为主要内容的财政政策与地方政府投资、地方企业投资是相互替代的。所以,以上两方面促成了地方政府的机会主义和地方发展主义。地方政府热衷于利用信息不对称做转移支付中的补助数额和上解数额的“学问”,或热衷于跑“部”“钱”进,或尽可能做大本地经济,甚至盲目扩张。这样就加剧了地方的财政依赖现象,比如在西部地区形成的“国债投资依赖性经济”,结果对民营经济构成事实上的歧视,从而无法启动构建经济主体内生增长机制。②

显然,当前地方政府,特别是县一级政府面临着一个“治理危机”的难题。为化解危机,地方政府的行为越来越带有“鲜明的公司化行为特征,集中表现为地方政府以追求经济增长,特别是财政收入为最高动力”③。增强县域经济实力是地方政府的首要政务。因此,各个地方政府为着自己的不同利益,全面参与竞争。所以,地方财政的突出特征已不是“公共性”,而是“地方性”,其“地方性”特征主要表现在三个方面:(1)地方公共财政主体的地方性;(2)地方公共财政支出用途的地方性;(3)地方公共财政收入来源的地方性。地方财政的“地方性”特征,表明各个地方政府都分别代表着各自的利益。由于各个地方政府所代表的利益不同,这就必然导致各个地方政府之间展开竞争。④

地方政府主要从两方面参与竞争:一方面是从提升产业水平着手。洪兆平认为,地方政府竞争战略是以谋求产业发展为目标,从一个地区的

---

① 《第十届全国人民代表大会财政经济委员会关于2005年中央和地方预算执行情况与2006年中央和地方预算草案的审查结果报告》,全国人民代表大会常务委员会公报2006年4月。

② 王柏玲、于少强:《从地方政府经济行为角度谈积极财政政策转型》,《北方经贸》2006年第4期;贾亚男:《财政转型与西部地区地方政府的财政协调》,《新疆农垦经济》2006年第5期。

③ 赵树凯:《破除“地方政府公司主义”》,《中国改革》2006年第8期。

④ 谭泰乾:《从地方公共财政的“地方性”特征看地方政府之间的竞争》,《求实》2004年第5期。

角度出发，考虑如何提高当地企业和产业的竞争力。主要包括四种战略：(1)针对一般企业的低成本战略；(2)针对企业外部环境的低交易成本战略；(3)针对一般企业的错位竞争战略；(4)针对企业外部环境的错位竞争战略。① 另一方面是扩大预算外收入。一般而言，实际可支配的财力经济发展水平愈高，地方财政收入和预算外收入愈多，同时按上划中央两税收入计算的税收返还收入也就愈多。② 由于地方政府在税收、公共收费，以及公债发行等方面存在明显的权限③，也由于分税制后中央本级财政收支正缺口呈扩大趋势，而地方负的财政缺口也呈扩大趋势，而且中央财政的正缺口并不足以弥补地方财政的负缺口，所以，地方政府扩大预算外收入成为弥补缺口的唯一途径。④

看来，现行税制是不太令人满意的税制，它可能有两个社会后果：第一是有利于保护省县级地方政府的权威，因为这样一种税制事实上是承认和间接鼓励地方政府通过一定途径谋发展的权力；第二是因为现行税制以及农业税费改革，在某些地区，县乡两级政府的财政状况可能是恶化

---

① 洪兆平：《地方政府竞争战略的基本类型》，《扬州大学税务学院学报》2006 年第 3 期。

② 财政收入能力有广义和狭义两种。广义的财政收入能力，是指一个地区在一定时期内能够形成政府财政性收入的能力；狭义的财政收入能力，是指形成本级政府的财政收入能力，包括预算外收入、预算内收入。严格意义上的地方政府财政收入能力是指本级政府实际能够支配的财政收入，简而言之，就是政府实际可支配的财力，它应该是剔除上级政府在本辖区内获取的预算内外收入后的地方财政收入、上级补助、预算外收入三项之和，减出上解上级政府支出后的余额。与地方政府财政收入实际能力有重要关联程度的指标有 4 个：1. 地方财政收入指标。在核定财政体制时代，划分给下级政府的预算内收入分为一般预算收入和基金收入；在分税制财政体制分为共享收入和非共享收入。2. 预算外收入。3. 上级补助收入。4. 上解上级支出。参见管云海：《地方政府财政收入实际能力初探》，《四川财政》2002 年第 4 期。

③ 中国土地勘测规划院地政研究中心：《从体制上消除地方过度依赖"土地财政"》，《中国土地》2006 年第 7 期。

④ 江庆：《中央与地方纵向财政不平衡的实证研究：1978—2003》，《财贸研究》2006 年第 2 期。

了，而不是好转，同时，乡级政府权威被削弱了。①

二、干部体制与土地财政

（一）竞争型的干部体制

我国的领导干部管理体制是一个逐渐变化的过程。1949 年后，从统一的“一揽子”管理制度向分级分部选拔任用干部制度转变，实行管理干部与管理业务相结合，委任制是主要形式。“文化大革命”期间，干部选拔任用基本上服从于极左政治，在干部的审查、调配、使用等各方面，以人画线，以派画线，随意性极大，完全否定了干部选拔任用的正常程序，整个干部选拔任用处于混乱状态。“文化大革命”结束后，老干部恢复工作，但是“老龄化”问题接踵而至，委任制已不适应社会经济的发展要求，出现了优秀人才难以脱颖而出，选拔任用干部中的不正之风难以有效制止的弊端。1980 年以后，开始逐渐摸索公开化、规范化、制度化、科学化（须经考试）的公开选拔制度。1982 年 2 月，中央组织部《关于中央管理的干部任免工作若干规定的修改和补充通知》，1986 年 1 月，中共中央发出了《关于严格按照党的原则选拔任用干部的通知》，1993 年 10 月国务院公布的《国家公务员暂行条例》，1995 年 2 月中共中央下发的《党政领导干部选拔任用工作暂行条例》，以文件形式形成了以民主推荐、组织考察、党委决定任命为基本程序的荐举委任制。由于荐举委任制仍然是沿着委

① 参见张静：《基层政权——乡村制度诸问题》，浙江人民出版社 2000 年版，第 135—137 页。

任制的方向，在其基础上进行修补式改造，因而，荐举委任制仍然存在着自身难以克服的弊端：缺乏领导人才资源合理配置机制，缺乏领导人才的良性竞争机制，缺乏领导人才的科学鉴别机制。① 也就是说，目前干部人事制度的根本问题在于：(1)如何解决干部能上能下、能进能出的问题；(2)如何做好党政机关、国有企业、事业单位不同特点的分类管理体制，三支人才队伍一起抓的问题；(3)如何在干部人事制度中引进民主、公开、竞争的制度，培养出优秀的领导人才的问题；(4)如何实现干部人事工作的依法管理，杜绝黑箱作业的问题。因此，干部改革需要进一步深入。1999年发出《关于进一步做好公开选拔领导干部的通知》，2000年出台《深化干部人事制度改革纲要》，2001年5月颁布《2001年—2005年全国干部教育培训规划》，这一系列措施取得了好的成效：(1)党的组织部门的工作方式开始由伯乐式的直接选拔逐渐向制定规则转变，规范化、制度化了；(2)促进了党的领导干部的新陈代谢；(3)在形式上创建了类似于西方的事务官和政务官两种类型的干部系统，一类是地厅司局以下的中低层领导干部，他们将大都是历经公开选拔、竞争上岗赢得领导职位，并将以专业才能、业绩、公开形象为导向；另一类是副省部级以上的党政高层领导干部，他们基本上仍是由最高层提拔任命，因此他们将在注重自己的专业才能、业绩、公开、形象之余，会更加注重个人在最高层中的受认可程度②；(4)增强了竞争激励机制。

简言之，干部评价的竞争激励性增强了，业绩成为考核干部的首要标

① 参见吴瀚飞：《中国公开选拔领导干部制度研究》，中国社会科学院研究生院博士学位论文(2001年)。

② 我国的两个干部系统在形式上接近西方的政务官和事务官，但是在实质上则十分不同，在西方，政务官是定期经人民选举产生，事务官则是经考试录用产生，是按责任政治和责任伦理来设计的。而我国两个系统的党政领导干部，则是以党管干部原则产生，都要服从党的领导，贯彻党的路线，坚持又红又专的选拔标准。参见熊自建：《中共〈深化干部人事制度改革纲要〉的颁布与推行》，《问题与研究》2002年第3期。

准。但是,这一干部竞争激励机制也有一定的缺陷,它很容易导致竞争变味,地厅司局以下的中低层领导干部可能会为了竞争而竞争,为业绩而业绩,不守程序,使考察失真。① 因为这种干部竞争激励机制日益表现为地方政府干部与上一级政府间的"行政性经济代理关系",这种代理关系除了缔约双方地位的不平等性、缔约的强制性和垄断性的两个特点外,还存在缔约双方利益关系复杂性的特点。(1)从委托人方面来说,干部是对上负责,对下马虎,因为上级政府和地方官员之间的利害关系相对明确,而地方选民和地方官员之间的利害关系则相对模糊。(2)从代理人方面来说,地方官员唯业绩论,因为地方官员的薪酬水平通常与其代理绩效并非严格相关,其代理收益与其代理绩效也并非严格相关。结果是:在激励方式上,晋升成为地方官员首要的利益诉求;在绩效考核标准上,虽然代理职能包括广义公共产品和服务供给效率以及经济绩效两个方面的综合指标,在实际的评判中,由于前者的绩效较难测定,使得反映经济绩效的国资利润率、财政收入和 GDP 增长率等指标凭借较高的可测性在标准中占据主导地位;在绩效考核方式上,由于代理的强制性和垄断性,不存在选民投票,只存在上级的考核。(3)从公众利益的视角来看,干部的代理行为很可能是一种财政非理性行为,比如地方政府盲目投资、以地方政府信用做不当担保、招商引资给予过度优惠、政府事权下放和财力集中,以及"政绩工程"泛滥等行为表现。② (4)在基层组织内部形成诸如姻缘关系网络、利益交换网络以及权力派系等网络,造成国家和社会断裂。③

---

① 参见贾科:《领导干部考察失真研究》,《战略与管理》2004 年第 3 期。

② 参见麻挺松、张克难:《转轨经济中的我国地方财政困境:一个合约视角的分析》,《南方政治学院学报》2006 年第 2 期。

③ 徐晓军:《当代中国农村乡镇干部内部的三重网络》(2004 年 7 月 19 日):http://www.sociology.cass.net.cn。

（二）干部激励机制与地方财政风险

综合前面文献可以看到，地方政府运行过程中存在两个方面的问题：一方面是地方政府公司化诱发了治理危机。这主要表现为：(1)在公司化的政府运行逻辑下，资源主要被用于满足地方经济发展，面向全社会提供公共物品的目标被忽略，基层政权缺少提供公共物品的动机；(2)僵化的行政体制使得国家与社会之间的关系不平衡，社会的要求对基层政权没有制度性的约束力；(3)政府无法有效地化解基层社会内部的紧张和冲突，尽管基层政权卷入社会冲突中，但它对于冲突的处理缺乏内在动力，从而成为冲突过程中的利益相关者甚至是冲突发生的根源；(4)政府无法满足基层社会对公共服务和公共物品的需要，因而无法有效调动政治支持和信任。①

另一方面是体制上的干部激励机制和约束机制的不完善产生了日益严重的财政风险。马骏和刘亚平认为，政绩合法性要求做出成绩，淘汰制/年龄限制的干部晋升机制与分税制导致的地方政府财力下降、事权增大结合在一起，在现行体制内部形成了三大软化机制：(1)上下级激励机制同构性导致上级约束软化；(2)社会约束软化机制；(3)债权人约束软化。所以地方政府往往突破预算约束，产生财政机会主义、债务积累财政风险。他们认为，化解财政风险的根本在于，从"晋升"之外寻找新的激励官员的机制，同时使得官员既对上负责又对下负责。②

在现行的干部激励机制和约束机制下，"低成本战略"成为地方政府

---

① 赵树凯：《破除"地方政府公司主义"》，《中国改革》2006 年第 8 期。

② 马骏、刘亚平：《中国地方政府财政风险研究："逆向软预算约束"理论的视角》，《学术研究》2005 年第 11 期。

扩大预算外收入的重要方向，而廉价土地自然是最为典型的政策选择之一。[①] 从土地出让金的分成比例变化历程就可以窥见其中关键。政府征收土地出让金始于20世纪80年代末。1987年12月1日，深圳市首开拍卖土地使用权的先河。1988年4月，全国人大修改《宪法》，增加了“土地使用权可以依照法律的规定转让”的内容，国有土地使用权出让由此“合法化”。1989年5月，国务院发出《关于加强国有土地使用权有偿出让收入管理的通知》，规定国有土地使用权出让的收入中，“40%上交中央财政，60%留归地方财政。不论上交中央财政还是上交地方财政的收入，都主要用于城市建设和土地开发，专款专用”。上述文件未及实施，两个月后，财政部公布《国有土地使用权有偿出让收入管理暂行实施办法》，中央在土地出让金分享上后退一步：土地出让后，当地政府可“先留下20%作为城市土地开发建设费用，其余部分40%上交中央财政，60%留归取得收入的城市财政部门”。尽管按照此文件，中央提取的比例已降至32%，但面对全国3000多个县市政府，中央政府实在鞭长莫及。由于无法核实土地开发的成本，很多地方与中央“打太极拳”，隐瞒、截留土地出让收入，中央提取32%也很难落实。在此种情势下，1992年9月，财政部出台《关于国有土地使用权有偿使用收入征收管理的暂行办法》，把中央对土地出让金的分成比例缩小为5%；1993年年底实行分税制改革时，又把土地出让金作为地方财政的固定收入，中央提取5%的规定也被取消。从此，土地出让金全部划归地方政府，结果依然“主要用于城市建设和土地开发”。在中央获取土地出让金比例节节后退的同时，地方政府越来越将此收益作为预算外收入的主要来源，有的比例甚至高达60%以上，遂有“第二财政”之称。据2004年国土资源公报，当年全国共出让土地17.87万公顷，建设占

---

① 李红军：《打破地方政府“以地生财”的“怪圈”》，《政府法制》2006年第8期(上)。

用耕地 14. 51 万公顷,土地出让价款高达 5894. 14 亿元。①

（三）上下其手的社会空间:正式干部体制外的村干部

地方政府干部为求业绩能对土地上下其手,除了直接运用自身的权威外,还充分运用了正式干部体制外的村干部这个社会空间条件。

村干部在改革开放前的角色是代表国家在农村抓生产,其真正身份是国家在农村的干部,是国家在农村的化身与代表,只是目前国家需要他在农村,将来他会同样因国家的需要离开农村,农业只是他们的兼职。改革开放初期,在国家淡出农村的同时,村干部的国家代言人的身份也开始淡化,此时他们更像农民。但他们的身份和身份意识中仍有不同于一般农民的因素。他们仍是“沟通、维系国家与农民之间的”桥梁,是国家意志在农村的传达者与体现者。由于国家的惠农政策和农村较一致的财富与价值追求,村干部处于较好的境地:既不会因执行国家政策得罪乡邻,也不会因村民利益而开罪于国家。从 20 世纪 80 年代中后期开始,国家开始加大了对农村的资源汲取力度,他们不仅要宣传与执行国家的政治、文化、思想等政策,还要代表国家向他们的乡邻收取钱粮,他们在村民中变得不那么受欢迎。从 1988 年开始国家又在农村试行村民委员会制度,1992 年开始在全国范围内推行市场化改革,加上随之而来的税制改革,农民开始在体制外循环,日益边缘化。除了与普通农民一样面临着越来越艰难的生存困境外,村干部还要完成越来越难的国家任务,此时虽然可以得到工资,部分人还享有退休金,但这些既远不足以与市场化条件下的需要相比,又因为他们天天面对的是乡亲而不是国家,同时作为基层政权

① 常红晓:《土地出让金收益重分,财政部考虑收取一定比例》,《财经》2006 年 3 月 21 日。

后备力量的身份优势也被剥夺了,使他们失去了融入国家体制的制度化渠道。他们变得像传统时代地方官员的僚属、佐杂一样卑微。① 既然进入体制无望,但是通过村干部获取一定的资源则是提高收入、使生活变好的重要手段。因为,这是除了从事与村干部角色无关的生产经营活动(例如养猪、种粮)所获取的正当收入外,还可以获取因担任村干部所获取的合法报酬,以及利用职务便利获取的"灰色"收入。② 另外还可以获得面子与声望、权力、信息资源、个人成就以及政治参与等社会性收益和经济性收益。所以,在后税费改革时代,尽管有些村组织"空心化",劳多、酬少,挨骂、两头受气,他们还是有争着竞选的强烈动机③,因为在当前的村民自治制度下,村"两委"成员有着上不是国家干部、下不是真正村民的"身份空间",上不好管、下不敢查的现状又留给村干部以极大的"权力空间"④。所以有学者认为,在被动城市化与村庄消解过程中,村干部身上承载的"社区守望者"角色名义已经发生了变化⑤,他们在"农民财政"时代作为乡镇对村庄的财政汲取和村庄对乡镇的税费上缴的中介地位并没有因为税费的取消而失去⑥,在目前的"土地财政"时期,虽然"村干部发生了蜕变,成了为自己谋取利益,既不对上级组织负责也不对

① 徐慧清:《去他者化:农村村干部的身份追求》,《社会主义研究》2006 年第 3 期。

② 王征兵:《村干部合法收入标准的确定——以陕西省兴平市西吴镇为例》,《中国农村经济》2004 年第 11 期。

③ 参见鲁彦平、卓惠萍:《利益:互惠社区中村干部竞选的行为逻辑——豫北三镇六村的调查与思考》,《甘肃农业》2005 年第 12 期;彭代彦:《村干部的职能与激励》,http://www.cenet.org.cn/cn/CEAC/;贺雪峰、阿古智子:《村干部的动力机制与角色类型——兼谈乡村治理研究中的若干相关话题》,《学习与探索》2006 年第 3 期;王思斌:《村干部权力竞争解释模型之比较》,《北京大学学报》(哲学社会科学版)2005 年第 3 期。

④ 参见劳骥:《别拿"村干部"不当"干部"》,《聊望新闻周刊》2005 年第 7—8 期。

⑤ 杨善华、王纪芒:《被动城市化过程中的村庄权力格局与村干部》,《广东社会科学》2005 年第 3 期。

⑥ 吴毅:《双重边缘化:村干部角色与行为的类型学分析》,《管理世界》2002 年第 11 期。

村民负责的地头蛇，在很大程度上是一个自私自利者”①，但是，他们对于乡镇干部来说仍然重要，乡镇需要他们提供村里的信息、动向，需要他们提供必要的合作（比如移交土地协议书等），以及在冲突过程中需要村干部发挥减震器的作用。

三、土地征收：宏观制度利益补偿不平衡的焦点

（一）有关征地制度的社会政策考察

从社会政策层面探讨征地制度的文献颇多，主要涉及征地的目的和性质、征地法律制度冲突、征地补偿方式和标准、征地迁移风险以及征地冲突等方面的内容。在相当长的一段时间内，中国的法律体系对征地制度的性质都未做明确界定，基于此，张红等人详细辨析了两者的不同（见表1）。

表1

	征　收	征　用
实质	所有权转移	使用权暂时转移
实施者	行政部门	行政部门或经授权的职能机构
标的物	不动产（通常包含其附属物）	动产或不动产或劳务
实施条件	以公共利益为前提并依照物权转移有关的法律程序	以公共利益为前提并依照处理紧急状态的有关法律程序

---

① 参见郑明怀：《“强龙难压地头蛇”——转型时期村干部蜕变的特征及其原因》，《宜春学院学报》2005年第S1期；郑地：《村干部为啥老打土地主意》，《中国土地》2006年第9期。

续表

	征　收	征　用
时间特征	永久性	临时性
补偿额度	相对较高	较低

资料来源:张红、于楠、谭峻:《对完善中国现行征地制度的思考》,《中国土地科学》2005 年第 1 期。

不论是征收还是征用,其出发点都是以公共利益为征地目的。但是,我国法律体系并没有详细、具体规定公共利益,结果是公共利益过于宽泛、模糊,这在实际过程中为政府征地制造了法律空间,“滥用”征地权。① 又因为《土地管理法》规定,农村集体土地转为非农用地,必须经过征收,也就是说法律上的矛盾②使地方政府垄断了土地交易。③ 因此,农民、地方政府、用地单位之间存在着博弈,农民力求获得更多的补偿费,地方政府一要压低征地费,二要抬高土地出让费,还要确保稳定,用地单位力求获取土地的成本最小,因此尽可能通过寻租方式降低费用。④ 博弈的结果往往受地方政府会同银行与房地产商形成一个共同推动房地产业发展并从中获益颇丰的“铁三角”的利益格局影响。⑤ 由于地方政府视土地为

---

① 黄小虎认为,短期内实现按公共利益范围征地有一定难度。只能实事求是按四步走:近期应严格控制征地面积,特别是农用地转为非农建设用地;到一定时候可以先将商业、旅游和商品住宅等经营性用地退出征地范围;待条件进一步成熟后,再将工业用地及各类开发区、园区等用地退出征地范围;最后过渡到真正按公共利益范围征地。参见吴明熹:《改革征地制度维权农民》,《建设科技》2004 年第 6 期。

② 现行征地补偿问题深层矛盾,主要包括征地补偿制度与土地征用制度不协调的矛盾,为公共利益的需要征地与所有非农建设都要征地的矛盾,土地补偿的低偿性与土地价值增值性的矛盾,征地主体地位的强势性与农民利益保护脆弱性的矛盾以及征地建设谋发展与被征地者分享发展成果的矛盾。童中贤:《地方政府征地补偿机制理性分析》,《公共管理学报》2005 年第 4 期。

③ 吴玲:《我国征地制度的制度悖论与创新路径》,《宏观经济研究》2005 年第 10 期;童中贤:《地方政府征地补偿机制理性分析》,《公共管理学报》2003 年第 4 期。

④ 潘扬彬、郑庆昌:《城市化过程中征地博弈分析》,《福建农林大学学报》(哲学社会科学版)2006 年第 2 期。

⑤ 邬丽萍:《地方政府在土地市场上的角色与地位》,《统计与决策》2006 年第 8 期。

第二财政,它在自身财政状况没有根本扭转的情况下,仍会不停地撬动"地根"①。另一方面,虽然农民有多种类型(纯农户、兼业农户、非农户)、情况不一②,但总的来看土地对于农民来说有多种功能,失去土地意味着立即陷入风险,因此,他们对于那种"只有输家没有赢家"的做法必然会作出抗"征"反应③,由此引发的群体性事件逐年增多。④ 在"稳定压倒一切、发展是硬道理"的大背景下,除了探索直接化解社会矛盾的各种机制(比如建立和完善民意表达机制、建立超前联动排查机制、建立矛盾合力化解机制、建立利益协调机制、建立督查督办工作机制、建立责任追究机制、健全政府与群众互动机制)外⑤,补偿成为中央以及地方各级政府表现灵活性的主要方式,中央主要集中于如何提高补偿标准(由产值倍数法向区片综合定价法过渡)⑥以及加强监督和检查地方对于补偿款的落实情况,地方则利用自身经济环境状况,用活征地补偿款,探讨补偿安置的多种方式(调整承包地安置;留地安置;建好标准厂房,产权属村,出租获益;两套农民多层公寓安置;社区股份经济合作安置被征地农民;货币安置,自谋职业;企业等用地单位安置;基本生活保障安置;对失土农民进行劳动技能培训,促进就业;改革征地制度,实行租赁制,

---

① 中国土地勘测规划院地政研究中心:《地方政府土地利用行为分析》,《中国土地》2006年第7期。

② 韩纪江、孔祥智:《不同类型的失地农民及其征地补偿分析》,《经济问题探索》2005年第6期。

③ 参见张晓玲、卢海元、米红:《被征地农民贫困风险及安置措施研究》,《中国土地科学》2006年2月;麦克·M.塞尔内亚:《安置的新经济学:对赔偿原则的社会学批判》,王星译,《国际社会科学杂志》2004年第1期;拉维·坎布尔:《发展经济学与补偿原则》,载《国际社会科学杂志》2004年第1期。

④ 四川省公安厅:《群体性事件的调研报告》,《公安研究》2004年第1期。

⑤ 于福春、高德刚、刘德勤:《处理大型工程征地中引发社会矛盾的新机制探索》,《山东水利》2006年第7期。

⑥ 陶楚南、梅昀:《对我国征地补偿测算制度的探析——以武汉市江夏区为例》,《华中农业大学学报》(社会科学版)2005年第4期。

获取土地长期收益)，[1]不过，全国绝大部分对失地农民主要采取货币安置的方式，然而这种方式对于我国社会的长远发展来说，弊端很大，因为这一方式侵害了农民的土地承包经营权，易致农民生活相对贫困、绝对贫困和返贫。[2]

（二）国家权力与土地权利转让

随着征地引发的社会冲突、矛盾居高不下，研究者逐渐跳出从征地看征地的狭隘。由于前面单辟一节讨论了财政制度和干部评价制度与征地的内在关联，这里仅就土地制度和国家行为关系作一总结。目前，政府在征地过程中的行为仍主要是一种政府行政行为，还没有明确地转变为一种公开的法律行为。[3] 张林江通过几个农地转为工商用地的个案，试图回答“谁是决策者，谁从中获得收益，收益的分配格局是由什么决定的”几个问题。他认为，“中国的农地转化不是一个一般意义上的市场交易行为，也不是一个法律意义上的损害赔偿行为，而完全是一个权力作主且权力受益的行为”，并且认为，农地征用制度正在破坏着中国的公平基础，而且还对中国的效率形成威胁。[4] 这样看来，征地问题其实与整个土地制度相关联。正因为这个原因，我们能够理解 2004 年 5 月 1 日实行的国土资源听证制度为什么仅是个不完全听证制度，因为它规定只能对拟定或修改区域性征地补偿标准以及拟定拟征地项目的补偿标准和安置方

---

① 浙江省国土资源办公厅:《保障被征地农民权益，妥善解决农民长远生计——浙江采取十种形式安置失地农民》,《浙江国土资源》2004 年第 8 期。

② 谢朝华:《关于停止征地工作中货币安置的建议》,《中国土地》2004 年第 4 期。

③ 黄志华:《“征地”应是一种法律行为》,《浙江国土资源》2006 年第 2 期。

④ 张林江:《围绕农村土地的权力博弈——不确定产权的一种经验分析》，中国社会科学院研究生院博士学位论文(2003 年)。

案进行听证,而不包括征地行为本身的听证。① 当研究者触及到征地行为的时候,实际上是开始讨论土地是不是商品,如何给集体土地产权定性的问题了,而这类问题已经不再是个单纯的经济问题,而是在追问被征地者是否有充足的公民权利,因为在市场经济条件下,影响征地补偿标准的因素(地租的不稳定性、利率的不稳定性、自耕农转让土地的特殊性)无不与公民权利如何得到公正保护这个问题相关。② 所以有人认为,征地补偿抽象地看就是一种经济支付(无论其表现形态是实物形态还是货币形态)。在征地过程中,被征地对象交出土地,征地者实施经济支付,给予被征地者补偿,从形式上看这是一种很典型的商品交换。如果对征地补偿是一种经济形态的基本界定没有错误,那么要探讨征地补偿的基础理论问题,就必须首先探讨土地是不是商品的问题。从完全意义的所有权人的角度看,我国土地的所有权人只有一个,即国家;从形式上看,就是各级政府。现在的建设用地土地权属的流转,只是使用权的流转,而不是所有权的流转。在我国现行的社会制度下,土地不是商品。土地不是商品,就不存在等价交换。这个基本特征决定了征地补偿难以最大限度地反映被征地者的意愿。我国征地补偿的基本特征是:(1)是一种法律规定,更是一种国家意志,补偿标准由法律规定,由各地政府实施;(2)是两个不平等主体的交易,它不同于一般的商品活动,支付补偿一方的地位高于接受补偿的一方,这表现在不仅补偿标准是支付补偿一方单方面制定

---

① 参见杨皋伶、朱玉碧:《〈土地管理法〉中征地条款的缺陷研究》,《西南农业大学学报》(社会科学版)2005 年第 3 期;王守智、夏珺:《政策解读:征地补偿安置为什么要听证》,《人民日报》2004 年 6 月 14 日第 2 版;邓海娟:《城市建设征地与拆迁中弱势群体的利益表达》,《特区经济》2005 年第 8 期。

② 参见刘亚玲:《按照市场经济办法确定征地补偿标准》,《经济学家》2005 年第 3 期;成涛林、夏永祥:《被征地农民的权益保护研究》,《城市发展研究》2004 年第 5 期;Michael Cernea, *Putting People First-Sociological Variables in Rural Development*, Oxford University Press, 1991.

的,对补偿标准如有争议发生,也要由制定标准的一方协调和裁决;(3)是一种准行政行为(因为还有一些协商程序),带有一定的强制性,受补偿的一方是行政对象,哪怕争议存在,受补偿的一方也不能影响另一方实施征地行为。① 因此,研究者已经清楚地认识到征地问题不再是补偿多少的问题,而是征地权力动用的问题,是怎样征的问题。对此有四种意见:(1)深化征地制度改革的重点,仍然是提高征地补偿标准,加强征地管理,妥善安置失地农民,同时缩小征地范围,也就是在现有征地制度基础上进一步完善;(2)应当严格限制征地范围,将政府征地严格限制为公益性用地,且公益性用地继续实行现行的征地补偿制;而经营性用地则实行市场机制,由用地者或开发商直接向农民集体购买,政府只管审批、监管、收税和登记;(3)应当像西方发达市场经济国家一样,放开土地市场,实行完全的市场购买制,且政府完全退出征地过程,由用地者和开发商直接向农民集体购买土地,同时政府用地也向农民集体购买;(4)实行政府征购制,即由政府按照区域市场价格向农民集体成片征购土地,再根据供地计划,并按照市场方式,向直接的用地者和开发商供地。②

(三) 征地补偿的性质与类型

尽管在现实征地中存在村务民主施行的报告,但是这种村务民主行为多少是在政府支配下的实验。比如,王国林和章笑力的征地个案虽然

① 参见王钢:《从商品属性看征地补偿》,《中国土地》2005 年第 9 期;朱林兴:《导入市场机制,改革征地制度》,《探索与争鸣》2004 年第 2 期;朱林兴:《关于征地制度改革的一些思考》,《上海市经济管理干部学院学报》2004 年第 1 期;雄连勇:《关于土地在价值创造中的作用及对改革征地制度的启示》,《国土经济》2004 年第 3 期。

② 参见申京诗:《改革征地制度四种建议的解析》,《中国土地》2005 年第 5 期;戴双兴:《构建征用征购双轨并存的征地补偿制度》,《中国房地产业》2004 年第 6 期。

揭示了村级组织的民主行为过程和其重要意义[1],但是,他们未进一步指出该征地个案之所以能实现民主决策的宏观环境。实际上,该个案存在前提条件,即比较发达的经济环境、支持实施村务民主的地方政治环境,以及具有强烈自我意识的农民群体共同构成了一个比较有力量的社会环境,这些因素共同促成了一个程序透明、协商性的村级组织。可以认为,上述民主过程并不是民主的村级组织的结果,而是整体环境的结果。也就是说,整个补偿过程是支配性的。通过前述知道,在我国更多地方,现行的征地补偿制度是一种纯粹的补偿关系[2],是一种地位极其不对等的补偿关系。在这种补偿关系中,被征地农民要找平衡的确是一个大问题。刘世定曾讨论过调田过程中的"递推补偿平衡机制"[3],但这一机制主要发生的背景是在具有一定凝聚力的某个农村社区内。但是在很多地方,村社已经丧失了这种能力,越来越"空心化",农民的损失"在别处、在将来"找回来的可能性机会越来越小。在这种时候,找平衡的方式应该超越那种奠定在村社共同体的情感基础,而奠定在诸如法律共同体、职业共同体这样的基础上。只有这样,才可能在制度变迁中找到实现利益平衡的载体和途径。

一般来说,任何改革都是对利益的重新分配,由于利益集团的存在,帕累托改进原则很难得到真正实现,所以总会有人受益,有人受损。但是,如果要避免因大多数人反对而使改革失败、使新建立的制度具有规范有效性的话,那么,就得通过一定的补偿机制来使受损的人或群体融入新社会中,从而建立起对新制度的认同。目前关于征地补偿机制的讨论主

---

① 王国林、章笑力:《征地中的民主村务实验》,《浙江大学学报》(人文社会科学版)2005年第4期。

② 朱东恺、施国庆:《城市建设征地和拆迁中的利益关系分析》,《城市发展研究》2004年第3期。

③ 刘世定:《占有、认知与人际关系——对中国乡村制度变迁的经济社会学分析》,华夏出版社2003年版,第166页。

要包括两个方面：一是从宏观体制上探讨利益补偿机制及其配套机制。利益补偿机制是指通过规范的制度建设实现中央与地方的利益转移，从而实现各种利益在二者间的合理分配，主要表现为建立起规范化的转移支付制度。它应以不损害发达地区的经济增长潜力为前提，分步实施，渐次推进。具体包括：减少专项拨款的种类，集中财力办大事；在管理上要规范化、透明化，提高透明度；按照因素法来确定转移数额，按照均等化的方向实行转移支付；在增加财力的情况下，加大过渡期转移支付力度。利益补偿机制还需要配套机制，需要通过决策民主化建立地方利益表达机制，以避免"上有政策、下有对策"的情形，需要通过监督和控制措施建立利益约束机制，加大违约成本，需要加强法制以规范中央的收权和放权，抑制地方政府"有权不用，过期作废"的"非稳定性预期"①。二是从理论上探讨征地补偿的依据、类型、原则和方向。关于征地的理论依据有公共负担平等说、特别牺牲说、地租说、土地效用说、产权界定说、社会职务说、既得权说、恩惠说、公用征收说9种，目前我国学术界多倾向特别牺牲说，因为它与由国家支配征地的现实比较吻合。② 征地补偿的类型主要有三种：完全补偿、不完全补偿、相当补偿（又称公正补偿），我国目前施行的是不完全补偿。③ 在征地改革方向方面主要包括：符合市场经济规则，遵循失地农民当家做主的原则，遵循土地与农民生活来源关系的原则，以及坚持建立社会保障基金的原则。④

---

① 参见于晶、牛海涛：《从利益冲突看我国中央与地方财政关系变迁》，《湖南税务高等专科学校学报》2005年第6期。

② 参见童中贤：《地方政府征地补偿机制理性分析》，《公共管理学报》2005年第4期。

③ 参见周飞：《土地征用制度改革的理论分析与实证研究》，南京师范大学博士学位论文（2005年）。

④ 朱林兴：《关于征地制度改革的一些思考》，《上海市经济管理干部学院学报》2004年第1期。

四、国家权力支配下征地补偿规范的不确定性

从以上关于征地补偿研究文献的梳理过程中,我们看到了两个问题:一是国家权力对征地起着支配作用;二是在这种支配作用下,征地补偿规范具有不确定性。

规范是日常生活的核心问题,"日常社会生活必定在很大程度上诉诸规范化权力,也就是说,法理的权力,而不是横暴和自私的权力实施"①。克劳斯·F.勒尔认为,从功能看,规范性程序的功能不仅在于解决纠纷,也在于规划未来。规范性程序是行动的"决定的过程",这一决定过程对行动者而言具有"约束力"。从目的看,规范性程序的目的是分配利益或负担,程序的实施难易程度表现了比例公平原则、需求原则、平等原则间的差别。总的看来,所有社会制度都是规范性程序。② 显然,规范控制是最根本的社会控制方式,它是迈克尔·曼所认为的四种社会权力的来源之一,即意识形态原因类别的重要组成成分③,的确,即使是"物质暴力"也是以整个社会层面为基础的权力。④ 但是,规范化权力与权力还是有差别的,权力更多的是一种目标定向功能,是承诺激起(activation of commitment)的中介,而规范是一种普遍的影响(influence),发挥的是整合功能。⑤ 规范要发挥

① [德]卢曼:《权力》,上海人民出版社2005年版,第19页。

② [德]克劳斯·F.勒尔:《程序正义:导论与纲要》,陈林林译,法律思想网2002年2月11日。

③ [英]迈克尔·曼:《社会权力的来源》(第1卷),刘北成、李少军译,上海人民出版社2002年版,第30页。

④ [德]卢曼:《权力》,第66页。

⑤ 参见Talcott Parsons,"On the Concept of Influence",*The Public Opinion Quarterly*,Vol.27,No.1(Spring 1963),pp.37-62。

作用必须以其存在为前提,诚如富勒所言,“一套使人类行为服从于规则之治的系统所必须具备的首要素质是显而易见的:必须有规则存在”①。米歇尔·鲍曼解释了规范作为一种社会现实元素存在的原因:意志和自愿;理解的能力和条件;他人愿意行为(制裁和授权)。② 不仅如此,他还认为现代法治国家如果只有暴力垄断、宪法、分权机制,没有基本权利、权力行使全面规范化的机制,那么仍有很大可能是一种警察国家、专制政府或寡头统治。③

在世界各地,法律在历史上一直是不断增加的,在这一增长过程中,如果规范的互惠性没有得到保证,另一个过程,即不平等也会增加。④ 规范的存在意味着社会秩序的可能,因为,“只有当我们能够解释规范如何能够在拥有平等权利的个人中间确立起来时,才能够解释有组织的集体的产生”⑤。如果法律增加,不平等也增加,那么就明显存在着规范供给的有效性问题。⑥ 这个时候,研究者就只能深入到当前的法律制度中,才能从过程看到目的了。

吴玲解剖了我国农地用途向非农用途转变主要是通过国家征地方式的实现过程,认为现存征地制度存在明显悖论。政府为了储地批租垄断了土地一级市场、农地转为非农用地于是意味着民土转为国土,结果是强制征地、地价增价归公,超低价补偿为国家工业化服务,个体农民无权交涉,形成了“征用+批租”的土地用地制度。这样一套制度有明显悖论,即

---

① [美]富勒:《法律的道德性》,郑戈译,商务印书馆 2005 年版,第 55 页。

② [德]米歇尔·鲍曼:《道德的市场》,肖君、黄承业译,中国社会科学出版社 2003 年版,第 52 页。

③ [德]米歇尔·鲍曼:《道德的市场》,第 86—107 页。

④ 参见[美]唐纳德·J.布莱克:《法律的运作行为》,唐越、苏力译,中国政法大学出版社 2004 年修订版,第 153—154 页。

⑤ [德]米歇尔·鲍曼:《道德的市场》,第 139 页。

⑥ 有人把这一情况总结为法律实施上的“牛毛”现象。参见郎咸平:《上市公司声誉机制建立与治理结构改革》(2006 年 1 月 9 日),http://finance.sina.com.cn。

本着追求经济利益最大化原则所选择的制度，却偏离了资源高效配置的方向，反过来成为限制自身利益和社会利益发展的根源。实行转让权管制的目的是保护耕地、保证粮食安全，降低发展成本、增加农民收入，实际上却是占而不用、地价增值归不了农民。① 这样一种制度造成了一种残酷事实，即征地主要成为一种为纯利益算计、规避法律的过程。张小军借用布迪厄的象征资本提出了象征地权概念，用以解释历史上地权的不充分性是一种过度的象征剩余产权所致。这种过度性多来自国家的政治权力和宗族等公共集体的象征占有，以及他们所拥有的象征权力和象征资本生产。象征地权过度所有，是土地经营内卷化的深层原因之一，所以国家过度的象征剩余产权会造成当权者利用权力有意进行象征资本的生产，造制度、玩政策。② 其他文献也指出，中国农村经济改革后，地方官员的权力明显增强，在应对国家政策上有比较强的灵活性。③ 简言之，社会变迁中的分化和去分化明显体现在规范的效力上，弄清制度的实践过程对于理解社会变迁的方向、趋势、中断以及制度化的条件显然有极大的帮助。④ 基于此，本书在第三、四章试图从纵向和横向两方面解剖征地制度的实际运作过程以求理解社会变迁。

---

① 吴玲：《我国征地制度的制度悖论与创新路径》，《宏观经济研究》2005 年第 10 期。

② 张小军：《象征地权与文化经济——福建阳村的历史地权个案研究》，《中国社会科学》2004 年第 3 期。

③ 参见 Loren Brandt, Jikun Huang, Guo Li, and Scott Rozelle, "Land Rights in Rural China: Facts, Fictions and Issues", *The China Journal*, No.47 (Janurary 2002), pp.67-97; Jean C. Oi, "The Role of the Local State in China's Transitional Economy"; 杨善华、苏红：《从"代理型政权经营者"到"谋利型政权经营者"——向市场经济转型背景下的乡镇政权》，《社会学研究》2002 年第 1 期；张静：《基层政权——乡村制度诸问题》，浙江人民出版社 2000 年版。

④ 参见 S. N. Eisenstadt, "Social Change, Differentiation and Evolution"; 参见孙立平：《"过程—事件"分析与当代中国国家—农民关系的实践形态》，《清华社会学评论特辑》（特辑），鹭江出版社 2002 年版。

第三章　征地制度的风险(上)：规范补偿过度

征地制度的实际效果受到社会经济发展和土地观念的深刻影响。基于此,本章试图从制度本身的逻辑来讨论征地制度的变迁状况。在这一考察过程中,我们发现,与征地制度相关的规范供给与现阶段土地问题的真正解决之道存在一定出入,从而产生了一个规范补偿过度的现象。①

一、社会经济发展、土地观念与征地制度

土地制度在一定程度上决定了社会中各阶层地位之优越与卑下。从

① 对制度的考察不应该面对那些静止的结果,我们不能认为结果就是整个普遍性,相反,我们在这里坚持对制度过程的考察,但是对过程的考察不是恪守黑格尔式的客观精神的演绎过程;相反,我们坚持的是马克思所称的从生产、劳动出发,将"头脚倒置"的客观精神再一次翻转。参见景天魁:《社会发展的时空结构》,黑龙江人民出版社 2002 年版;[德]黑格尔:《精神现象学》(上),贺麟、王玖兴译,商务印书馆 1987 年版;[德]马克思:《〈黑格尔法哲学批判〉》,《马克思恩格斯全集》(第 1 卷),人民出版社 1956 年版。

历史上看,地主、市民、官僚与农民在身份上与角色期望上的巨大差异莫不显出此判断的合理性。优越者努力保持优越地位,卑下者作出种种努力,试图达至优越。不论是优越者给予卑下者补偿的行为,抑或是卑下者通过自己的努力获得补偿的行为,在个体心理学看来,都属于"虚假意识"①。从心理层面关注补偿不是本研究的任务,在这里,我们要关注的是制度层面上的补偿。

征地制度是土地制度的子部分。它跟土地制度一样,深受土地观念和社会经济发展的影响,不仅土地观念依社会经济发展的变化而变更,征地制度也受到土地观念变化的影响。② 那么,我们现在的征地制度到底反映的是什么样的土地观念?现在的土地观念又是怎样形成的呢?继而,在制度上又产生了一种什么样的补偿关系呢?

(一) 征地问题背后的土地问题与生产问题

征地问题是土地问题的一部分。要想解决征地问题须得依托《土地法》,因为《土地法》是解决征地问题之方法的整个纲领。因此,研究征地一般会面临着这样一个认识途径:既要通过研究《土地法》达到对包括征地问题在内的整个土地问题之性质、范围的理解,也要通过把握社会上的土地观念和社会生产的总体情况来理解土地制度的变化。③

在我国,土地问题是国民生计上最重要的问题。因为,我们的衣、食、

① [德]阿·阿德勒:《生活的科学》,苏克、周晓琪译,生活·读书·新知三联书店 1987 年版,第 50 页。

② 参见吴尚鹰:《土地问题与土地法》,商务印书馆 1935 年版,第 17 页。

③ 马林诺夫斯基指出,"你必须首先知道人类怎样使用他的土地;怎样使得民间传说、信仰和神秘的价值围绕着土地问题起伏变化;怎样为土地而斗争,并保卫它;懂得了这一切以后,你才能领悟那规定人与土地关系的法律权利和习惯权利关系"。转引自费孝通:《江村经济》,江苏人民出版社 1986 年版,第 320 页。

住、行皆与它相关。如果土地问题得不到很好的解决，民生和发展问题自然无从解决。古今中外各国概莫能外。就中国近代以来的历史而言，土地尤其是中心问题。长期以来，我国土地问题表现为长期的零碎化、国家垄断、土地投机等方面。这些方面深刻影响着经济生产、社会结构、政治治理形式以及文化心理等的形成与变化。由于土地长期的零碎化生产和耕作，规模生产在中国大地上始终无法实现，效率生产让位给效用农业，土地的零碎化分割了农户活动的时空结构，中国农民因此带有极其明显的"小"农特征，"面朝黄土背朝天"，从而，小农的社会奠定了东方"家产制"官僚国家政治的基础，这样一种政经结构又使中国土地带上了明显的人格化特征。中国政治制度史表明，官僚国家、地主与农家这样一种结构确保了中国封建社会的停滞状态，虽有"治乱循环"，但于历史轨迹更改作用不甚大。只是进入近代以来，在外力的叩击下，传统结构才开始慢慢崩解。即使是这样，传统结构的因素甚至在今天也表现出巨大影响。就家庭联产承包责任制而言，它产生的动力因主要在于生产上的改革，"承包"多少承继了过去土地的细碎化特征，"三级所有、队为基础"、"土地承包权长期不变"等规定承认了政府对土地的垄断权，户口制度以及"增人不增地、减人不减地"等规定又确立起了一套相对稳定的司法管辖权。这一制度在经济转型早期对生产发展表现出了一定的促进作用。然而，随着时间推移，其制度不足开始表现出来了，现在它面临着自身的再次变革。正如有人所言，"农村家庭联产承包责任制并不是由法律专家设计出来的一个制度，在它的长期发展过程中考虑法律上因素的时候也比较少，因此这个制度涉及的权利义务分配状况一直缺少法律视角的'重述'"①。

"重述"所要做的工作无非是"发现规则"，然后根据既定规则，进行

---

① 蔡华：《土地权利、法律秩序和社会变迁——家庭联产承包责任制的法律视角分析》，《战略与管理》2000年第1期。

一番“扬弃”和“程序设计”,形成一个“扩充”了的发现规则。这种做法值得提倡的地方是,它开始接近“土地问题到底是什么”这样一个实质性问题了,但是,它还是过于迷恋“规则”本身了,以至于没有警惕规则本是源于观念背后的生产交往状况,如果不从产生观念、规则的来源处寻找问题,新的程序设计无疑是多事之举。而且,虽然“重述”强调对习俗、习惯等的尊重,但它在理论预设上早已肯定了目前的产权制度。对此,张小军明确指出,“长期以来学术界对土地公有制和私有制的讨论,没有切中要害,并掩盖了地权问题的实质”①。所以,需要学者径直面对土地问题本身。

有人将土地问题归结为所有权问题,认为必须在私有权和公有权之间作个决断,也有人将之归结为政治问题,认为土地的使用效率和公平是受到政治权力的影响,还有人将之归结为文化观念的影响②,莫衷一是。在中国,土地问题到底是什么?费孝通在其《中国绅士》一书里认为,在20世纪20年代或30年代以前,当一个没有土地的人向别人租田的时候,他一般至少要把其收成的一半作为租息交给地主。如果农作物比较多,农民在付清租息之后的剩余会有所增加。但由于适于耕种的土地量很有限,而且在现有的农业技术条件下,农业的范围也受到农村家庭本身能够耕种的土地量的限制。这样,佃农将不能依靠他们土地的产品维持哪怕是一种最低标准的生活。然而问题是,佃农农业在中国已经存在很长时间,为什么与它相关的问题不是真的那么严重呢?他认为,这主要是因为农村手工业的减缓作用。但是,近代以来的西方机械大工业使手工业明显衰落了,结果激化了农村生产与城镇消费、交租佃农与吃租地主之

① 张小军:《象征地权与文化经济——福建阳村的历史地权个案研究》,载《中国社会科学》2004年第3期。

② 也就是说,人们经常是从布迪厄意义上的经济资本、政治资本、文化资本、社会资本、象征资本去看待土地问题的。参见张小军:《象征地权与文化经济——福建阳村的历史地权个案研究》。

间本来的矛盾,这种矛盾越来越不可调和了。这就是中国的土地问题,即近代中国城镇主要是食利性而不是生产性的。所以他认为,城乡关系问题的本质在于如何把城镇和城市变为能维持它们自身的生产中心,而不是继续去剥削农村。[①] 可以用以下形式来表现这一问题和解决这一问题的途径:

病态阶段:农村生产——城镇消费

正常阶段:农村生产——交换——城镇生产

上述结论对于我们理解新中国成立后的征地问题具有特别重要的参照意义,接下来,我们试图理解这一过程。

(二)转型经济与征地

1. 集体化生产时期的征地并不是个很重要的"社会问题"

就前述解决生计和发展问题的途径来看,有两个关键方面,一方面是两个生产;另一方面是相互之间的交换。这里的研究主要涉及第一方面,即农村生产和城镇生产。在农村生产方面,解决问题的核心在于解决土地上的分配不公,这其实是要通过土地改革,改变农民一年辛苦所得的大部分要交给地主,让他在城镇里消费的旧有逻辑。事实上,中国共产党领导的新民主主义革命的主要内容就是进行土地改革。新中国成立后,这成为新政权最主要的任务之一。通过在新解放区的土地改革运动,"土地改革成功地把43%的中国耕地重新分配给约60%的农村人口"[②],中国

---

① 费孝通:《中国绅士》,惠海明译,中国社会科学出版社2006年版,第71—86页。

② [澳]弗雷德里克·C.泰韦斯:《新政权的建立和巩固》,载《剑桥中华人民共和国史》,[美]R.麦克法夸尔、费正清主编,谢亮生等译,中国社会科学出版社1998年版,第88页。

农民千百年来梦寐以求的“耕者有其田”理想似乎在一夜间就实现了。但是，这个突如其来的现实来得快去得似乎也快。这是因为另一个生产方式的缘故。长期以来，中国城镇有着明显的食利性。新政权试图改变这一切。改变的途径自然是要在城市建立起现代化工业。由于当时“一穷二白”，举办工业的资金、原料都只能从农村来。所以，根据新民主主义逐渐过渡到社会主义的理论，中国共产党顺理成章地实施了对农业的社会主义改造，通过互助组、初级合作社、高级合作社，最后过渡到人民公社。中国共产党借土改而来的声望和力量，从 1952 年下半年始到 1956 年年底，在比较短的时间内使广大长期习惯于家庭经营的农民进入到了集体化组织中。到 1956 年年底，入社农户已达 1. 17 亿户，占全国农户的 96. 3%，其中加入高级社的农户占全国农户总数的 87. 8%。1958 年 8 月 6 日，毛泽东视察河南新乡县七里营，发出“人民公社好”的号召。8 月 29 日，党中央通过了《中共中央关于在农村建立人民公社问题的决议》。由于过大过急，自然灾害和混乱的管理体系带来严重的饥荒。在严重的社会混乱面前，中央委员会于 1962 年 9 月 27 日通过了《农村人民公社工作条例修正草案》，即著名的“农业六十条”，以确定新的农村经济秩序，实质上是重新给予农民以更多的经营自主权，这就是“三级所有、队为基础”的新生产管理体制。这一体制在保持农业对城市工业的贡献，以及维持农民基本生存方面发挥了一定功能。但是这样看来，近代以来的城乡失衡趋势并没有发生多大改变，因为即使在人民公社被宣布终止后直到农业税被宣布取消，农业生产还不是为自身服务，而是为城里要建立的工业服务，换句话说，这期间的城镇消费性质对于农业生产来说，仍是食利性的。

在农村生产主要为城市工业服务的大背景下，与土地征用的相关法律表现出十分明显的一致性。比如，《国家建设征用土地办法》于 1953 年 11 月 5 日政务院第一百九十二次政务会议通过，同年 12 月 5 日政务院公布施行。1957 年 7 月 18 日国务院全体会议第五十八次会议对此《办法》进行了修正，经 1958 年 1 月 6 日全国人民代表大会常务委员会第九十次会议批准，同日由国务院公布施行。此《办法》与国务院于 1982 年 5 月 14 日公布施行的《国家建设征用土地条例》在征地缘由方面内容大致相同。前者第二条规定，"国家兴建厂矿、铁路、交通、水利、国防等工程，进行文化教育卫生建设、市政建设和其他建设，需要征用土地的时候，都按照本办法的规定办理"。后者在第二条、第四条也作了大致规定，"国家进行经济、文化、国防建设以及兴办社会公共事业，需要征用集体所有的土地时，必须按照本条例办理"，以及"国家建设征用土地，凡符合本条例规定的，被征地社队的干部和群众应当服从国家需要，不得妨碍和阻挠"。

显然，这一时期的征地具有相当强的强制性。农民之所以能接受这种强制性，一个主要的原因便是在基本面上对国家建设有一定的认同，另外，农民也基本乐意通过征地成为"城里人"。

2. 在转型经济背景下，征地是个很大的"社会问题"

相比集体化时期，征地在转型经济背景下起了很大的变化。"转型经济"①一词是海外中国研究者对当代中国经济社会变迁作的一个总体性描述。这一总体性描述在方法上强调"往后站、再来看"的历史过程方法，在对象上主要考察"制度"和"社会"两方面的变化。米歇尔・奥克森贝格（Michel Oksenberg）认为，当前中国的政治体系不适宜用一个单个的名词来比喻。集权主义、列宁主义政党国家、碎片化集权主义、软集权主义以及官僚制多元主义都不能完全反映当前的现实。最好从制度构成角

① 我们之所以采取集体化时期和转型经济时期的阶段划分法，而没有选用集体化时期和后集体化时期的阶段划分方法，一个最主要的原因在于后一种划分方法既不能概括说清后集体化的内容，也易带有一种价值判断的倾向，第一种划分方法比较言之，较好地反映出了生产状况的改变。

度作一个从中心到外围的描述。制度核心是以党、政、军等核心设置组成的主要结构、现代化意识形态和动员体系。制度的半边缘则是由经济特区、大型国有跨国企业(银行)等窗口组织组成的联结组织。边缘则包括大量合法、半合法或者不合法的组织和协会。核心制度在过去二十多年间发生了重大的变化,主要表现为如下一些方面:人事、财政体制上的去中心化;创造绕过财产权和生产手段国家所有的新机制;法律和规定的逐渐扩展;货币、财政工具作用日渐突出;商业银行开始出现;地方精英崛起;专家的咨询、决策作用日渐增强;失业、职业流动和社会分层逐渐遵循新的原则等等。①

显然,制度上的变化是非常明显的。这里的问题是,现在的制度和以前的制度有什么区别和联系?在1949—1978年间,城乡分隔是城镇实现其工业化的众多重要制度安排中的一种,而且可能是最重要的一种。城乡之间除了在教育、卫生等方面并没有显著差别外,城乡区隔事实上造成了比较严重的差距。② 1978年之后,中国实行了新政策,新政策的确带来了奥克森贝格所描述的制度和社会等方面的变化。但是,这种变化更多地表现在形式上的资源分配方式,而内容变化似乎不是很大。正如戴慧思(Deborah Davis)所言,"在整个20世纪80年代,农业的非集体化和城市工业改革从根本上改变了资源的分配。财富变得更集中于沿海省份,城乡间的收入不平等大于80年代初。男女间的工资收入差距拉大了,社会福利变得更倾向于城市少数人",而且,"产生这些不平等的和支撑这些分层过程的主要的报酬决定原则仍是与毛泽东时代后期惊人地相似"③。

① Michel Oksenberg,"China's Political Systems:Challenges of the Twenty-First Century",*The China Journal*,No.45(January 2001),pp.21-35.

② [美]怀默霆(Martin King Whyte):《中国发展中的城市与农村》,《国外社会学》2000年第5期。

③ [美]戴慧思(Deborah Davis):《二十世纪九十年代的不平等和分层》,《国外社会学》2000年第5期。

对农村农民而言，迅速改变自身处境的最好方式是千方百计向城市流动。在征地还不是产生农民工主要原因的阶段，农民工的流动其实沿袭了农民外出务工赚钱弥补农业生产不足的传统做法。农民在农村分得了土地（“半截子”产权），虽然流动有一定限制，向城市流动基本上算是自由的，而且中国城镇的工业化体系基本上确立起来了，可以按照费孝通所说的进行自我生产了，但是，就是在这种情况下，为什么费孝通所说的“补偿农村工业”仍是比较困难的呢？为什么征地越来越成为一个社会问题呢？看来，两个“生产”相互循环的解释框架还需要加些限定条件。

如何合理地回答上述问题呢？有很多人认为是城市化发展迅猛导致了人地紧张，也有人认为是地价增值分配不公所致。到底是因为什么呢？先看前者，城市化涉及实体和观念两方面：在实体方面，城市化表现为城市的各种功能特征；在观念方面，城市化表现为人的市民化、公民化特征。如此看来，城市化自身只是社会经济发展的一个阶段性表征，它和征地矛盾本身不具有实质性的关联。[①] 再看后者，地价增值分配不公则比较明显地反映了征地矛盾之核心所在。地价为什么会增值主要属于经济学领域的问题[②]，我们在这里主要思考的是分配的问题。帕森斯认为，某一社会系统的整个分配（allocation）是社会系统众多过程的产品分配，包括对从事任务的人力以及对为完成角色任务所需要的设施（facilities）的分配。其实就是说，分配涉及的是社会系统运作过程中人与物的搭配。这种搭配在某一社会的好坏，决定了该社会的稳定与否，因为在资源稀缺的前提下，如果没有制度去整合、调整社会中的需求倾向，这个社会很可能导向霍布斯所说的“自然状态”这样一种极端状况。所以他说，调整“角色的担当、设施的控制与取代这种担当和控制的要求”间的张力，是分配问题的一个重要部分。这也是财产制度的主要方面。社会系统中设施的分配

---

① 王平、刘守英等：《地根政治：全面解剖中国土地制度》，《中国改革》2005 年第 7 期。

② 亨利·乔治在其《进步与贫乏》一书中将地价增值归因于人口增长。

可以被看作权力分配的一个方面。设施因此可以被认为是社会的或非社会的目标之上的权力。权力因而在本质上是一种相对稀缺的目标。在一定的关系中,拥有某种财产的行动者就是对其他行动者之权力的限制。在某一社会中,对于确定了的权力分配,以及其他将被建立的或接受的设施之应得分配而言,它们属于紧迫之事。除非分配被较好地通过内化而得到整合以及与价值系统相整合,从而其合法性得到广泛认可,否则,在系统内就会产生大量冲突,甚至积累到某一点后就可能会解组(disintegration)。[①] 这样看来,地价增值分配意味着土地和权力之间密不可分的关系,只有这样去看征地问题,才可能真正做到,将征地置于某一具体社会情境来思考。这是什么意思呢?征地不是简单的纯粹法律意义上的所有权变动,它是征地互动过程中各方的博弈。[②] 博弈是由游戏规则和游戏者两方面构成。因此,整个互动过程表现出明显的控制与逃逸。

对于互动过程实质的理解是不能离开征地所"嵌入"的目前整个社会发展过程的理解的。前面曾谈过,中国社会从1949年到1978年间,整个生产、消费格局仍是农村生产、城镇消费的格局,在这样一种格局中,经济社会生活基本上是计划性的,民众在经济政治决策方面,基本上被排除在游戏之外[③],计划经济体制的内在矛盾表现为"控制"与"搞活"间的紧张关系,所谓"一收就死、一松就乱"的说法就是对计划经济体制的内在矛盾的生动刻画。这两个方面的因素决定了当代中国社会之"变"的两个重要特征:(1)交换在制度突破过程中具有决定性作用。在农村,与包

---

① 参见 Talcott Parsons,"Integration and Institutionalization in the Social System",in *Talcott Parson On Institutions and Social Evolution*,(ed.)by Leon H.Mayhew,The University of Chicago Press,1982,pp.117-128。

② 参见陈心想:《一个游戏规则的破坏与重建——A村村民调田风波案例分析》,《社会学研究》2000年第2期。

③ 参见 Vivienne Shue,"Grasp Reform:Economic Logic,Political Logic,and the State-Society Spiral",*The China Quarterly*,No.144(December1995),pp.1174-1185。

产到户相联系的是农村"集市"的重新繁荣,这又促进了村办、社办企业的生长;(2)也决定了改革的特征是一种辩证法式的增量改革。① "控制"与"搞活"这两个特征在征地问题上有十分重要的影响。"控制—搞活"的制度模式与"农村生产—城镇消费"的经济社会发展模式是紧密联系在一起的,在"农村生产—城镇消费"的经济社会发展模式下,不管是控制也好、搞活也好,城镇始终是吸附在农村生产之上的。据统计,"从1952 年至 2002 年,农民向社会无偿贡献的土地收益为 51535 亿元。以2002 年无偿贡献的土地收益为 7858 亿元计算,相当于无偿放弃了价值26 万亿的土地财产权(按照目前的银行利率 3%计算)"②。显然,与集体化时代相比,征地仍是具有明显的强制性,不过,农民对这种强制性的态度已经与过去有很大的不同了。过去,农民认同国家假设这一价值,对城里人的身份也有足够青睐,如今,农民更看重如何从城市中获取一些资源在农村过得好些。

至此,我们粗略考察了一下 1949 年以来的中国经济社会的发展模式和管理模式的变化,目的在于为进一步考察管理模式提供参照点。因为,制度无非是整合了的规范,规范的合宜性在于它对社会生产活动中的各个相关行动者到底有什么影响。在接下来的一部分我们试图从制度本身的生成逻辑来考察征地制度是否存在一个规范供给过多的问题,即本书的一个重要论点:从生产的观点来看,与征地相关的规范供给有补偿过度之嫌。

---

① 参见 Steven M.Goldstein,"China in Transition:The Political Foundations of Incremental Reform",*The China Quarterly*,No.144(December 1995),pp.1105-1131;吴敬琏:《共和国经济 50 年》,中国宏观经济信息网 2004 年 7 月 12 日:http://www.macrochina.com。

② 党国英:《土地制度对农民的剥夺》,《中国改革》2005 年第 7 期。

二、对征地制度变迁的考察

自1949年以来,我国土地征用制度不断变化。如果研究者要试图弄清这种变化的过程和问题,最好把考察征用制度的时期往后移到民国时期,两相比照,更显问题实质。基于此,我们的讨论主要分为两个大的阶段:第一阶段是指新中国成立之前的小段时间。这段时期的土地征用制度是帮助我们理解第二阶段变化的一个重要参照。第二个阶段则是指新中国成立以来的这段时间。从制度变革来看,这一阶段可以再分为三个比较重要的时期。从1949年到1954年是征地制度的草创时期。从1978年到2004年是我国征地制度的转型期,在这段时间内,由于惯性使然,制度虽有变化但不是很大,反倒是制度与变化着的经济、社会大环境产生了极大的不适。从2005年至今,则是征地制度变革的关键期。①

(一)民国时期:土地私有制下征地制度之实际运行

国民党治下的中国社会是极不稳定的。在这样的社会前提下,存在着一个重要问题,即当时之征地制度与社会变迁是一种怎样的关系?从笔者对民国时期D市相关的征地纠纷记录参阅来看,纠纷虽然不少,但是民众因此闹事的记录却不是很多。当然这里有不少解释。有解释认为,人地紧张的矛盾在当时并不像我们现在这么严重。但是,这种解释其实并不充分,因为在战争过程中,大量厂矿、机关、学校、其他机构内迁至

① 参见冯昌中:《我国征地制度变迁》,《中国土地》2001年第9期。

D 市,用地是非常紧张的,人地矛盾也是比较突出的。也有解释认为,因为国民党在非常时期施行了高压统治,虽然这种解释似乎也有道理,但是并不能绝对化,毕竟法律的强制性在任何时候、任何地方都是存在的,这种解释也是有一定限定的。还有解释认为,这是由于民心思稳,出于民族大义,可以忍让过去。这种解释看上去似乎是无懈可击的。但是我们权且认为,民族大义、民心思稳应被看作是某些起作用之条件的结果。为此,我们在下面的部分中主要关注征地制度本身,以及它在实际运行过程中的效果。因此,以下讨论分为两部分:一部分是讨论征地制度的构成;另一部分是通过一个具体个案来揭示当时征地制度的实际运行。

1. 民国时期征地制度的主要构成情况

民国时期的征地制度之主体主要是由《土地法》(1930 年 6 月 30 日公布,1935 年 3 月 1 日施行)中第五编规定的土地征收原则、《土地施行法》(1935 年 4 月 5 日公布,1936 年 2 月 22 日命令,同年 3 月 1 日正式施行)中第五编规定的土地征收规则以及《征收土地应注意事项》等共同构造而成,另外则由省市地政施行程序大纲、组织大纲、地政经费筹集办法、地籍类法规、地权类等法规构成征地主体的外围。① 我们从 1942 年 D 市 B 管理局内部编订的一份征地工作参照文件就可以了解一个梗概。在这份以《征收土地法令摘要汇编》为名的征地文件中,基本表明了当时之征地制度的法律体系。现抄录如下:

征收土地法令摘要汇编

(1) 土地法

第三三八条 征收土地为下(左)列各款情形之一者,由国民政府行政院核准之。

① 参见孟光宇编:《地政法规》,D 市:大东书局 1946 年版。

1. 需用土地人为国民政府直辖机关及不属于省政府管辖者。

2. 兴办之事业属于国民政府机关直接管辖或监督者。

3. 土地面积跨联两省者。

4. 土地在不属于省政府管辖之市区域内者。

第三三九条　征收土地为下(左)列各款情形之一者,由省政府核准之。

1. 需用土地人为地方各级政府或其所属机关及地方自治机关。

2. 兴办之事业属于地方政府管辖或监督者。

第三五四条　征收土地应由需用土地人拟具详细计划并附具征收土地图说,依第三百三十八条或第三百三十九条规定分别申请核办。

第三五五条　需用土地人应拟具前条计划图说须预为调查土地情形时得请求该管地政机关代为调查或协助调查之。前项之请求非有充分理由,不得拒绝。

第三五七条　第三百五十四条之计划书应记明下(左)列事项:

1. 征收土地原因。

2. 征收土地所在地及范围。

3. 兴办事业之性质。

4. 需用土地人所拟兴办事业之法令根据。

5. 申请为附带征收或区段征收者应详述理由,并说明具为公共之需用。

6. 土地定着物情形。

7. 土地使用之现状及其使用人之姓名住所。

8. 四邻接连土地之使用状况及其定着物情形。

9. 土地区内有无名胜古迹并记明。

10. 曾否与土地所有权人经过协商定手续及其经过情形。

11. 土地所有权人之姓名住所、所有权人不明时，其管有之姓名住所。

第三六五条　需用土地人应俟补偿地价及其他补偿费额发给完后竣方得进入征收土地内实施工作。但因特殊情形，经国民政府行政院或省政府特许者不在此列。

第三七四条　属于植物类之土地定着物于被征收时与其孳息成熟时期相距一年以内者，其应补偿价值以视同已成熟之孳息估计之。

第三七六条　被征收土地其所有权已经登记而转卖者照申报地价额补偿之。其已经转卖者照已登记之，最后买卖补偿之。

第三八一条　因征收土地致具定着物迁移时，应由需用土地人给予相当迁移费。

第三八三条　征收土地须将坟墓迁移者其迁移费与定着物同。无主坟墓应由需用土地人妥为迁移安葬，并有主管地政机关将其情形详细记载列册备案。

(2)土地法施行法

第八一条　需用土地人依土地法第三百五十四条之规定，声请特应加具详细计划图，绘载征收土地之使用配置及工程设计。前项计划图与土地所规定之详细计划及征收土地图均应备具二份。

第八二条　土地法第三百五十四条所规定之征收土地图应绘载下(左)列事项：

1. 征收土地之四至界线。

2. 备征收地区内各段地之界线及其使用状态。

3. 附近街村乡镇之位置及其名称。

4. 被征收地区内房屋等定着物所在。

5. 图面之比例尺。

(3)四川省政府建字地二〇五三院代电及迁川工厂合作办法

(略)

(4)经济部二十年九月二十日工字第34831号训令(令工矿调整废)(略)

(5)经济部二十八年十二月二十八日工字第41184号训令(令工矿调整废)(略)

(6)经济部二十九年三月十八日矿字第55237号训令(令工矿调整废)(略)①

在上述处理征地的汇编文件中,我们看到了这一征地制度的一些特征。

首先,以社会公益为征收土地施行行为的出发点。民国时期颁布的《土地法》反映的是"平均地权、节制资本"的价值方向。② 出于这一政治原则,在土地法制定方面既强调土地国有,也强调土地私有。"节制"资本不是"铲除"资本,《土地法》承认土地的私人财产权。那又如何平均地权,维护土地国有呢?当时的制度设计者是从两方面来做的,一是通过减租和强化地主佃户间的租约关系来实现"耕者有其田",一是规定地价"涨价归公"以除私有制下土地增值为地主所私的弊端。正如吴尚鹰所言,"平均地权虽不否认土地私有之继续存在,但为达到人民有平等享用土地权利之目的起见,及为求民生问题之解决方法,对于土地私有权利,其与社会公共利益互相冲突者,不能不加以限制,则势所必致之事,无可避免者也"③。这样的制度设计坚持的是一条改良的社会进化道路。它

---

① [民国]B管理局:《征收土地法令摘要纂编》(1942年),D市档案馆:0081全宗4目第1658卷。

② 帕森斯认为,分析任何社会系统的主要基点是组织的价值模式。价值模式决定系统对其所在的情境采取的基本取向,因而指导个人的参与活动。参见[美]帕森斯:《现代社会的结构与过程》,梁向阳译,光明日报出版社1988年版,第18页。

③ 吴尚鹰:《土地问题与土地法》,商务印书馆1935年版,第9页。

的成功施行必须要依赖两个条件，一是要有一个比较稳定的社会环境，一是要有一套设计优良的施行程序。在这样一套立法原则背景下，即在土地私有制的前提下，土地征收不是负面意义的，而是有积极意义，体现的是对社会公益的维护和保障。因为，"于土地私有制度之下，所有权固为法律所保障。然为社会公益之要求，不能不收用私有土地时，国家得行使其特权，征收私有土地，以为公益之需。此为各国立法之共通原则，彼此或有异同者，不过为征收权力范围之大小及办理手续之繁简耳……然其所以征收土地之理由，则为同社会公益之需，并无二致也"①。

其次，对程序设计的信赖。依据前述《汇编》就这方面特点大致总结如下：

（1）在民国时期，因为土地产权是私人所有性质，所以在土地审批权制度设计方面坚持的是权责分工制，既规定了中央机关批准之范围，也规定了地方政府机关批准之范围，这多少照顾了社会的功能分化，有助于缓和中央和地方间的相互争利。

（2）严格规定了征地人的办事程序，采取详细最大化原则。用地人自己须先行预调查所征土地情形，拟具土地征用计划书并附具土地图说。对于土地征用计划书和征收图绘采取的不是简约原则而是一种详细最大化原则。土地计划书大致包括征收土地原因、征收土地所在地及范围、兴办事业之性质、需用土地人所拟兴办事业之法令根据、申请为附带征收或区段征收者应详述理由，并说明具为公共之需用、土地定着物情形、土地使用之现状及其使用人之姓名住所、四邻接连土地之使用状况及其定着物情形、土地区内有无名胜古迹并记明曾否与土地所有权人经过协商定手续及其经过情形 11 项内容。征收土地图应绘载征收土地之四至界线、备征收地区内各段地之界线及其使用状态、附近街村乡镇之位置及其名

① 吴尚鹰：《土地问题与土地法》，第 42 页。

称、被征收地区内房屋等定着物所在、图面之比例尺5大事项。

(3)坚持土地所有权人权益优先原则。非因行政院特许,不得在补偿地价和补偿费发放完清前进入现场施工。

(4)坚持地方社区各力量参与进征地过程中。对于征地事宜,制度设计者并没有简单地把征地当作一项纯经济事项,而是试图让地方社区力量维护社会的稳定。具体做法在于两方面:一方面是让由地方乡绅组成的地方社区地价评价委员会评定地价。比如民国三十三年(1944年)1月经行政院核准备案的《标准地价评议委员会议事规则》第二条规定了标准地价评议委员会的7名组成人员分别包括:

1. 市县地籍整理机关代表1人。
2. 市县农会代表1人。
3. 市县工会代表1人。
4. 市县商会代表1人。
5. 市县教育会代表1人。
6. 市县主管征税机关代表1人。
7. 市县参议会代表1人。①

另一方面是让被征地各村保甲长履行协助义务。土地整理和土地登记是完成一项土地征地的基础性工作,即必不可少的两项工作。在征地过程中,这两项工作主要是在当地保甲长的协助下完成。因此,为了使整个征地顺利完成,保甲长协助办理基本上是一条强制性的法规。从以下两份关于保甲在土地登记和清丈中的责任规定便可看出其中端倪。

① 转引自孟光宇编:《地政法规》,D市:大东书局1946年版。

D市财政局办理土地清丈各区镇保甲自治人员协助办法

一、本局举荐全市清丈各区镇保甲自治人员应按照本办法负切实协助办理之责。

二、各区镇保甲自治人员襄理协助清丈工作由本局随时考核其成绩呈请市府奖惩之并函请警察局备查。

三、在每一区域开始户地测量之前，本局得会同警察局召集各区镇保甲长开会讲解土地整理之意义，各保甲长应按时到会并将整理土地之意义及利益转告民众使之明了。

四、保甲长应代本局逐户分别土地清丈，业户填报单令业户照填，其有不能填写者并应代为填写，仍按保甲范围收齐交由本局调查或测量人员。

五、本局调查及测量人员进行工作时，如果生疑难问题，询及该地保甲长时，该保甲长等应切实答复或协助办理并指导民众予各员工作上以种种便利。

六、土地分户测量时，如业主未亲自到场，又无委托代理人指界时，当地保甲长应亲自指引或派熟习该地土地情形人民或四邻指引丈量。

七、凡市区内土地不论私有公有，均须按照树立界标办法由各该地业主分别各在其土地经界上树立界标注明业主姓名、住址等，如遇业主不遵照插划，各当地保甲长应劝令遵办或逞代为办理。

八、土地测量所树之测量标志，如三角标架木桩标旗，以及各业主所插之界标等，当地保甲长有协同各业主及当地民众保护之责。

九、各区镇保甲自治人员如在执行职务遇特殊事故阻碍工作进行时，准其申诉或转呈事由，报请市财政局核照办理。

十、本办法自呈奉市政府核准公布之日施行并函请警察局备查。①

① D市档案馆:0053全宗11目第80卷。

D市财政局办理土地登记各区镇保甲人员协助办法

一、本局举办全市土地登记各区镇保甲人员应遵照本办法之规定负切实协助之责。

二、本局遇每区开始办理土地登记之前,得会同警察局定期开会派员讲解土地登记之要义,及申请登记书表之填写方法,所有该区镇保甲长均应参加听讲,并须详为转告业主通知。

三、登记收件所设立后,该区保甲人员应即指导业主,填写声请书,督促依限携带依法应提出之书据图式及有关证件(如粮串或房捐收据等)亲赴登记收件所申请为第一次土地所有权登记。

四、如业主住所不在本保而在本镇者,应由保长报告镇长,不在本镇而在本区者应由镇长报告区长分别责令所属镇保督促各该业主依限申请登记。

五、如业主住所不在本市者,得责成查明业主姓名、住址,通知登记收件所汇报土地登记处办理。

六、凡经一再催告仍怀观望尚未申请登记之业主应由保甲长于登记限期内通知当地登记收件所派员会同俟户严催。

七、保甲人员如明知业主为虚假冒之登记而不呈报者,一经察觉应付连带责任。

八、本局于土地登记区内张贴公告图表,应由当地保甲人员负责保护地权公告应继续保存三个月,地价公告应继续保存一个月不得任人撕毁。

九、本局派驻各区镇办理土地登记人员执行任务时,保甲人员应予一切便利。

十、凡现任或曾任地方保甲人员所有土地应尽先申请登记以示倡导。

十一、保甲人员协助办理土地登记工作由本局随时考核成绩呈

> 报市政府分别奖惩，并函警察局备查奖惩规则另订。①

最后，社区主义取向隐约在征地制度相关设计中。从制度设计和社会治理间的关系视角看，这套征地制度的设计在一定程度上考虑了地主—佃农间的租佃生产关系。为维护这一关系，征地补偿不仅要补偿地主，而且要补偿佃农的损失。就当时的情况来看，除少数地主占有比较多的土地外（30—40 亩之间），绝大多数地主土地在 7—8 亩间，或者更少，考虑到当时的生产条件和生产技术，佃农也就是足以维持黄宗智所说的糊口状况而已。② 所以，当时的有关征地法规不仅要求在土地计划上载明被征地块土地所有权人姓名，也要求有与之对应的租佃人姓名等情形，而且，更是要求对土地之上的附着物之情形必须详细记载在案，坚持对附着物孳息予以补偿，比如进行了这样的规定：

> 属于植物类之土地定着物于被征收时与其孳息成熟时期相距一年以内者，其应补偿价值以视同已成熟之孳息估计之。③

以上三个特征主要是从成文法方面作的一种分析，实际效果怎样呢？从民国时期的实际来看，“平均地权、节制资本”的价值取向基本上是以“耕者有其田”的口号出现的，它不仅不顾历史上形成的比较有经济效率

① D 市档案馆：0053 全宗 11 目第 80 卷。

② 这几个数字是笔者根据 1939—1941 年间私立（国立）FD 大学因抗战内迁至 D 市 B 地 X 坝一处征地时，所列征地计划书附具的土地所有权人、使用姓名住所等清册中每户地主所有土地数字计算得出。从计算结果来看，这一局部情形与实际中国整个情形似乎相差不大。据杨小凯的研究，“民国时土地所有权分布虽然不平均，但比其他落后国家要平均，73%的家庭平均每户拥有 15 亩地，他们的土地占全部土地的 28%，而 5%的家庭户均拥有 50 亩以上的耕地，占总耕地的 34%。民国时期资本主义式的雇工租地大规模商业化农业经营并不普遍”。参见杨小凯：《民国经济史》，载《开放时代》2001 年 9 月号。

③ D 市档案馆：0081 全宗 4 目第 1658 卷。

的租佃制度,破坏了有效率制度形成的机制,阻碍了经济发展,而且这一口号往往使国家获得超越法律侵犯财产和公民人身安全的权力。[①] 那么,基于"平均地权、节制资本"这一价值取向设计的征地制度,在这样一个混乱时期,其施行状况到底怎样呢?在下面的一个关于国立FD大学征地的个案中,我们看到两个方面的状况:(1)行政力量比较好地保证了征地的进行;(2)由于比较好地尊重了程序,并没有使征地变成一个灾难性的社会问题。

2. 国立FD大学[②]X坝征地案

(1)征地缘由

在FD大学校史上有一个重要时期,史称"B时期"。这是在抗战时期内迁至D市的一个阶段。在这一阶段的发展过程中,有一件比较重要的事就是征X坝地以作永久校址和扩充实验农场用。国立FD大学在民国三十一年(1942年)第二学年度编印的《国立FD大学概况》对此有专门介绍:

> 二十七年三月,本校与友校DX大学分立,乃迁至B,赁屋Y镇开学。当年秋季增设史地学系、统计学系,垦殖专修并征收Y镇X

---

① 据O.Hart的现代最优所有权结构理论研究,在一定条件下租地比买地更有效,而在另一些条件下,自有土地比租地更有效,因此在不同条件下,自耕农制度都优于租佃制度的命题是完全错误的。在自由契约下,自发出现的多样化制度都是在不同条件下对各种复杂两难冲突的最优折中。参见杨小凯前引文。

② 私立FD大学在征地期间由私立变为国立。以下为便于行文,不论私立、公立一律简称为FD大学。在国立FD大学民国三十一年(1942年)二月十四日给JL乡村建设实验区署的校四字第一一四号公函中,关于变更一事有如下内容:"案奉教育部本年一月三十日总字第四〇〇〇号训令,以奉行院令知议决,任命WNX为国立FD大学校长,饬先行代理校长职务,并自三十一年一月起将私立FD大学改为国立FD大学先行代理校长职务,除分行外,相应函达即祈,查照为荷,此致JL乡村实验区署,代理校长WNX"。参见D市档案馆:0081全4目第1376卷。

坝土地、开辟农场。①

征地缘由是征地合法性之根据,因此必须写进土地计划书中。1939年6月30日,在FD大学呈所辖行政机构B区署(后来区属改制为管理局)的土地征用计划书中,其征地缘由包括三个部分:

1. 征收土地原因。建筑永久校舍及垦专农业试验场。

2. (略)

3. 兴办事业之性质。教育学术事业。

4. 兴办事业之法令根据。本校于十七年十月奉国民政府前大学院批准立案,抗战军兴由沪迁四川B,业经备案。②

(2)由下往上之申请程序以及国家权力之表现

征地申请分为两个方向,一面是向自己的主管单位提出申请,目的是要获得主管单位的同意和支持。FD大学来D后不久,于民国二十七年(1938年)4月间向教育部呈送第13号公函,要求为建设永久校基在X坝一地征地。这一方面的时间不是很长,约60天左右。另一面所需时间却是比较长的。因为,尽管征地得到了教育部的许可,只不过是承认了FD大学方面征地意向的可行性,如果要使可行性转变为合法性,还得有相当长一段时间,待到征地核准后,地价评价和补偿等事宜才逐渐展开,到实际征地为止,尚还有一段时间。就FD大学征地一事而言,它从民国二十七年7月22日开始正式发函要求区署协助到民国二十八年(1939年)12月14日,四川省政府发出地字第二八六号文直接训令区署协办,

① B图书馆红楼馆:B4—20。

② D市档案馆:0081全宗4目第1075卷。

历时1年多。①

民国二十八年12月14日,FD大学以第六十五号公函函请实验区署向上禀报征地协助要求以及请求具示Y镇X坝地方主管地政机关事宜:

本校拟在Y镇X坝勘定地亩为永久校址,除函请四川省政府依照土地征用法协助征用,拟请将该地主管地政机关具示以便派员接洽为荷……②

区署接到该函后,区长LZY于25日作"呈报专属核示并函复"的批示。29日区署向FD大学送去以"为嘱为告知Y镇X坝主管地政机关一案业向上奉请俟奉指令再行函知由"的公函:

案准贵校第六十五号公函,嘱告知Y镇X坝主管地政机关以便派员接洽等由,过署。查土地施行法第八条载:"土地法所称地政机关,为市地政局,及先地政局,在未成立前,市县地政事宜,暂由其他局科办理"等等。查Y镇X坝地方,原为M县属,该县尚未设有地政机关,主办地政事宜,应属该县政府第三科办理,惟该地早已划入本区范围(查本区组织规程),本区奉明令规定与县同一待遇,则主办地政事宜,似应由本署建设股办理。除呈第N区专员公署核示外,一俟奉到指令,即行函知。相应函复,烦为查照为荷!此致FD大学校长QW。③

同日,区署向上级管辖机构N区专署呈送了与送FD大学之函具有

① D市档案馆:0081全宗4目第1075卷。
② D市档案馆:0081全宗3目第433卷。
③ D市档案馆:0081全宗3目第433卷。

相似内容之函，即以“为拟FD大学函询Y镇X坝主管地政机关一案呈请核示以资遵办由”的函。8月11日，N区专署训令回复：

> 呈悉，查Y镇X坝既早经划入该区范围，地政事宜自应由该署负责办理，以明权责，仰即依照土地征用法，切实协助征用可也。此令。中华民国二十七年八月十一日。①

在权责已明后不久，N区专署在给实验区的104号、113号、174号及219号四个训令中除明示实验区的协助责任外，主要是分别回复应允FD大学最初拟在Y镇X坝地址上征地，后因知道资源委员会有在该地建厂的规划而改在JL南岸的SHS地域准备征地千亩为永久校址一案，以及回复应允FD大学因资源委员会放弃在Y镇建厂规划，因此仍在Y镇建征地建立永久校址一案。② 显然在征地一事上，具体实施征地事宜则主要是区署的责任，专署的职能主要在于备案备查，根据行政院教育部、四川省等训令督导核准，显然，专署在此项权能较为有限，甚至有时候省政府不经过专署就直接找训令区署协办。

> 令JL乡村建设实验区署二十八年十一月三十日案奉行政院吕字第一五一五六号训令开：“据教育部呈，为私立FD大学在D市B区Y镇X坝征收土地建筑永久校址，附买计划书图，请予核准等情到院，经饬据内政部议复前来，应予核准，合行抄发原呈并检发书图，令仰该省政府转饬依法征收，至被征地内所属M县第三农场地亩，并应准由该校备价承领，并仰转饬遵照。”等因，附抄发教育部原呈一件，简发计划书清册各一份、蓝图二份奉此。除呈发并将教育部原

① D市档案馆：0081全宗3目第433卷。
② D市档案馆：0081全宗3目第433卷。

呈提留备查外,合行抄发计划书图暨清册,令仰该署遵照办理,仍将遵办情形具拟备查为要!此令。(计抄发征地计划书图及土地所有权人姓名清册各一份)兼理主席蒋中正、地政局局长胡汉民。[①]

这样看来,国家能力的主要体现点仍是在区署这个层级上。这样一种结论并不是说忽略了国家之中央政权的作用。事实上,在社会比较动荡的情况下,民国之中央政权为了控制整个社会的事态,必须得控制住省级的行政权力。JL 乡村建设实验区在行政区划上属于四川省,主管 FD 大学的机构乃是中央之教育部,显然,这里有一个中央能力实现的问题。其实在那一时期,这里并不单是 FD 大学一个单位的问题,而几乎是当时所有内迁之机关单位、厂矿、学校、外国驻华机构等面临的问题。所以,中央之行政权不得不向下延伸。这里可以从民国二十九年一月二十七日四川省政府指令(地字第 684 号)之落款人看出这种趋势:

令 JL 乡村建设实验区署为 FD 大学征用区属 Y 镇 X 坝土地建筑校舍奉令评定价额呈复鉴备查由。呈悉。准予备查。此令。监理主席蒋中正、省地政局局长祝平,民国二十九年一月二十七日。[②]

(3)在协助中持程序主义原则的区署

虽然中央之行政权向下延伸至省一级,但是,中央之政令能否得到倡行主要在于地方区署的代理能力。就区署的表现来看,它在整个征地过程的行为多少体现出了一套以与土地相关之价值为依据的义务,并且可以看到,它在维护系统整合、适应情境和实现政府之目标方面发挥了一定功能。

---

① D 市档案馆:0081 全宗 4 目第 1075 卷。
② D 市档案馆:0081 全宗 4 目第 1075 卷。

征地的核准主要是专署以上的核示程序，征地的具体实施则是区署以下各方面的协力配合，而区署在这一过程中始终处于比较中心的地位，所以，征地这一过程体现的就是如何治理的问题。区署的协助主要表现在提供资料、调动镇公所和保甲长力量会同协助、组织地价评价、处理征地纠纷，以及监督土地使用是否符合征地计划书等方面。

虽然法规明令征地方负有提供详细计划书和土地图说之责，但是"书""图"说中的具体内容如果没有区署帮助的话，那么这项工作就不是一时半会儿能完成的。所以，民国二十八年(1939 年)一月五日，FD 大学便向区署提出协助提供这方面资料的要求。

> 贵署复函以该地地政事宜应由贵署建设股办理并蒙允予协助，各在案兹拟依照土地法征收编之规定，着手征收。惟查该法第三百五十七条规定计划书中应记明之事项，如第八款土地使用人之姓名住所及第十一款土地所有权人或土地管有人之姓名住所，均非私人所易查明，相应依照同法第三百五十五条第一项之规定，函请贵署将 Y 镇 X 坝地方及其附近之土地所有权人或管有及使用人之姓名住所分别就粮册、不动产登记簿或户籍簿中及饬该管保甲长设法代为调查明确，迅予造册见复，俾便依法征用之纫公谊……①

1 月 10 日，区署内务股去函 FD 大学并附送了被征土地所有权人名册 1 份。11 日，FD 大学收函并回复。在完成了一些基础性工作后，6 月 30 日，FD 大学以"为本校勘定 Y 镇 X 坝地方为永久校址一案请按照土地法之规定协助征收"去函区署，告知：

① D 市档案馆：0081 全宗 4 目第 1075 卷。

> 查本校勘定Y镇X坝土地建筑永久校址一案,先后奉教育部指令及四川省政府公函准予征收并准贵署函嘱派员协商各在案,兹以现址狭隘,本届招生后,将不敷应用,急待扩充,刻不容缓,关于征收事宜,除由本校LLG先生随时与贵署商洽进行外,按照《土地法》第三七七条及同法第二章凡在征收范围内之土地,尚未申报地价者,应由主管地政机关估定之,并为估定公告之规定该处土地均在贵署主管范围以内,相应检附测量图及土地所有权人、管有人及使用人姓名住所清册各一份送请发照,迅赐办理公告征收,停止征收范围内之买卖并即估定地价,在征收手续进行之中,并先使用土地,俾于暑假中完成校舍之建筑,以应急需,实为公便,此致实验区署。附图及清册各一份……①

随后,区署作出反应。先是于7月3日训令Y镇联保办公处,遵照张贴征地公告并召集Y镇X坝各地主于7月8日午前10时,在该处商谈征收办法。

> 令Y镇联保办公处案准FD大学代理校长QYM,副校长WNX本年六月三十日开:"查本校堪定Y镇X坝土地,建筑永久校址一案……(录全文至)以应急需,实为公便!此致。"等由。附图及清册各一份,准此。查FD大学征用Y镇X坝土地,本署早奉省令协助在案。兹准前由,令检送清册一份,公告一张,FD大学征收土地平面测量图一张(此面直向面积大尚小联),仰即遵照张贴,并召集Y镇X坝各地主于七月八日午前十时,在该处商谈征收办法。除指派本署建设股主任,及函请FD大学派员出席外,合行令仰该处妥善办理为

① D市档案馆:0081全宗4目第1075卷。

要！此令。附FD大学征收土地名册一份，公告一张。①

次日，又公告Y镇X坝各地主从即日起停止买卖静候征收。

案准FD大学代理校长QYM、副校长WNX本年六月三十日公函开"查本校堪定Y镇X坝土地，建筑永久校址一案……（录原文至）以应急需，实为公便！此致。"等由。附图及清册各一份，准此。查FD大学征用Y镇X坝土地，本署早经奉令协助在案。兹准前由，出令饬Y镇联保主任定于八月午前十时，召集该地各业主在联保办公处会商进行外，合行公告通知。从即日起，在FD大学征用该Y镇X坝土地范围之内，停止一切买卖，静候按照土地法征收，以免发生纠纷！在征收手续进行之中，并可先行依法使用，各地主不得阻挠，倘敢故违，定予传案，严究不贷！此告。附FD大学征收土地平面测量图一张。②

在此公告后，FD大学便开始动工建筑校舍以为急需，8月17日，FD大学以公函第二二九号告知：

迳启者查本校兹为原有宿舍、饭厅及社会生活馆不敷应用，特于Y镇X坝所征用土地范围内建筑校舍五座，不日同始动工，相应检同该项校舍工程图五纸随函送请查照备案为祷，此致实验区署（附校舍建筑工程图样五纸）。③

① D市档案馆：0081全宗4目第1075卷。
② D市档案馆：0081全宗4目第1075卷。
③ D市档案馆：0081全宗4目第1075卷。

区长LZY随即在此公函上批示,“派LWJ前往查具报核实”。8月23日,区署建设股LWJ呈报勘核报告。

窃职奉派查勘FD大学在Y镇X坝建筑校舍一案,遵于本月二十二日,前往该校,约同Z先生到达建筑地点,逐一查勘。当据Z先生称:饭厅距江边路,实际上有四十六公尺,不起造房屋,留作隙地,将来即建公路,亦甚宽矣等语,查所称各情,尚属不虚,该校建筑校舍,对于交通,实无妨碍,为此理合将查勘情形报请钧座俯赐鉴核!谨呈主任转呈区长钧鉴。①

区长LZY在此报告上作出批示:

拟出函复,查该校在Y镇X坝建造校舍,经派员前往勘明,与图说无虚,准予建筑,许可证随给……

FD大学校舍建筑虽已展开,但还有众多程序尚未完善,一是要等待行政院、四川省的批复,二是要进行地价评定和补偿。12月14日,四川省政府发出地字第二八六号文直接训令区署协办,意味着征地基本合法。1940年1月3日,区署遵照省政府之训令,训令Y镇联保办公处,通知地主乡绅数人于一月六日午后二时在该处开评价会,评议FD大学征用土地一事。② 1月19日下午3时,JL乡村建设实验区土地房屋评价委员会在X坝FD农场办公处,为FD大学征地事召开第一次评价会议。③ 1月24日,区署发布“为FD大学征收Y镇、X坝土地作校址与Y镇乡绅开会

① D市档案馆:0081全宗4目第1075卷。
② D市档案馆:0081全宗4目第1075卷。
③ D市档案馆:0081全宗4目第1075卷。

决议公告”：

案奉四川省政府二十八年十二月地字第二八六号训令开：“二十八年十一月十日案奉行政院吕字第一五五六号训令开：‘据教育部呈，为私立FD大学在D市B地Y镇X坝征收土地，建筑永久校址。附买计划书图。请予核准等情到院。经饬内政部议复前来，应予核准。合行抄发原呈。并简发书图，令仰该省政府，转饬依法公告征收，至被征地内，所在M县第三农场地亩，并应准由该校备价承买。并转饬遵照’等因，附抄发教育部原呈一件，检发计划书清册一份，蓝图二份，奉此。除呈复并将教育部原呈提留备查外，合行抄发计划书暨清册，令仰该署遵照办理，仍将遵办情形，具保备查为要，此令”等因，计抄发征地计划书图，计土地所有权人姓名清册各一份，奉此。当即转饬本区土地房屋评价会暨当地乡绅、联保主任等开会评价，以便征用去讫。兹据土地房屋评价委员会呈复称：“窃查属会奉令为FD大学征收Y镇X坝土地，以作建筑永久校址，定期开会评价一案。业于本年一月十九日下午三时召集Y镇乡绅及FD大学当事人，联保主任等，在Y镇X坝FD农场办公处，开会议决各案如下：一、征收土地分为两类：(甲)坝土内分为两等。平土为第一等；河边溪边为第二等。以亩计价。(乙)山田。以田出谷为计价标准，山土及房屋不计价，但山土超过田谷十分之二以上时，另行计价。此种山土，再分两等，种菜蔬之熟土为第一等，其余为第二等。二、地价之评定。(甲)坝土第一等，每市亩九十元整。(乙)坝土第二等，每市亩五十元整。(丙)田，每石谷价一百元整。(丁)山土第一等，每产包谷一石价六十元整。(戊)山土第二等，每产包谷一石价三十元整。(巳)坝内房屋以拆迁为原则，每间以一丈二尺开间为计算标准，每间价五十元，其开间大小照此推算，埋插房屋在二年以内建造者，每间四十元,在二年以上建造者,每间三十元整。(庚)坟园迁移费,每所二十元整。理合将召集会议情形及评定额,备文呈请鉴核示遵。谨呈。等情。”据此。查核所呈各节及评定田土价额。尚属公允。除呈复并函FD大学知照外,合行公告仰该地业主一体知照,此告。①

1月25日,区署将上述情形以“为FD大学征用区署X坝土地建筑奉令评定价额呈复鉴核备查”为由呈报四川省政府。同日,区署以“为奉省令评定Y镇X坝土地房屋价额清查办理由”训令Y镇联保办公处,并以同样内容致函FD大学,从而基本上赋予了土地征收的合法性。

JL乡村建设实验区署公函训令第八十六号,令Y镇联保办公处

案查本署前奉四川省政府二十八年十二月地字第二八六号训令,以私立FD大学在Y镇X坝征收土地建筑永久校址一案。合行抄发计划书图、暨清册,令仰遵照办理等因,至署。当即转饬本区土地房屋评价委员会,暨当地乡绅、联保主任等开会评价,以便征用去讫。兹据土地房屋评价委员会呈复录:“窃查属会奉令为FD大学……照录呈省府之……鉴核示遵,谨呈。”等情,据此。查核所呈各节,暨评定田土价额,尚属公允,除呈复并函令及公告外,相应函达,即希合行令仰知照为要!查照为荷!此令致私立FD大学,区长LZY。②

(4)征地纠纷

因为征地涉及利益问题,征地纠纷自然是征地过程的一部分。征地纠纷之大小、影响之程度是对征地制度的一种反映,同时也反映了国家治理能力,因为在征地制度背后是一套价值,人们对征地制度的反映实际是

① D市档案馆:0081全宗4目第1075卷。
② D市档案馆:0081全宗4目第1075卷。

人们之社会价值态度变化的反映。在FD征地一案中,也存在着征地纠纷。据笔者所掌握的资料看,征地纠纷数量不多,引发的社会影响不是很大。就资料记载来看,纠纷过程中,虽有用地单位强行拆迁的记录,却未有以群体暴力形式阻止征地的文字说明,都是以既定程序来对待纠纷。

从1938年到1942年,FD大学先是为建永久校基征地,后为扩充校舍、农场征地,总计征地约合800余亩,而征地纠纷所涉人户共为8户。纠纷类型按征地土地使用类型标准,可分为与自耕户间的纠纷和与租佃户间的纠纷,纠纷所涉户中自耕户只有1户,其余6户全为租佃户,另外1户是征地所在地一纱厂;按纠纷所属时间段标准分,X坝征地一案所涉纠纷可分为两个时间段,从1938年到1940年,是第一阶段,这是征地建筑永久校基时期的纠纷。第二阶段则是在1942年前后,这是扩展建设时期的纠纷。第一阶段涉及7户,第二阶段为1户。两阶段的纠纷关节点并不一样,第一阶段的纠纷主要是因为那7户认为地价评定补偿不公,第二阶段虽然总的来说也是认为不公,但就事理来说,主要是征地程序的适用问题。X坝征地案对于征地方来说,FD大学并没有认为前后两个阶段有什么不同,对它而言,都是在行政院核准下的征地,可以一统到底。然而,征地对于业主来说,在时势艰难时期,这一因素具有了特别大的影响力。①

在第一阶段,征地纠纷的焦点在于对地价的议定上,然而就责任来说,理在征地方。这可以从1940年10月25日FD大学针对ZZY、LXQ等人的异议给区署的总地字第一二〇号公函看出。

---

① 这样看来,即使在最深远的社会变迁时期,土地似乎也可以被看作是最稳定的参照物,因为在土地这个"综合体"上能表现出"决定组织目标并使有关义务合法化的价值系统的稳定性"。参见[美]帕森斯:《现代社会的结构与过程》,梁向阳译,光明日报出版社1988年版,第18—24页。

案准贵署十月十九日建字第五七号函以 Y 镇地主 ZZY 等,以物价高涨,前评地价过低收回成命一案,拟再行召集评价委员会另评地价等由,自为息事宁人之意,惟查 ZZY、LFT、LXQ 等所有土地之补偿金早经公告完毕后,依据土地法第三七八条照评之数额汇缴,贵署转交各土地所有人待领在案,LXQ 等既未于法定期限内提出异议,无论目前地价是否较前高涨,均不容有所藉口,应请依照同法第三七七条第二项及第二四六八条、第二五四条各类规定,逞于批驳以杜纠纷,所商拟召集会议另行评价一节,按照法定程序未合碍难同意相应函复烦即查核,依法办理为荷,此致 JL 乡村建设实验区署。代理校长 WNX。①

就此类事,区署在坚守程序原则的前提下,根据不同情况采取了不同的应对方式。1940 年 8 月 31 日,区署因应 FD 大学对 LXJ 等户拒绝搬迁的诉状,以"为准 FD 大学函请严令 LXJ 等迁移一案令仰遵照办理"为由训令 Y 镇镇公所。

令 Y 镇镇公所案准 FD 大 X 第一联合大学代理校长 WNX 二十九年八月三十日总文字第八四号公函开:"迳启者,查本校因建筑校舍及扩充农场……至纫公谊! 此致。"等由,准此。查此案本署上年接到该校公函及地价支票等,当即通知该地地主 LXJ、LFT、LXX 三家,迅即来署领取地价及迁移费,并完清一切手续在案。殊时逾三月,该 LXJ 等皆未来领,也未声明理由,殊属不合,除函复外,合行令仰该镇长即使遵照,转饬该 LXJ、LFT、LXX 从速来署领取地价及迁移费,完缮手续,并限于九月十五日以前迁移完竣。否则即由该镇派

① D 市档案馆:0081 全宗 4 目第 1075 卷。

防护团代为拆卸,并仰将遵办理情形,报署候核为要!此令。①

从这一训令的内容来看,区署对于征地程序是坚守的。坚守程序并不等于就是完全的无情。区署虽然坚守程序,也从地方民俗出发,给予体谅。比如在 LXQ 一案上就有所表现。LXQ 时年 25 岁,住 Y 镇 X 坝 L 家湾,以务农为业,在 8 户中,只有他这一户的土地属于自耕性质的土地。他曾两次申请。第一次申请是在 10 月下旬左右,区署于 1940 年 10 月 9 日以建字第一四号训令要求该地几位业主迅即来署领取办理手续,于是,他和其他几户业主在当时各自提出了申请。区署在接到申请后,于 1940 年 10 月 20 日致函 FD 大学,希望再行评定地价。

案据 Y 镇 X 坝地主 ZZY、LFT、LXQ 等,以物价高涨,前评地价过低,恳请收回成命等情前来。查贵校家住校舍征收土地、本署奉令协助,早经公告,依法征收在案。兹据该地属所称物价高涨,地价亦随而增高,固属实情,且该民等多系祖业,一家生活所系,若照前评价值征收,势难甘心。本署为息事宁人,减少纠纷,拟再行召集土地评价委员,再合商讨,另评地价,以照公允,而资解决!未悉贵校意见为荷?相应函达,即希赐复为荷!此致私立 FD 大学。②

对于此函,FD 大学在 1940 年 10 月 25 日(见前引总地字第一二〇号公函内容)作了比较强硬的拒绝,因此不久,LXQ 第二次呈申请。

呈为据实陈明无因毁损,恳予查核示遵事,窃民于 Y 镇 L 家湾

① D 市档案馆:0081 全宗 4 目第 1075 卷。
② D 市档案馆:0081 全宗 4 目第 1075 卷。

略有产业一契,实计每年产量,田谷二十余石,土内包谷二十石,每年除佃户收益外,民应收谷十一石租,包谷八石五斗,历经招佃耕种无隙无争,突于本年农历八月二十八日,该FD大学总务长率领多人来家,不言事实理由,将民屋宇拆坏,阻止未竟,并勒令五日搬迁等语,查民农耕自守,未触若何刑章,何受残酷之像,及民归来究其底蕴,得悉为FD自欲收买民之土地,窃FD为最高文化学校,当以合法手续与民交涉,何得如斯……就以过去民二十八年收买其他土地时,亦必事先函请其他业主会商,照市价给价法理周,密令欲收买民之土地,又何独异,于是以理由论之该FD收买其他土地时并未与民通知,伊有底册可查,今于事前更未与民办理何种手续,似此行动猖獗显非文化机关办理得宜及不合法之手段,然学校为吾国培植人才之基础,若需地盘建筑校舍,亦必自向业主商洽,照市给价,不过略加客气而已,窃查民之地盘时值市价一万六七千元,以过去该校收买CZY之坝土、河土较之,亦可值上列币数,以此非法行动亦不合于征收法定,并未经过当地绅乡及评价委员会之评定价格,即经核定是项手续,如不同意,亦必再为呈请省府核定,如再不同意,则由评委会会同主管行政机关以陈报价格及时值市价,两相论战,方属合法,今该校自称系奉钧署令仰搬迁。钧署素担造公众福、急公众难责,况自钧署成立以来,百政俱兴,民歌载道,想不能以该校单方面之呈请而为定论,如以过去收买时论价,则应在过去收买时成买,如以征收论价,则应根据征收法手续,今在日前,与民收买,自应遵照市价,以昭公允……,例如过去米价每斗价值二三元,今期米价每斗值法币二三十元,过去棉布每尺值洋一二角,今期布价每尺价值二元五六,种种物品飞涨,或十倍,或数十倍不等,如今日买昨日价,凭政府亦无如此公论,惟民一家数口,债台重筑,如以市价破产除偿清外债外,略有生活,如以该校单方面自由给价,不独偿清外债无力,即全部作为生活,恕不能济,处此钧座马蹄之下,于地方市价习惯风俗,想不能逃于洞鉴之中,为此,缕析陈明各由呈恳钧署体念民瘼,主张公道,遵照本年市价评定以维生计而重主权,是否有当,伏候批示,祇遵此呈建设实验区署。①

区署接此申请后,并未当即否定,而是基于 LXQ 之现实状况希望 FD 大学给予补贴。区署区长作了如下批示:

呈悉。查 FD 大学征收土地,本署曾奉上早明会评价公布,并令来署领价在案。该民竟未遵办,迄今地价上涨,系数该民自行贻误,惟念日前物价上涨数倍,仰向 FD 大学婉商,请求津贴可也,此批。民国二十九年十一月十六日,LZY。②

如果说第一阶段的纠纷并无征地方的责任,而在于被征地户自身的过错,那么到了第二阶段纠纷性质有了很大变化,这是因为被征地方认为征地方在程序上引用根据不当、不合情理,加上被征地户本身为一定乡绅,能够展开有理有据的论辩,使理势和情势转移到了被征地方。这里可从 WHQ 一案看出这种变化。1942 年 9 月 16 日,Y 镇镇公所镇长 YXC 以"为复国立 FD 大学征收土地价格与土地法及征收程序为由应予拒绝受领地价以重产权而维法制转请查案鉴核示遵由"呈区署,

按据本镇中正路三十二号公民 WHQ 呈称:案奉大厅三十一年八月二十七日通知除原文有案……免全录外,后迅即到局具领为荷等因奉此应遵何。[凭]帷查前实验区署于二十九年一月二十四日公告行政院私立 FD 大学征收 X 坝土地建筑永久校址之用,其时并

---

① D 市档案馆:0081 全宗 4 目第 1075 卷。

② D 市档案馆:0081 全宗 4 目第 1075 卷。

未得及任何征收民有X坝土地之征收通知单,而与前私立FD大学自始迄今皆属租佃性质,今国立FD大学何能援用前征收案以征收民有X坝土地,此其民拒绝领受低价之理由一也。即令FD大学有承私立FD大学权利(义)之权,而二十九年之公告即无民之名字,在内又未得及任何通知单,且该校亦未于彼时依照《土地法》第三百六十八条及第三百七十八条履行征收程序时之相去两年余,以时效而论,岂能援用旧案征收民有X坝土地,此其民拒绝领受地价之理由二也。查历年物价变更至巨,二十九年估计之地价当不适用本年SCS(煤矿公司)征收X坝附近山地每亩价值四千元,民之土质乃属上等,亦为该校听自认依《土地法》第二百四十五条之规定民之坝土每亩应值五千三百元,总计民有坝土约三十三亩,计亦应值法币一十七万四千元,该校焉能遂依二十九年估计之价格每亩九十九元给价征收,此其民拒绝领受地价之理由三也。后查民有X坝土地原收包谷租老斗八十,于二十七年租与前私立FD大学作垦殖专修科作实习农场之用,本爱护教育之,肯将原租折半照当时市价每年租金七十二元,随即物价高涨,民亦忍苦吃亏,迄今三年,政府征实但民靠此业而生活无着且收益尚不足以纳税,始迫而函知前私立FD大学校长WNX提起收回自耕或改租实物以维生活而重国家赋税,旋接国立FD大学本年二月二十五日总字第〇二〇六号复函略称:"本校租用贵家X坝……需用正殷,听称收回一节碍难同意……实物哪租不特与原租约规定不符且四老石包谷价值三千余元较之原定租金七拾四元增加达五十倍之巨,尤与情法不合,苟在合理限度内仍愿酌予增租……"后于本年五月十三日由该校长WNX与前租约时证人ZHC、WXN函称:"本校租佃WHQ先生地产问题,诸荷从中协助至深为感"……足证该校与民之X坝纯系租佃性质,且查本年行政院第五百七十次会议对于保障人民财产权曾通令在案:"如有征用之必要时必须恪守法令规定，履行一定之程序，如有因缘舞弊或恃势胁取情事，一经发觉，由主管机关依法严予惩罚不得利予宽纵"，依法核准需用土地只机关应于公告完毕后十五日内将补偿地价及其他补偿费额发给完竣，此在《土地法》第三百六十八条有明文之规定，该校于二十九年公告后之法定期间内即未依法办理，不知现今有何所据而竟将地价缴交B管理局转发，此民拒绝领受地价之理由四也。复查校长WNX于本年五月十三日与租佃时证人ZHC、WXN总二字第一一六四号函称："关于地价本校曾出一万五千元……本校勉筹二千五百元，余价作为捐助WHQ先生对教育素具热忱……"民对于前私立FD大学是否爱护辜置不论，足证泉之X坝土地应得之补偿金已与前两年之数额增加甚巨，更足证该校贱租不成贱买不就，乃欲恃势违法援用已失效之前私立FD大学征收案贱买民之X坝土地，实属显明为维护教育四年来租金与实物纳租相比较，民听受损失已达数万元，今更欲恃势违法贱买征收民靠此维生租业，能不令人伤心欲坠、天理何存、法制安在，此其民拒绝受领地价之理由五也。总上结论，民与前私立FD大学纯系租佃性质，其听命具领地价一项殊难遵照，应予拒绝，除依法向B管理局提起诉讼处理，合具文复请大所转报B管理局查案鉴核示遵以重产权而维护法制，不胜感戴，谨呈等情，据此，自应照转，并乞鉴核示遵！谨呈……①

9月25日，B管理局接上呈报后，以《为据Y镇公所转呈WHQ拒绝领受地价一案函请查照由》知照FD大学。

案据Y镇镇长YXC本年九月十二日民字第八三号呈称："案据

---

① D市档案馆:0081全宗4目第1658卷。

本镇中正路……谨呈”等情。敌此。相应函达。即希查照为荷！此致……①

3.“善治”的社会基础

FD大学征地一案发生在B管理局管辖范围内。该局建制初为1916年设立的JH特组峡防营,1923年为清剿土匪,改设为JH峡防团务局。1935年秋,匪患基本已除,治安已无问题,而教育、文化、建设等事业亦皆略有基础,呈准四川省政府,于1936年4月1日改局为乡村建设实验区署,直隶第N区行政督察专员公署,1938年划为迁建区,1942年2月改为B管理局,直隶四川省政府。B行政设置虽几经更迭,但主政人从20年代初后,求公避私,恪守程序,实业救国,奖惩分明,历经30年,未曾变更,在乱世中保持了比较好的政经稳定,能够比较好地推进现代化。②

近代以来,民族国家建设是中国现代化过程中的主要内容之一,而行政程序化、效率化又是这个工程的必做事项。由于B享受了长期的稳定,能够比较好地实现现代行政管理的内容。在民国政府内迁后,因四川省政府推进县政,实行行政效率改革,B的行政现代化程度大为增强。1938年1月3日,四川省第N区行政督察专员公署以《奉省府令训令法改正办公程序以增进行政效率大纲一案转饬遵照由》(秘字第158号)训令区署办理。③ 9月24日又以《转发公文改良办法及用纸格式令仰遵照办理由》训令区署执行。④ 区署接令后,责成秘书股执行,10月14日,并以《为奉令特发公文改良办法及用纸格式令仰遵照办理由》(秘字第45

① D市档案馆:0081全宗4目第1658卷。

② 参见[民国]B图书馆等编:《B志稿》(1—4册),1943年版(油印)。

③ D市档案馆:0081全宗3目第728卷。

④ D市档案馆:0081全宗3目第728卷。

号)，令五镇联保公所区立各学校遵照执行。[1] 其实，在四川省政府推进县政和行政效率大纲前，其文书格式与颁布之公文改良办法要求大致相同，办理处理也是比较符合现代行政管理要求的。比如区署公文格式要求在正文之外单附一页，抬头为发文机关名，以下从左向右竖排分别为：(1)来文机关单位名称、字号、文别，送达机关名称、类别，附件细则；(2)事由两排；(3)主办机关、拟稿人、核稿人名称，然后是详细的交办、拟稿、缮写、校对、盖印以及封发的时间，接着是去文机关名称字号，最后是档案保存字号；(4)负责长官亲笔签名落款和印鉴。公文函件要求一般抄写三份，一份回函、一份交执行机构、一份备案。从上面论述来看，区署基本上是按程序严格主义办事。

另外，区署长官既威且望、既严且宽、既传统也现代也是一重要原因。在另一征地案中，征地地主之子×××在贵阳给区长致信，以及区长的回信表明了区署长受人敬重。

> 致信：区长勋鉴：自钧长于二八年，提倡自愿兵入伍，瞬已三载，在此过程中，钧长对吾辈家庭予以优待，本身给予慰劳，我等能安心从戎，勇于服务，其已赴沙场者，多数立下汉马之功劳，更有一部作壮烈之牺牲者，其功可佩，其志可嘉，其状可惊，其死可悲，……悲呼！时耶?！命耶?！而我们其所以如此者，奋斗牺牲因由，君之德所感也，其所以能如此者，由兵而当官，亦蒙其提倡自愿兵之功也，故而乡里及营中，歌功颂德之声，不绝于耳。吾尝欲报斯恩大德，恨未得遇机会之故也。近读家音得悉我区长遵命于B新辟农场，为地方公共之利益，深为敬佩！区长遵命于B新辟农场，为地方谋公共之利益，深为敬佩，又闻欲以我家祖房之业，收买

① D市档案馆:0081全宗3目第728卷。

为农场,而我们于外面抗战,为国捐躯,尚不足惜,何况产业为身外之物,有何不可贡献于吾区中?惟吾家遗产甚少,而人口众多,兼之本人谨任准尉特务长之职,待遇甚微,无有余力补助家庭,若将产业损失,则家庭生活,必受影响,父母昆仲,必有饥寒之危。反失钧长过去优待出征军人家庭之旨,岂可违背政府优待军人家属之法例,吾区长德高爱民,定能明鉴,另行收买田地以为农场,则国家幸甚!民族幸甚!吾辈青年幸甚!吾家幸甚,其恩须结草献环,亦难报也。万祈赐我佳音,……敬颂。①

回信:××特务长,八月九日来函备悉已得升擢,可敬可贺,盼仍继续奋斗,以竟全功。关于府上田业构作农场事,系农林部中央农业实验场主办…购地三百余亩作全国农业实验之用,并不止府上一二家,且地价较普通一般为高,每旧担评价二千二百元,实非本局购作地方农场可以轻易变更也。呈亦为国出力,凡地方政府力能帮助之事,定竭力以为,实为此系中央办理故无法为助也。②

除征地案外,区署对于所辖区内各镇保甲长赏罚分明。民国三十五年(1946年)有一保长私贩鸦片,区署知后,迅即缉拿查办。同年区署所辖一保长新近去世,镇长上报请求对其遗属生活予以优待,区署迅即准予拨付发放5万元。③

虽然FD大学征地案发生在一个比较动荡的历史时期,却因地处一处比较稳定的社会情境中而得以顺利、有效地实施。④ 从整体上看,FD

① D市档案馆:0081全宗4目第1658卷。
② D市档案馆:0081全宗4目第1658卷。
③ D市档案馆:0081全宗4目第4333卷。
④ 参见[美]:《法律的运作行为》,唐越、苏力译,中国政法大学出版社2004年版,第145页。

大学征地一案的当地行政机关比较好地实现了程序公正①,所辖辖区内民众比较敬畏区署,所以,尽管战时内迁来了大量人口,征地案件颇多②,但并没有导致无政府状态的出现。这样看来,杜赞奇所说的"国家政权内卷化"应该是社会变迁的某一结果,而不是原因,因为"飞地"仍然是有可能成功治理的。③

(二) 过渡时期的征地制度

以下仍以D市的征地史作为分析背景,来探究新中国成立后征地制度的变化及其脉络。

1. 一要建设,二要吃饭

(1)要建设

1949年10月1日,中华人民共和国成立,这标志着国民党政权在中国内地的垮台,也标志着中国社会进入了按照中国共产党既定的发展战略方针进行国家建设的新阶段。中国共产党的发展战略是,进行新民主主义革命取代旧民主主义革命,然后在新民主主义革命基础上,经过一段过渡时间后,进入社会主义阶段。这样就确定了新中国建设道路的"另起炉灶"特征,也就是与旧制度作决裂。

新中国成立后,旧民主主义革命阶段已过去,新民主主义革命任务也已基本完成,但要经过一个比较长的过渡时期后逐步到社会主义阶段,还

---

① 一般认为实现程序正义有几个方面,包括程序的参与性、裁判者的中立性、程序的对等性、程序的合理性、程序的自治性以及程序的及时终结性。参见陈瑞华:《程序正义论》,北大法律信息网。

② B管理局在此期间,作为迁建区,实施了大量征地以接纳众多内迁工厂和学校文化事业等单位。参见[民国]D市B图书馆等编:《B志稿》(1—4册),1943年版(油印)。

③ 参见[美]杜赞奇:《文化、权力与国家——1900—1942年的华北农村》,王福明译,江苏人民出版社2004年版;S.N Eisenstadt,"Social Change,Differentiation and Evolution".

得继续完成土地革命的任务。所以在新中国成立后,土改继续进行,从而使那些没有分得土地的人口也获得了属于自己的一份土地。土改基本完成后,国家建设逐渐上升为最主要的任务。随着各地的各种国家建设项目的开展,征地以供建设项目需要与刚分配到农户身上的土地一系列矛盾便开始出现了。

1949 年 12 月,D 市人民政府成立后,各项建设事业开展需要大量土地,为解决用地问题,市人民政府先后制定不少办法和规定。1950 年 4 月制定了《D 市征用土地暂行办法》和《公共建设使用私有土地暂行办法》。以上办法系在郊区土地改革前制定,执行不到一年,随着国家建设形势的发展,这些规定满足不了发展用地的需要,于是又出台了新的办法。1951 年 7 月市府公布了《D 市公私土地征拨办法》,1953 年 7 月 XN 行政委员会规定了征用民地原则。1953 年 12 月,政务院颁布了《国家建设征用土地办法》。此后到 1982 年的近 30 年间,对各项建设用地大都根据此办法予以处理。①

(2)要吃饭

土改后,农民分得了土地。虽然国家在土地改革时告诉老百姓,土地是国家的,但在老百姓看来,这土地就是他的。这种观念产生的原因在于,他已通过自己的劳动把他的命运和土地联系在一起了。对于这一点,政府认识也颇深。比如 1953 年 1 月 8 日,D 市地政局地用科在其工作报告中这样写道:“由于农民身上有一定的顾虑及落后思想,是实有困难,例如城近郊农民全家有五六口人劳动,有三四亩土地耕种,就解决全家一年的生活,种菜一年收割数次,肥料来源非常容易,耕具方面有几把锄头,挑子一付即可,担到城里马上变成大米,回家就可以吃,如果将他(农民)搬到郊边缘区,一家五六口人,田土就需十人来担,生活才能维持,这样农

---

① D 市土地管理志(1991 年),第 298—324 页。

民困难就会问题百出。”①

2. 具体问题

(1)开会难

相比民国时期的征地过程,新中国成立后征地过程的一个重要特征便是所开会议次数比以前要多。民国的土地制度是地主私人所有,征地机关主要是和土地所有权人打交道,经土改后,众多农民分得了一份土地,在国家实行“生不再分,死不抽回”②的土地权利原则下,每家每户都异常珍视自家的那份土地,农民于是把所有的精、气、神都用到黄天底下那些小地块中了。所以,征地单位要组织农民开会,是一个客观难题,但也正是因为这一原因,征地开会又是必不可少的。如果征地没有使农民在会议上得到同意,这将损害刚因土改获得的合法性;如果农民到场参加会议了,则能通过说服工作形成起来的集体意识使征地这一活动获得正当性,从而排除阻力,使农民动员起来参与到国家建设进程中去。③

征地不仅牵涉到各级政府与农民之间的关系,也牵涉到各级政府间的关系。在1953年3月30日召开的D市人民政府地政局第19次办公室会议上(暨各委主任联合办公会议)强调,经区人民政府介绍,开会时间不受限制。④

但是在1953年5月27日的关于以“为关于征拨土地时,召开农民会议及代农民建房问题报请核示”为由的文档中明显提到了来自区、乡两

---

① D市档案馆:1125全宗1目第68卷。

② 《中央人民政府内务部几个有关土地纠纷问题的答复(1952年11月3日内地〔52〕字第161号函复河北省人民法院)》,载北京政法学院民法教研室编:《中华人民共和国土地法参考资料汇编》,法律出版社1957年版。

③ 除这两方面的原因外,还有一个原因,即政府之所以注重通过会议获得正当性,也在于政府把农民视为一个有力量的群体来看待的思维逻辑。这一点不应被忽视,因为从当时的情形来看,中国共产党之所以走上一条农村包围城市的革命道路,在于它一贯重视农民所具有的潜在的政治力量。

④ D市档案馆:1125全宗1目第68卷。

级政府的阻力,确定征拨土地后,有关农民的房屋拆迁,青苗补偿等事项,急需召集被征地农民开会,以便进行评议补偿和宣传教育。唯区乡政府认为开会会耽误农民生产,不同意我们召开此种会议。①

这一问题虽然上报了,但是仍没有得到解决,因此,D市人民政府地政局在1953年7月21日以“关于到郊区召集农民开会问题请核示”为由,再次提出了这一问题。

> 一、关于在郊区征地召集农民开会问题,获经办公厅W主任在市第六次区政办公室会议上提出,但未作出决议通知专区,因此有的区、乡仍不同意召开会议,他们认为开会会影响农民生产,我局认为征地不及时召开会议处理农民问题,不但会影响基本建设,而更影响农民生产情绪,尤大三四区是征用最多的地区,而区乡干部外出,只能在农民休息时开三小时的会,在四区办理D市机械工叶(业)学校征用YJP土地时,当地行政干部强调,即使有区乡介绍信也只能开三小时的会,否则就是区县同意我也要拿报告到上级,没有顾虑农民一般休息在晚上,若评青苗根本看不见,农民未养成守时习惯,有时候人也要花一两小时,因而使说服动员及评议工作受到极大影响。二、我局意见……各区和乡村征用土地须召开农民会议,经区政府介绍证明在区准予召开,不受时间限制,并派员协助,找个不脱产的村干部,因工作影响,由征地单位按规定发给工资,请速核示。②

(2)房“荒”

在农村社会,土地除了是农民“乐业”之本外,也是农民安居之所在。所以,征地往往意味着将农民连根拔起。房屋土地虽然给征掉了,但是还

① D市档案馆:1125全宗1目第68卷。
② D市档案馆:1125全宗1目第68卷。

得给人找个居住的地方,因此征地要涉及建房问题,如果房子建不起,或者建的房子不够安顿,就可能会出现房“荒”问题。在新中国成立初期的征地过程中,房“荒”问题比较明显。1953 年 1 月 8 日,在地用科的工作报告中指出房“荒”是个大问题。

在城区要有数百亩土地征用的,最底(低)估计至少亦有五千户居民及小商贩搬迁,因此,我们现已找定较近迁建区五处,面积约有一百五十亩,虽然这样能解决大部分居民住宅,另外还有部分小商贩或不能脱离城市生活的贫民,这个问题在 D 市来说(房荒)是个大问题,在未有根本改变这个情况前,势必尽量多动员一部分居民迁住,确无办法迁出,城内者只有让其自寻零星迁建地址,这样就造成单位多次补偿,在城内往返搬迁,使国家财产造成一定的损失。①

5 月 27 日,地政局在以“关于征拨土地时,召开农民会议及代农民建房问题报请核示”为由的请示文稿中,指出了这一问题的关键点以及解决方法。

农民所住房屋被征购或须折迁,则必须在新分配土地上重建新房;惟国家对木材砖瓦能统一配搭,建筑工人又是由劳动力调配站统一调配,因之农民零星的材料购买,工人雇用,不容易。故而失掉房屋(的农民)要求代盖新房。……农民被征购或须拆迁房屋后而须重建时,拟由征地单位在农民新分配的土地上设法代为建房,不再补偿房屋拆迁费补偿费用。因机关购料雇工,较为便利,为此可解除农民拆迁的顾虑和重建的困惑。征地单位亦可迅速使用土地,同时可

---

① D 市档案馆:1125 全宗 1 目第 68 卷。

避免本市房屋在拆而不建的情况下日渐减少。此种代建房屋,可用订立合同方式行之,先择一二处试办,待引之有效,始引推广。①

(3)地"荒"

所谓地"荒",有两层意思,一是农民土地被征后,无地耕作。所以农民有抱怨,

官长开来吉普车,用望远镜一望,我们的胜利果实就完蛋啦!②

二是指征地单位征而不用,让土地"荒芜"。主要原因在于两方面,一是征地单位对农业生产的不甚重视,

荒芜土地,主要是由于各用地单位计划用地时,其中有的存在着盲目冒进或计划不周、勘察不到。而他们申请征用土地时,为适应其主观想象的建设需要,总是面积惟恐不足,得地惟恐不快,等完成土地征拨手续后,则又因情况变化,原订计划不能实现,不得不变更土地使用。如此,不是征地过多,便是延迟用地时间,造成了土地的荒芜。……其次是各单位对土地的珍惜很差,既已发现自己的建筑计划有所改变,或是接收了原单位征用过多的土地,但却没有及时反映,以便挽救土地生产的损失,而是坐视可资生产的良田熟土废置一旁。这样地忽视农业生产,对农民利益不关心是荒芜土地的另一原因,且影响工农联盟。③

① D市档案馆:1125全宗1目第80卷。
② D市档案馆:1125全宗1目第80卷。
③ D市档案馆:1125全宗1目第80卷。

三是征地相关程序的“缺失”，

> 另一面是征拨土地工作上的缺点：一是征地时批准程序欠合理、控制不严格，一是征地后检查用地不够经常。以往各单位用地，较为混乱。①

（4）安置难

在民国征地过程中，由于实行的是按地价评定补偿，基本上不存在安置问题。新中国成立后，安置问题与前期相比，比较明显。

安置在1953年11月5日政务院第一百九十二次政务会议通过的《关于国家建设征用土地办法》中是一个重要条款，其中第三条规定，“国家建设征用土地的基本原则是：既应根据国家建设的确实需要，保证国家建设所必需的土地，又应照顾当地人民的切身利益，必须对土地被征用者的生产和生活有妥善的安置。凡属有荒地、空地可资利用者，应尽量利用，而不征用或少征用人民的耕地良田。凡属目前并不十分需要的工程，不应举办。凡虽属需要，而对土地被征用者一时无法安置，则应俟安置妥善再行举办，或另行择地举办”。

其实，上述规定是比较模糊的，因此安置并不能否定项目征地的重要性，但是，安置条款为征地单位规定了相当程度的责任。所以，在实际的征地中，政府必须担当起这项职责。不过，实际情形要复杂得多。

农民这样一个群体，不像正式组织那样有明确的目标、观念、结构和技术②，所以，在征地过程中，农民往往是以具有不同要求的个体面目出现的。这样一来，当政府去试图满足这些要求时，则显得有些力不从心。

---

① D市档案馆：1125全宗1目第80卷。

② 参见W.Richard Scott，*Organizations*：*Rational*，*Natural*，*and Open Systems*，Prentice Hall International，Inc，1998，p.17。

同样,征地单位在当时虽然负有解决的责任和义务,但是,即使它们需要人员,也往往不愿采用这些被征地土地上的农民,而是接纳其他农民。1954 年 7 月 15 日,地政局在以“为征拨土地农民安插问题再报请核示见案”为由的请示文稿中摆出了其中的问题。

解放四年来,国家各种建设征拨本市城郊区土地近两万余亩,尤其今年大规模经济建设与文化建设展开后,需要建设的单位申请征拨土地更加迫急。各机关厂矿学校不断前来申请,但对农民安插及居民搬迁都缺乏适当的处理办法,很多农民又不根据国家发展需要盲目要求转业,因此在征地过程中最感困难的便是农民的处理。兹将目前一般征地单位及农民思想情况简述如下:

(1)征地单位不肯吸收农民转业。一般征地单位都不肯吸收农民转业,认为农民没有技术、没有文化,吸收工作是个包袱,即使有条件吸收也强调不需要人或故意提高录取条件,如冶金学校征地便强调自己是教育机关不能负责农民安插,结果由我局与他校领导机关 XN 钢铁公司再协商,方同意将农民安插入一〇一二厂工作。又如 XH 印刷厂起初也是强调不能吸收,或是要请示中央西南文委批准,要我局出书面证明,最后又提出三个条件:(一)年龄十八至二十五岁,有相当文化程度与技术水平,(二)身体健康历史清楚。经再协商才同意放宽录取条件。类似情况还多。他们所以不肯吸收农民工作,其主要思想认为农民安插是地方政府的事,土地征拨办法中又未明文规定农民要由用地单位负责安插,同时又认为农民无文化、无技术,生活散漫,都不愿意吸收,而只单纯强调基本建设任务,缺乏对农民负责的态度。二九六厂便是一个典型例子,宁可在外招收几千农民进厂,而对征地上农民拒绝录用。结果造成群众极端不满,造成人力、物力、财力的浪费,而且影响基本建设的开工,个别农民问题至今尚未解决。(2)农民坚持转业。过去(一九五一年)农民土地被征,一般不愿转业要分地,认为土地是最可靠的保证。几辈子都是种地,改行不行,尤其看到工人有组织地工作、生活,感觉不习惯。自从国家厂矿重点建设逐渐走向大规模地扩建新建以来,农民使用的土地不断征拨,尤其工人每天生活条件提高后,农民开始不肯分地,不管合不合条件,都坚持要求转业。如二九六厂部分农民身体有病,年龄不合也拼死拼活地要求转业。冶金学校五十六岁的老头子、老太婆、独眼农民、有几个小孙的中年妇女,也要转业,不管自己条件够不够,老年人说,别的做不了,洒水、扫地、烧火、看门总行,独眼的人说,一〇一厂也有独眼工人(过去厂中老工人,有的是因公残废的),中年妇女便说,男女平等,男的可以转业,女的为啥不行,因此不能转业便大吵大闹,拒绝评青苗、拒绝拆房子,有的农民不但要转业,而且要选择职业。如XN电管局线路工程队征用YJP土地,有两户农民土地被征去一大半,工程队愿意吸收转业,但两户农民坚持留耕不转业,XN建筑工程局征拨XY处土地,该处农民也是认为上面两单位都不是工厂,工作苦,又学不到技术,不如进工厂。产业工人工作活好,福利完善,宁可留耕(土地已不能维持全家生活)要求生活补助,也不肯转业,并在青苗补偿上故意提过高要求,南瓜一窝要二五〇斤(普通四〇斤)、黄瓜要六〇斤(普通十斤),以便得到一笔巨额补偿费。为着进工厂,个别农民在转业后还要求调换职业。如N区农民BSR转业到地质局后,认为地质局工作苦,借口身体吃不消,请假回家后,坚决要求我局介绍去QJ灭火机厂(注:打火机厂)工作。绝大部分农民在评青苗或房屋拆迁时都想评高些,村乡干部怕农民有意见,只是从中折充,不敢公正评议,怕遭群众打击。

产生以上思想主要有以下几点原因:一是农民几千年的分散封建经济生活,养成自私、狭隘、落后、保守思想,斤斤计较个人利益,认为土地只征用一次,不能让自己吃亏,有趁此捞一把的思想,如二九六厂转业农民刚领到几百[块]的房屋补偿,把钱存到银行里,不建房屋,而问厂方要分配宿舍,理由是别人都住公房,我也该住公房,没有想到过去工人住岩洞、破房现在公房主要解决没有房屋的工人,而是全怕自己吃亏。二是农民经过一系列的政治运动与社会改革,思想上有一定程度的提高,明确国家前途是走向社会主义与共产主义,落后的农业要变成先进的工业,农民也要变成工人,因此便要求进厂当工人。三是各区颁布土地证时,干部向农民宣传城市郊区土地颁发土地使用证的道理,说明城郊是工业发展的中心,土改后都要逐步建设使用、农民只有使用权,将来政府收回,农民便可进厂当工人,因此农民在土改颁发土地证后,一直存在着进厂当工人的思想。认为当工人便可改善自己的生活。[当然农民这种看法是正确,但是要根据国家建设的情况,有计划、有步骤地来吸收农民转业,加工业建设,而不是……农民不具有国家发展建设的整体观念……],又加部分农民分地的边沿区经济收入不如城附近,保留的一部分土地大部分是水田,没有土,质量坏,所以这次二九六厂征地部分农民分地到MW乡,据反映,有的要求回来找工作,不愿在那里生活。因为种的蔬菜只能自己吃,不能直接出卖进城,因此生活条件降底(低)了,当然这种看法不一定全面,不过,这也是农民的事实情况。

根据以上情况,为适当解决农民安插问题以保证基本建设的开工,特提出以下处理意见:农民有劳动力合乎转业条件者(年龄十七岁至卅八岁,身体健康,历史清楚),被征地农民均由我局调查统计造册分送你府及市劳动局,由劳动局根据农民不同条件及本市各厂矿需要劳动力的实际情况(征用土地工矿、企业部门均有复杂接受责任)进行统一调配,这样就避免了征地单位能吸收劳动力而故意不吸收或有意提高转业条件,同时也解决了转业确有困难或不够该单位劳动条件吸收,及在生产上造成的不良后果的被征地农民。在听候调动工作期间,由用地单位酌情补偿三月至六月生活补助费,静候统一调配转业或参加劳动部门的转业训练班。工农民不合乎转业条件必须分地者,由区乡政府负责调剂土地,并对个别不愿分地农民进行动员说服,以免拖延搬迁,影响施工,个别孤老残疾者(XH 印刷厂征地内的精神病患者)由民政部门作社会救济处理……①

3. 断裂与连续:制度的再造与行动的惯性

中华人民国和国成立后,实行的是"另起炉灶"的建设原则。因此,国民党时期的土地立法在新中国成立后并不适用。于是,在征地过程中出现了一种"解释的困难"②。1949 年 9 月 29 日中国人民政治协商会议第一届全体会议通过了新中国的政治基石,即《中国人民政治协商会议共同纲领》,虽然它起到了某种临时宪法的作用,但它在具体的社会经济生活中却难以有实际指导作用,在征地等情事上有比较明显的体现,比如 D 市建设局在 1950 年 8 月 16 日午后 3 时半召开的关于"D 市因公共工程拆迁房屋及征购土地修正办法草案"的会议上提出:

目前都市因公共工程拆迁房屋及征用土地问题,因尚无统一办法可资遵循,对于公共工程之进行,缺少了一定的法律上的推动作用,本府前为补救起见,曾制定了一个《D 市因公共工程拆迁房屋及征用土地暂行办法》,但施行的结果经过几次事实的考验,发觉有的地方照顾未周,有的地方执行困难,都需要重作一番检查补充与

① D 市档案馆:1125 全宗 1 目第 68 卷。
② 参见[美]本杰明 · 卡多佐:《司法过程的性质》,苏力译,商务印书馆 2002 年版,第 5 页。

修正。①

所以，在实际过程中，一面是摸着石头过河，制定相应制度，另一面是按以前的办法处理应急之事。这里出现了比较有意思的现象，即在制度断裂的情况下征地之事并没有就此停顿而是被不断推进。也就是说，有些东西在延续。在宏观层面，新制度到目前为止只是表现为观念和价值，还没有透过规范形式在微观层面起作用；旧制度就整个来说，虽然已经轰然倒塌，但就局部而言，其惯性还规范着人们的行为。新政权为了保持社会的稳定性，采取了把旧制度时期的管理人员整体接收下来的策略。比如在 D 市，前述民国时期主管 FD 大学征地一案的区署长 LZY 后来出任 D 市建设局局长，这是一种继承。

虽然有局部的延续，却无法更改整个旧制度倒塌的事实。那新制度怎样建立，其逻辑如何？于征地制度又有何影响？我们早在本章前两节就提出，考察征地制度时，不能只把它当作结果和目的来考察，而应该把它背后的过程给揭示出来。所以，征地制度的发展始终要联系新中国成立后的土地制度变革。也就是说，征地犹如晴雨计，它直接或间接地反映出土地制度每一步比较大的变化。因此，征地只是表，而整个土地制度和国家的生产发展战略则是表之里。

（三）集体化时期的征地制度

我们曾在前面部分提出，集体化时期之所以可作为历史分期阶段，主要是基于生产状况变化作的某种划分，以便分析所需，因此，笔者在这里

---

① D 市档案馆：1125 全宗 1 目第 49 卷。

并不作确切的时间界定。[①] 并且也曾讨论过，新中国成立后的征地制度深受国家建设和农民吃饭之间张力的影响。如此看来，集体化时期的征地制度自然会受集体化生产的影响。[②]

1951 年 2 月 14 日，市人民政府根据《中华人民共和国土地改革法》和《城市郊区土地改革条例》发布命令：在 D 市郊区实行土地改革。土地改革从 1951 年 1 月中旬开始，到 1952 年上半年基本结束。[③] 土地改革是韩丁（Hinton）所说的中国共产党以群众运动的形式完成的一次"翻身"运动，"焚旧证、发新证"便是土改运动的重要表现之一。D 市郊区共发出土地使用证 29841 张，土地所有证 5797 张（土改中未没收和征收的农民私有土地房屋）。[④] 使用证张数和土地所有证张数的差别表现了土改的意义在于将来生产形式的进一步变化，即农民自有土地生产向集体所有生产的变化。土改后，部分分得土地的农民经引导逐步组织起临时性、季节性和常年性的互助组。1952 年年底，超出单纯劳力、畜力互助范围，涉及技术、供销方面的常年性互助组开始普遍。1953 年根据《关于发展农业生产合作社

---

① 当然这并不意味着，只要集体化生产意识在当下存在，就可以将我们划入集体化时期。

② 中国的集体化生产并不完全是负面的影响。斯考切波（Theda Skocpol）比较了苏联和中国之间的发展道路和模式，认为苏联以重工业为主，在城市化、薪金、等级、教育等诸多方面造成了明显差异，农民的角色被定为在提供农业剩余及剩余劳动力。虽然中国模仿苏联，但有所不同，它既重视工业，也强调农业和轻工业的发展。城市化是一种滞后状态。保持和缩小了城乡间的收入、等级，以及社会地位上的差异，农民和农业没有被抛弃。上述差异意味着中苏两国的发展具有不同的组织形式。苏联是一人制的专家管理，中国坚持了群众路线。中国虽然也有农业集体化经历，但是不像苏联那样，它没有制度化，也没有简单地将集体化作为剥夺农业剩余的单一手段。中国当时采取了群体组织和刺激，有来自城市的建议和专家，动员农民从事农业和地方工业化计划，以允许农民逐步改善他们的生活，甚至允许他们生产、保留剩余产品，并且同意他们再投资社会服务和生产计划。总而言之，苏联和中国在意识形态、策略、社会经济和政治组织方面都存在重要差异。实际上，上述结论也体现在新中国成立后改革前的征地中出现的开会难、房荒等方面。参见 Theda Skocpol, "Old Regime Legacies and Communist Revolutions in Russia and China", *Social Forces*, Vol.55, No.2 (December 1976), pp.284-315。

③ D 市土地管理志（1991 年），第 225 页。

④ D 市土地管理志（1991 年），第 226 页。

的决定》,在全市农村开展了农业合作化运动,发展以土地入股、统一经营为特点的初级农业生产合作社,并结合实行了粮食的统购统销政策,随着国家城市发展建设的需要,1956 年年初,D 市郊区所有初级社全部转为高级社,从而形成了以土地和主要生产资料公有化为特征的社会主义性质的生产合作组织。至此,经过人民公社时期,到现在,农村已不存在私有土地。这一状态在《宪法》条文上被规定了下来,“农村和城郊区的土地,除由法律规定属于国家所有的以外,属于集体所有”。也就是说,农村在人民公社制度退出历史舞台后,虽然通过施行联产承包责任制使农民分得土地,然而并没有动摇农村不存在私有土地这一法律事实。

既然集体化生产过程如此依次展开,那么在集体化生产体制下,征地制度表现出了什么样的问题呢? 就征地和农民这方面看,集体化时期的征地基本上和解放初期征地表现出的问题相似,就征地管理来看,建设单位申请征用手续与《国家建设征用土地办法》的有关规定基本一致,只是征地审批权限有比较明显的变化①,即使 1982 年 5 月 14 日《国家建设征用土地条例》公布,相应地取代沿用了近 30 年的《国家建设征用土地办法》后,也不过是修改了补偿标准,而原则未变。②

(四) 转型经济时期的征地变革

中国的土地制度在 1949 年以后一直处于不断调整中。土地调整涉及三个主要方面:(1)对农民的承诺。中国共产党站到农民一边,占人口大多数的农民终于成为一个有力量的阶级,于是社会分化表现为农民阶级与地主阶级的对立。土改使中国共产党获得了前所未有的合法性,同

---

① D 市土地管理志(1991 年),第 301—306 页。

② 严金明:《大陆征地制度:历史演变、问题评析与制度改革设计》,《海峡两岸土地利用研讨会论文集》2005 年。

时也使它担负起了对农民的承诺责任。(2)土地政策适应国家工业建设而改变,土地经营形式是合作制。农村生产不论是先合作化,还是后承包责任制,在一定程度上都是适应城市工业化需要的策略。(3)土地上的权利博弈。在土地权利方面,国家对农地的态度有一个变化过程,从不允许出租到使用权可以合法转让。这三个方面的内容交织在一起,构成了土地制度变革的一体两面,即:它们既是变革的动力,也是变革的表现。这三个方面是从土地制度的自身发展逻辑来界定的。对这一逻辑的进一步理解则需要把土地制度的发展嵌入进更大的社会变迁过程中去。同样,当我们理解征地制度时会发现,理解征地制度只是其中一步,还应把征地制度放到更大的结构中去思考。所以,这里谈论的转型经济时期便有着特别的意义,因为,通过了解它,可以把握住征地制度变迁的情境,以及变迁的特征。由于在前面部分,我们谈论过转型经济时期这个阶段的总体状况,这里就不再赘述了,这里要做的是通过分析与征地相关的法律法规变化,试图概括一下这一时期征地制度变革的特征。

1. 地方越权批地

从1950年到1980年的30年期间,在社会主义国家发展战略下,地方征地主要是根据国家所需进行实施。进入转型经济时期,中央下放某些决策权,实行财权分权,改革干部评价体系①,“去中心化”趋强②,国家能力开始下降③,“地方政府被授予更多控制本地经济活动及分配经济成果的权力”④,比如在征地出让土地的资金分配比例上,中央与地方之比

---

① 熊自建:《中共〈深化干部人事制度改革纲要〉的颁布与推行》,《问题与研究》2002年第3期。

② Susan H.Whiting, *Power and Wealth in Rural China: The Political Economy of Institutional Change*. Cambridge Univesity Press, 2000.

③ 王绍光、胡鞍钢:《中国国家能力报告》,辽宁人民出版社1993年版。

④ [美]托尼·塞奇(Tony Saich):《盲人摸象:中国地方政府分析》,《经济社会体制比较》2006年第4期。

是3∶7。特别是进入20世纪90年代以来,“地根”意味着“银根”,地方越来越放肆撬动着“地根”。D市1980到1990年11年间,共征用土地106154.00亩,年均征地9650.40亩,其中耕地74177.30亩,菜地11825.00亩,耕地占总征地的70%,菜地占总征地的11%,两项优质土地占总征地的81%,农转非人数合计60323人。① 90年代以来,开发区热和房地产热带来的“圈地”,从1997年到2002年年末,D市耕地减少了9.06万公顷,也就是说,短短的五年时间,D市的耕地面积已经减少了906平方公里,而D市主城区边上的某县土地面积才912平方公里。② 随征地冲动而来的自然是地方政府的越权、越程序批地。早在1990年1月,当时的国家土地管理局就向国务院呈报了《关于部分地方政府越权批地情况的报告》,指出“部分地方政府无视《土地管理法》的规定,越权非法批准占用土地,形式和手段多样化。有的是政府直接发文;有的是政府领导集体决定,主管领导签发,由部门发文;有的是部门在其政府领导默许或口头同意下越权批地;有的将一个项目的用地‘化整为零’多次审批,使非法行为‘合法化’”。

2. 制度强制性趋强

首先,从宪法的变化看,征地制度强制性增强经历了两个阶段。第一阶段是贯穿始终的国家制度建设阶段。新中国成立后,虽然《五四宪法》(1954年9月20日)第八条规定:“国家依照法律保护农民的土地所有权和其他生产资料所有权”,但是,随着集体化生产的推进,在全社会基本上树立起了土地国有的观念。1978年宪法其实是对土地国有观念的再次制度化,其第六条规定:“……矿藏,水流,国有的森林、荒地和其他海陆资源,都属于全民所有。国家可以依照法律规定的条件,对土地实行征购、征用或者收归国有。”第二阶段是社会变化阶段。随着改革开放的逐

① D市土地管理志(1991年),第315页。

② 《D市圈地调查》,《中国经营报》2003年11月。

渐深入,农户经营越来越个体化、原子化,国家力量和市场力量日渐增长,集体经济组织力量则有普遍下滑的趋势。征地对农户来说日渐不利。1982 年 12 月 4 日通过之《宪法》第十条规定:“农村和城市郊区的土地,除由法律规定属于国家所有的以外,属于集体所有;宅基地和自留地、自留山,也属于集体所有。国家为了公共利益的需要,可以依照法律规定对土地实行征用。”在 1988 年 2 月 28 日的《中国共产党中央委员会关于修改中华人民共和国宪法个别条款的建议》中体现出了社会经济的变化:“根据几年来经济体制改革和对外开放进一步发展的实践,中国共产党中央委员会提出修改《中华人民共和国宪法》的个别条款的建议:一、在《宪法》第十一条的原文后增加一款:‘国家允许私营经济在法律规定的范围内存在和发展。私营经济是社会主义公有制经济的补充。国家保护私营经济的合法的权利和利益,对私营经济实行引导、监督和管理’。二、《宪法》第十条第四款:‘任何组织或者个人不得侵占、买卖、出租或者以其他形式非法转让土地’。修改为:‘任何组织或者个人不得侵占、买卖或者以其他形式非法转让土地。土地的使用权可以依照法律的规定转让’”。这就是说,市场对土地的影响作用明显。这种作用对于被征地方来说,可以称之为一种另类强制。为什么是一种另类强制呢?很明显,土地的交易权主要还是在国家手中,而不是农户手中,甚至也不在农村集体经济组织手中。所以可以称之为一种强制。1999 年 3 月 9 日《宪法修正案(草案)》说明第四条规定:关于《宪法》第八条第一款,增加规定:“农村集体经济组织实行家庭承包经营为基础、统分结合的双层经营体制”。相应地删去“家庭联产承包为主的责任制”的提法。统分结合的双层经营体制,是指在农村集体经济组织内部实行的集体统一经营和家庭承包经营相结合的经营体制,家庭承包经营是双层经营体制的基础。在《宪法》中对家庭承包经营为基础、统分结合的双层经营体制作出规定,有利于这一经营制度的长期稳定、不断完善和农村集体经济的健康发展。由此可见,国家在农户在土地上的自主性上是采取了限制的方式。在2004年的《宪法修正案》第二十条中,再次对土地条款作了改动。"《宪法》第十条第三款'国家为了公共利益的需要,可以依照法律规定对土地实行征用。'修改为:'国家为了公共利益的需要,可以依照法律规定对土地实行征收或者征用并给予补偿'。"这一改动一方面平衡了农民这一方的利益,另一方面,也间接反映出土地的农业生产价值逐渐让位于土地的商业价值。

其次,从土地法的变化看。(1)就征地与补偿的关系来说,一方面是补偿规定从无到有,另一方面是征地对象统一化。1986年6月25日通过的《土地管理法》的总则中没有征地后要补偿的规定。1988年的第一次修订开始有突破,其第二条增加了"国家依法实行国有土地有偿使用制度。国有土地有偿使用的具体办法,由国务院另行规定"这一条。1998年8月29日修订通过的《土地管理法》的总则第二条又出现变化,对征地目的和使用前提作了限定,"国家为公共利益的需要,可以依法对集体所有的土地实行征用。国家依法实行国有土地有偿使用制度"。2004年,《土地管理法》第二条第四款修改为:"国家为了公共利益的需要,可以依法对土地实行征收或者征用并给予补偿"。这次修改去掉了"集体所有的土地"这个征地对象,泛化为一种普遍性原则。① (2)从征地实施的程序看,协议征地变成了公告征地。协议征地时,由用地单位和农民讨价还价;实施公告征地后,由国土部门代表政府直接去征地,政府高度垄断土地一级市场,原有的农村土地拥有者和最终获得土地的城市新使用者之间,并不进行直接的谈判和交易,地方政府垄断着农民集体土地从征地到供地的全过程。②

3."计算性"日益明显

在新中国成立初期以及集体化生产时期的征地,虽然也存在开会难、

① 参见李平、徐孝白:《征地制度改革:实地调查与改革建议》,《中国农村观察》2004年第6期。

② 参见中国土地政策改革课题组:《中国土地现状解密:土地财政与地方政府》,《财经》(每周特稿)2006年2月20日第4期(总第153期)。

安置难、房荒、地荒等问题，虽然农民有时纠缠于青苗等补偿费，那不过是作为一种策略，也就是说，征地补偿本身还只是一个附属于安置的问题，因为那时的征地名副其实地是“以土地换就业”。土地改革后，农村留有机动土地，被征土地的农民在保留的机动土地中另调剂土地。农业合作化和公社化以后，征地补偿费发给农业社或公社，农民的安置由农业社或公社解决。[①] 也就是说，1980 年以前，用地单位不负责解决被征土地农民的安置问题，安置主要由政府负责，在计划经济时代这一问题，政府一统到底，比较好地处理了这一生产、生存问题。

进入转型经济时期后，政府越来越采取货币补偿包干的形式，这时，补偿本身便意味着安置。补偿过程中，征地和被征地方越来越重视钱的多少了，标准“计算”成为了事情的焦点。因为双方心中各有一杆“秤”，虽然大家都在计算，但是对补偿标准的争议是越来越大。政府的那个标准带有普遍性，而农民的那个标准要复杂些，带有明显的地域性和效用性。[②] 比如 D 市 S 县在征用土地标准制定上不仅规定了土地地区分类标准，而且每类地区土地补偿费、安置补助费标准根据人均占地亩数划分为 8 个层级，而人均耕地数量等于确权发证的耕地面积与 0.5 倍非耕地面积之和除以农村集体经济组织总人口。这样的分配产生重大认识误差，

---

① D 市土地管理志(1991)，第 314 页。

② 早期的一般交往形式，比如声望(prestige)和影响(influence)几乎完全依靠于生活世界，但是比其他的交往形式依赖性要低一些。现在的控制媒介(steering media)作为一般交往形式并不依赖生活世界。控制媒介含有它自己的意义，它们的运作不需要正当性宣称。最明显的例子莫过于货币。货币传递关于交换的信息，这种交换含有一套固有的优先结构，所以，接受或拒绝并不与任何批判性的真理宣称过程相关。货币不便参照生活世界以定义商品怎样被交换。货币通过市场机制协作行动。市场机制依赖于每个行动获取更多货币的一般化动机。通过货币协作行动很可能是一种一臂之遥的互动。这种互动是比较微弱的(thin)。因为价格、数量不需要更多意义交换。相比之下，嵌入式行动则是厚重的(thick)，交换中有更多的意义因素。二者的区别不在于一个运用控制媒介，另一个不运用，差别在于，一臂之遥的互动只运用控制媒介，而嵌入式行动还有其他的一般交往方式以及充分的生活世界资源去协作行动。

在政府那里,它认为自己照顾了弱者,做到了公平。然而,在农民却不是这样想的,比如C村农民认为,土地分到户以后,搞得是“生不增加、死不减少,它那样一平均,受不了”。很显然,征地的货币安置过程中存在着帕累托意义上的“逻辑—非逻辑”矛盾。

意大利社会学家帕累托曾对“社会平衡要求一种整体的情感”加以论证,他认为,这种情感如果不是反逻辑的,就是非逻辑的。[①]“逻辑—经验”表明的是科学真理,剩余物与派生物的分类对应的是人性的基本情感,它们指向的是效用。真理和效用是一对现实矛盾,一个社会如果不能把二者有效结合,可能会导致出现裂痕、动荡。对此,雷蒙·阿隆指出,“今天的人类,比起过去几个世纪来,更重视逻辑—经验思维”,但是,“扩展非常缓慢”,“一方面,这个进步并未最终获得,另一方面,人们不能,甚至在想象中也不能把它无限延伸”,事实上,“一个完全按照逻辑—经验思维办事的社会事实上是不可能想象的”[②]。

所以,按照逻辑—经验思维办事的货币安置方式有着两个明显问题,一是安置标准不一,二是一次性补偿费终究有限。一旦用完或使用不当提前用完,如果赋闲在家,又无土地耕作提供生活资料,则失地农民维持生计就非常难了。

三、为什么说“规范”多了

在本章,我们从生产的视角粗略描述了征地制度的变革过程。在这

① 参见[法]雷蒙·阿隆:《社会学主要思潮》,葛智强、胡秉诚、王沪宁译,上海译文出版社2005年版,第279页。

② 参见[法]雷蒙·阿隆:《社会学主要思潮》,第300页。

一变革过程中，我们看到，当前的征地制度呈现出这么三个特征：

(1)欠缺互惠性

在新中国成立初期和集体化生产阶段时期，征地补偿基本上是以"土地换就业"的形式来实现的。这一补偿形式是同社会主义国家的国家建设、计划生产联系在一起的，征地服务于国家建设需要。由于被征地农民的后顾之忧基本上得到国家解决，也由于国家征地始终考虑了农业生产的再组织，所以，这一阶段的征地制度体现出一定的互惠特征。① 然而，因为这一时期的农村制度、土地制度在生产上总的来说是从属于城市的工业化生产，所以，这一阶段的征地制度虽具互惠特征，但是居于强制性之下，处于第二位。在转型经济时期，因为农业生产重要性明显下滑，加上农民生活状态日益个体化、单子化，而征地服务城市工业化

① 一般认为，关于互惠的讨论有两种解释：经济的解释或非经济的解释。米歇尔·鲍曼指出的是一种经济解释类型，他在《互惠性与规范》一章中强调，只有当规范制定者在与他人的关系中支配一定权力时，他才有机会实现自己要求他人遵守规范的愿望，但是，在经济世界中支配某个人的权力的可能基础以及可能的权力手段都明显受到限制，原因在于影响理性效用最大化者行为方式与决定因素明显受到限制。通过教育使规范"内在化"或者让道德"信念"等在经济世界中成为行为决定因素。在经济行为模型的前提下，有效的行为决定因素只可能是行为各自可能产生的后果以及它们的主观效用价值。与之相反，莫斯指出的是一种非经济解释，他通过考察初民社会的礼物交换，认为个人或群体的送礼、收礼和还礼是一种"互惠性"社会现象，代表的是"完整的社会事实"，反映了社会生活的方方面面，即它们不仅仅是追逐利益的商业行为，而且还是一种涉及社会道德、宗教、法律等方面的现象。在这两种极端解释之外，还有一种以帕森斯为代表的折中类型解释。帕森斯"根据行动参照框架分析各个社会系统"的社会理论既看到了经济交换在现代社会中的普遍性，也看到了政治权力组织的重要影响，因此，讨论互惠时，应当和强制联系起来思考。后来讨论互惠的学者，比如古尔德纳、奥克森等人虽然和帕森斯有不同意见，但总的来说，路径大体相同。参见[德]米歇尔·鲍曼：《道德的市场》，肖君、黄承业译，中国社会科学出版社 2003 年版；[法]马塞尔·莫斯：《礼物》，汲喆译，上海人民出版社 2005 年版；Alvin W. Gouldner, "The Norm of Reciprocity: A Preliminary Statement", *American Sociological Review*, Vol.25, No.2 (April 1960), pp.61－178; James D. Westphal, and Edward J. Zajac, "Defections from the Inner Circle: Social Exchange, Reciprocity, and the Diffusion of Board Independence in U.S. Corporations", *Administrative Science Quarterly*, Vol.42, No.1 (March 1997), pp.161－183; Talcott Parsons, *The Social System*, p.vii。

发展状况没有转变,结果,征地对于农民的强制性随着经济的发展,反而加强了。

(2)利益相关者偏离了制度价值取向

就整个征地制度的目标而言,征地是为了增进整体社会福利。也就是说,征地过程中的农民、国家、企业都应该获得增量福利,然而现状却是,形象工程、GDP 指标增长等要求与征地制度的总体目标相悖,因为形象工程和单纯 GDP 增长都是和“生计生产”背道而驰的,最后的结果是发展的代价由农民来承担。

在征地过程中,中央政府、地方政府、企业、农民是利害关系方。在集体化生产时期,它们相互间存在着互惠关系,大致都认同国家建设的这一重要目标。进入转型经济时期,“公域”和“私域”有所划分,“争利”成为行动者的主要取向,国家建设这一目标担当的认同功能开始削弱,将何种发展价值作为共识成为发展中的重要问题。① 虽然征地制度在法律设计上规定了为公共利益而征地并给予补偿,但整个制度仍是以国家建设为目标,所以为公共利益征地的制度设计有许多缺陷和限制。比如没有区分公益性用地和经营性用地、公共利益指称不明确等。

在征地即意味着利益分配的情况下,土地就不仅仅是一个生活或生产资料问题了,对农民来说,它意味着所有的一切,具有极大的丰富性,它包含了性别、年龄、门第、族群、成就、制度、规则、成就等多方面内容。同时,农民这一身份自身也在发生变化,他们甚至认为自身的特性也应该得

① 由于认识到经济发展作为单一发展价值,有很大的局限性,所以,不仅有学者提出要以公正作为发展的价值,而且政府也适时提出要坚持“科学发展观”。参见景天魁:《作为公正的发展》,《社会科学战线》2003 年第 6 期;中共中央宣传部理论局:《科学发展观学习读本》,《人民日报》2006 年 7 月 19 日(第 8 版)。

到补偿[①],也即是说农民的正义观也发生了很大变化。

戴维·鲁宾施泰因(David Rubinstein)在《社会中的正义概念》一文介绍了关于正义的两类观念,一类是霍曼斯模型,即投入—回报模式。这种模式直接根源于经典社会学家,比如洛克的“财产获得—劳动”模式,涂尔干的个体情感对于社会情感所具有的价值模式,斯宾塞的“行动—结果”模式,以上模式被称为单项的正义模式。另一类模式是多项的正义模式。这类模式认为正义模式可能是个多选项,除了成就、应得权利外,可能还有门第、性别、年龄、种族、需要等先赋性变项在起作用。[②] 应该说,这两类模式在任何社会都有,但是,如果从历史的进程来看,西方社会似乎经历了一个由先赋性分配正义模式向成就、市场分配正义模式的转换过程。也就是说,随着社会发展,劳动需要(work-need)、精英(meritocracy)以及赋予的权利(entitlement)越来越成为分配正义的三种主要模式。在我们社会,似乎多项正义模式是比较突出的,但更为重要的是,先赋性中的官僚制影响因素是非常重的,在我们的语境里面“认命”和“不认命”是两种现实上的极端主义选择。中国过去的历史业已表明,公平观念是没有的,平等观念似乎有一些。在转型经济阶段,市场分配与先赋性分配共同加剧了贫富差距[③],在这种情况下,征地制度上实现多项分配

---

① 正如布希亚(Jean Baudrillard)对农民的性情作的描述那样,“这种懒惰的本质是农民式的。它的基础建立在一个功劳补偿和‘自然’平衡的感情上。从来不要做太多。这是一项慎重和尊重的原则,对象是工作和土地的对等:农人有所付出,但是是由土地和神祇来给予所余之物:(那是)最本质必要的。这个原则尊重的是那些并非由工作而将永远不会由工作而来之物。……不论事情如何,我也不会去改变它。我憎恶我身边市民们的扰攘活动,他们的主动积极、社会责任、野心、竞争。这些是外源的、城市的、有竞争力的、有表现的、自命不凡的价值。这些是工业文明的品质。懒惰呢,则是一个自然的能量”。[法]布希亚:《物体系》,林志明译,上海世纪出版集团 2001 年版,“译序”第 5—6 页。

② David Rubinstein,“The Concept of Justice in Sociology.” *Theory and Society*, Vol.17, No.4 (July1988), pp.527-550.

③ 孙立平:《社会转型:发展社会学的新议题》,《社会学研究》2005 年第 1 期。

正义模式仍是很重要的。不仅如此,只有从劳动需要(work-need)到赋予的权利(entitlement),再到精英(meritocracy)等的秩序排列,才可能比较好地反映目前的生产情形。

(3)给予"承诺"的制度化程度比较低

中华人民共和国成立后的土地制度是和国家的工业化建设战略相一致的。征地制度作为土地制度的一个组成部分,也反映了这种发展战略。从生产、分配关系看,我国的工业化发展采取的是"高积累、低消费""城乡有别"的战略。集体化生产时期的被征地农民大多能够转换为城市工人,享受到城市福利。然而,到了转型经济时期,社会条件发生一些变化,农民进入城市的机会增加了,同时城市国有企业大规模裁员使农民放弃了通过成为"城里人"获取稳定的想法。由于征地农民也看到"支撑中国过去若干年里经济社会稳定的方针,已经因资源枯竭而将告终"①,所以他们现在重视的是补偿的钱和地价的增加差距有多少,或者当地政府能否解决低保和医疗,而不像以前一样关注生产如何继续搞下去。

简而言之,由于征地和农民生产间的关系在转型经济时期发生明显的断裂,关于征地的法律法规在应对土地问题上表现出规范供给过多的特征。虽然关于征地的立法不少,但对解决征地的实际问题,即对解决农民征地后如何发展生产这个问题用力不够。

① 程晓农:《全面制度创新适应经济全球化——二十一世纪中国面临的挑战》,《开放时代》2001年1月号。

第四章　征地制度的风险（下）：规范补偿不足

跟过去收粮一样，征地也是一件令人烦心的事，它也必须“要发扬千言万语、千辛万苦、千山万水、千方百计之精神”，才可能完成。收粮基本上是大家都知道的规定，农民知道自己的责任和义务，地方政府总可能通过“软硬兼施”的方法去实现目标而不损害自己的合法权威。[①] 然而征地却与收粮存在很大的区别，因为地是农民的命根，如果征地是为国家建设（高速公路等明显大型公用事业）用，政府通过自身合法性以及通过适当公允地安排，农民虽然不乐意，但往往还是认了。但是，如果征的地是为地方（企业）所用时，农民基本上就是一种抗拒和不合作。实际上，农民的抗拒和不合作不是没有理由的，因为这类征地行为往往有违规的嫌疑。所以，这类征地如果没有从被征地方的欲求出发，地是很难征下去的，即使征了，也必定是一个复杂的过程。在本章，我们通过一个具体的征地案件发现，现行的征地制度对于被征地方的实际困难和未来发展并没有做出比较好的安排，这种规范补偿的不足在客观上为征地各方提供了博弈

---

① 参见孙立平、郭于华：《“软硬兼施”：正式权力非正式运作的过程分析》，《清华社会学评论》（特辑），鹭江出版社2000年版，第12—46页。

的机会。

一、H 区域总的生产交往状况

地处西南 D 市西南山区的 S 县城在全国整体经济发展背景下表现出了其相应的繁荣,两排新修的无数高楼沿着一条邻近跨省高速公路的城市大道相向排开,似乎无止境地在高速路口左右两侧伸延开来。乘坐当地的蓝色小面的沿着这条城市大道向北行驶穿过这个城市最繁华的街区,跨过两座大桥后继续向前行驶,破旧不堪的小面的可能会使第一次乘坐该车的人有一种不安全感,幸好车上也有其他赶路的人,而且也幸好路程不到 10 分钟,便很快地从坐拥三星级酒店、伴有别克等豪华车巡游的现代化城市转到了似乎还处于 20 世纪 80 年代初的 H 区域。我们所要调查的事件就发生在这一区域(见图 2)。

这个点的位置似乎处在施坚雅所说的中国中西部乡村市场网络结构的集镇位置点上。就功能而言,H 并不简单地是一个市场交易的中心点,因为在这里,除了市场,还有众多茶馆散布在这个小镇上,茶馆大概有 10 余家,茶馆数量是和集镇周围行政村的数量大致对应的,而且,差不多每个茶馆的常客都对应着某个特定村的村民。村民把自己的农家产品——鸡、鸭、蔬菜等卖了以后,或者在购回了生活用品(除常见的油盐酱醋、卫生用品外,还要购买用来与外界联系的手机充值卡或长话 IP 卡等)和生产资料(种子、塑料薄膜等)后,如果有点时间,都会到茶馆里坐坐,交上 5 毛钱,便可以在茶馆里捱过半天时间,天热可以避一下热,天冷则躲一下寒风,但是,最为重要的是交换一下与之相关的信息。我们在一家由已解体供销社的退休人员开的茶馆里听到两个农民的两段谈话。

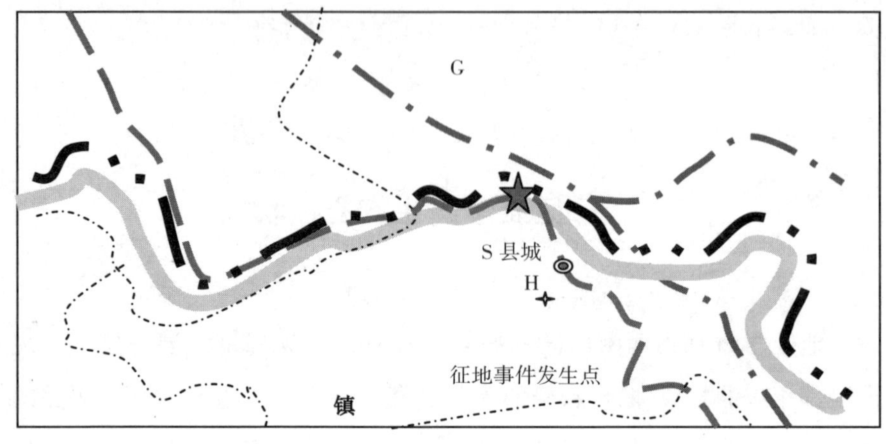

图 2　G 镇区域图及其事件发生点示意图

A："你还不赶紧去办身份证，现在统一办，如果你以后自己办，钱可能要贵得多，那个东西还是要办的，出去做活，没得它不行。"

B："我们村选村长，去投一票给一块钱，听说是由镇里拿钱，我们是不可能去竞选的，要选村长、书记，还是要镇里有人才行。"①

如果这样来看，集镇就不单是个物资交换市场了，它是农村社会流动性的凝聚，是农民生产交往的产物。与生产交往结伴而行的便是反映马克思所说的社会存在的社会意识。按照通俗的语言来说，就是人们"吃什么饭，说什么话"。那么，这个集镇的总体生产交往情况如何呢？

H 位于县城北部，北距县城 5 公里。清末民国初，隶属 Z 里管辖，民国十九年(1930 年)实行乡镇保甲制，新中国成立后，一直属于城市郊区，在建制上，1993 年以前为乡，1993 年撤乡并镇，归 G 镇管。该乡当时共 10 个村，84 个村民组，辖区面积 31.45 平方公里，耕地面积 11496 亩，其

① 茶馆访谈笔录(2005 年 12 月 12 日上午 10 时)。

中田 7214 亩,土 4282 亩。1993 年年底,乡管 4238 户,15443 人,每人平均占有土地 0.74 亩,不到一亩地。H 乡的农村经济以农业为主,新中国成立初,由于沿用传统农业耕作,看天吃饭,粮食产量不高,亩产约 200 公斤。1952 年土地改革后,粮食产量有所提高,但不明显。从合作化到人民公社化时期,土地实行了集体经营,产量因以高指标、瞎指挥、浮夸风和"共产风"为主要标志的"左"倾错误的影响而严重下滑,社员的基本口粮从 1951 年的 458 斤下滑到了 1960 年的 136 斤,1961 年为 177 斤,后来虽然有所恢复,社员的基本口粮也就是保持在 300—350 斤之间。[①] 1968 年,动工兴修了水库及引水渠道配套工程,且在 1970 年推广了科学种田,改革耕作制度,选用了良种杂交水稻、优质玉米、红苕、小麦等后,粮食产量有了很大提高,亩产达到了 500 公斤以上。[②] 文才军[③]对我们说:

> 由于我们这里有水库,干不到,把秧苗扔下去,不用施肥,随随便便都长得起来,我们这里八十年代的时候,都已过了龙纲(注:亩产 800 斤以上)。

虽然 S 县的农业经济收入因改革开放所释放的农业产量得到了一定提高,但是,因为农村税费的原因,农民要想把生活过得稍微好一点,还得从事副业或者到外打工。农村税费在中国是个大问题,在取消农业税前,这里的农民每年按人头要交 45—50 元,对于一个农户家庭来说,的确是一笔不小的负担。我们从本地政府的一张统计表(见表 2)可以详细看到落到每个农民头上的是哪些负担细目。

---

① 《S 县粮油志 1911—1981》(内部刊物),1984 年 9 月版,第 164—165 页。

② 《G 镇志》(内部刊物),2006 年 1 月版,第 59—61 页。

③ 一个被征地户化名,征地过程的熟悉者,笔者的访谈对象。

表2 G镇九九年村提留镇统筹研究方案表①

<table>
<tr><th rowspan="3">级别</th><th rowspan="3">编号</th><th rowspan="3">中级标准</th><th rowspan="3">九八年镇计提标准</th><th colspan="2">九九年度</th><th rowspan="3">备 注</th></tr>
<tr><th>45</th><th>40</th></tr>
<tr><th>县定/拟定</th><th>县定/拟定</th></tr>
<tr><td></td><td>1</td><td>公积金</td><td>8</td><td>8/7</td><td>6/4</td><td>由村管理使用</td></tr>
<tr><td></td><td>2</td><td>公益金</td><td>2</td><td>3/3</td><td>3/3</td><td>由办事处统一集中</td></tr>
<tr><td></td><td>3</td><td>管理费</td><td>12</td><td>11/12</td><td>11/12</td><td>由村管理使用</td></tr>
<tr><td></td><td>(1)</td><td>村社干部补助</td><td>8</td><td>7/8</td><td>7/8</td><td>办事处考核村干部，并确定标准</td></tr>
<tr><td></td><td>(2)</td><td>村办公费</td><td>2</td><td>2/2</td><td>2/2</td><td></td></tr>
<tr><td></td><td>(3)</td><td>报刊费</td><td>2</td><td>2/2</td><td>2/2</td><td></td></tr>
<tr><td></td><td></td><td>小计</td><td>22</td><td>22/22</td><td>20/19</td><td></td></tr>
<tr><td></td><td>4</td><td>统筹费</td><td>23</td><td>23/23</td><td>20/21</td><td></td></tr>
<tr><td rowspan="8">镇统筹</td><td>(1)</td><td>教育附加</td><td>12</td><td>11/12</td><td>9/12</td><td>镇集中4元,办事处8元</td></tr>
<tr><td>(2)</td><td>计划生育</td><td>1</td><td>1/1</td><td>1/1</td><td>镇集中0.5元,办事处0.5元</td></tr>
<tr><td>(3)</td><td>民政优抚</td><td>3.5</td><td>4.5/4</td><td>4.5/4</td><td>镇集中3.5元,办事处0.5元</td></tr>
<tr><td>(4)</td><td>民兵训练</td><td>1.5</td><td>1/1</td><td>1/1</td><td>县武装部0.2元,镇0.5元,办事处0.3元</td></tr>
<tr><td>(5)</td><td>交通费</td><td>3.5</td><td>4/4</td><td>3/2</td><td>镇集中3元,办事处1元,用于改善大产业交通条件</td></tr>
<tr><td>(6)</td><td>卫生费</td><td>0.5</td><td>1/0.5</td><td>1/0.5</td><td>镇集中0.2元,办事处0.30元</td></tr>
<tr><td>(7)</td><td>文化宣传</td><td>0.5</td><td></td><td></td><td></td></tr>
<tr><td>(8)</td><td>农民负担管理</td><td>0.5</td><td>0.5/05</td><td>0.5/0.5</td><td>镇集中0.3元,办事处0.2元</td></tr>
</table>

① 《G镇人民政府一九九九年农民负担管理的意见》,S县档案馆:205全宗第62卷。

续表

<table>
<tr><th rowspan="2">级别</th><th rowspan="2">编号</th><th rowspan="2">中级标准</th><th rowspan="2">九八年镇计提标准</th><th colspan="2">九九年度</th><th rowspan="2">备　注</th></tr>
<tr><th>45
县定/拟定</th><th>40
县定/拟定</th></tr>
<tr><td rowspan="2">投工</td><td>1</td><td>义务工劳平</td><td>10</td><td>10/10</td><td>10/10</td><td rowspan="2">村根据公路及水利维修的需要分户核实,不出工的平均5元收取</td></tr>
<tr><td>2</td><td>积累工劳平</td><td>20</td><td>20/20</td><td>20/20</td></tr>
<tr><td colspan="7">1. 根据S委发(1999)10号文件确定:PL、PH、YL、GL等五个村执行人均40元的标准,其余各村执行人均45元的标准。2. 畜防费按G府(1999)13号文件执行。3. 植保费不计提。4. 基本水肥由各办公处根据各灌区内受益情况拟定指导意见,由村收取使用。</td></tr>
</table>

资料来源:G镇政府档案(1999)。

因此,在农业税取消以前,在日常的中国政治生活中,围绕农业税费产生了无休止的治理与反抗。比如该镇镇政府的一位重要的办事人员魏新桥告诉笔者,催款是一件大事,他说:

> 在2000年以前,我们这里的主要任务是"催粮催产、刮宫引产、打胎催款"。①

又比如该镇镇政府出台的G府(1999)51号文件就是关于下达一九九九年农业各税任务的通知,这一通知的以下内容也十分明显地体现出了农村因为征收税费产生的紧张原因:

> 各办事处:我镇一九九九年农业税、耕地占用税,契税收入任务(以下简称"农业各税"),前段时间已整理,经研究,现下发给你们,请抓紧时间落实、征收,并就有关问题通知如下:一、农业各税任务。

① 电话访谈魏新桥的笔录(2005年12月11日晚)。

农业税一律以调整后的任务征收,农业特产税本着各办事处的税派情况,已下达任务,必须加大征收力度,力争超额完成(在执行中认真考虑(98年)镇党委、政府对先锋工程户的免征时间界限),耕占税和契税应做到发生一桩征收一桩,不重不漏。二、加强农业各税的征管工作。农业各税的征管工作涉及千家万户,农业税继续施行实物征收、货币结算与征代金相结合,一些地方可加大征代金力度,在实物征收时应与粮站协调好结算办法,粮食部门应首先保证税款的扣缴入库。特产税应首先核准税源,通知纳税单位和个人,组织强有力的人员进行征收入库。总之,在农业各税征管工作中涉及面广,工作难度大,要发扬"千言万语、千辛万苦、千山万水、千方百计"之精神,各办事处应组织税干和村社干部形成协税网络,保证农业各税任务的完成。三、农业各税入库时间要求,农业税和特产税除有"强制性、无偿性、固定性"外,主要还有季节性之特点,所以农业税入库总的要求在九月底前全面完成(小春要求完成70%以上),其他税款应一月一次上解入库,决不允许拖欠和挪用各项税款。四、农业各税考核。农业各税的征收入库事关重大,它关系到国家机器的正常运转,关系到社会经济的协调发展,也关系到各级政府的财政收入。所以,农业各税的征收入库进行单项考核,望各办事处加强领导,各有关部门应主动配合,强化征管,确保农业各税任务的圆满完成。

如果一个家庭一家4口人,那么就得交上200元左右的税费,如果加上其他的,可能还不止这么多。所以,本地农民在农业生产之外一般都加强副业养殖或者外出务工以增补生活之不足,或者增加将来投资之积累。在这一点上,上述事实无疑证实了费孝通对中国农民生计活动之观察的正确判断。[①]

---

① 参见费孝通:《中国绅士》,惠海明译,中国社会科学出版社2006年版。

在H周围,有一个比较大的国营机械制造厂Y。Y厂人口有3800多户,一万三千余人①,厂史比较长,它是在抗日战争时期,从沿海内迁至这里,后来收归国有,在三线建设期间得到了比较大的发展,改革开放后,虽然经营效益有些下滑,但由于底子比较好,市场规模比较大,所以尚能够保持比较正常的发展态势。在这个小镇上,虽然在茶馆里很难看到该厂的工人(这是和农民活动区域的很大不同),但是在其他区域,不管是饭馆、面馆、菜市场、电话亭、狗不理包子店、发廊里,还是在大街上,到处都是该厂穿蓝色制服的工人在活动。如果将这里的农民和工人作个对比,便发现一处特别有意思的现象,相比处在光亮的工人,农民似乎只躲在茶馆这个暗处,农民在平时很少出现在市集上,但是一到市集的日子,蓝色变成了灰色和黑色的点缀,因为,附近的农民主要穿灰黑色衣服,也因为三班倒的工人赶场日数量肯定比不过从小镇周围各村涌过来的农民的数量。在平时则是蓝色压倒灰黑色。这里有两个原因:第一,小镇附近的农民逐渐变成了农民工人。据供销社茶馆的女老板介绍,

> Y厂现在的工人要好耍(闲)得多,绝大多数脏活、重活都是附近的农民在做,这些农民拿的钱比正式工要少得多。②

第二,小镇周围的农民流动比较大。据镇里干部介绍,附近农村的青年大概有80%在外打工。也就是说,附近农民的常住人口数量绝对地下降了。

综合以上因素看,小镇基本上是一个工业区。当地政府从发展角度考虑,把这一区域设立为一个工业园区。在这个工业园区管委会发布的招商广告上也介绍了这一园区对县域经济发展的重要性。

---

① 参见《G镇志》(内部刊物),2006年1月版,第60页。

② 茶馆访谈笔录(2005年12月12日晚)。

H 工业园区位于 D 市南大门的重工业区——S 县 G 镇，是 D 市出海大通道上新规划与批准设立的市级特色工业园区。加快 S 县 H 工业园区建设是 S 县经济建设的“一号工程”。园区提供多元化经营载体，企业可以选择投资建厂、租用标准厂房、购地建厂等方式投资兴业。……工业园区所构筑的立体化、大运量的铁路、公路、机场交通运输网络，必将为你带来极具潜力的发展机遇。……主要吸纳食品、汽车、摩配、玩具加工等产业，鼓励高科技产业、行业精品、知名品牌、外向型和出口加工型企业入驻。……项目前期工作情况，完成规划设计、土地审批。

很明显，地方政府在地方经济发展中扮演着明显的经营角色。正因为这一原因，在征地过程中，农民怀疑乡政府里有人腐败，是和厂商勾结起来把地给卖了的。在村民向上反映的《D 市 S 县政府违法强征农民土地的报告》（2005 年 5 月 27 日）一文中，他们反映，

作为一个普通小型民营企业，市政府为何要发文件为其征用大量基本农田，并制造文件，在银行贷款 8650 万元，谁为其担保？用什么作担保？

以上是小镇的总体生产交往状况。这种状况一方面表现为当地村民的散落，另一方面表现为现代工业生产咄咄逼人的态势。

二、吉广茂和他的工厂

虽然我们研究的征地一案就发生在上面所说的工业区内，但是这块

地却不在官方划定的 H 工业园区内。① 牵涉征地的主体主要有吉广茂的 F 厂、当地县乡政府,以及相关村民,并没有我们最初设想的工业园区以及作为自治单位的村民小组。这是因为,一方面工业园区目前还主要是个概念和蓝图,除了园区内原有的单位外,目前还没有单位正式进入;另一方面作为自治单位的村民小组在纠纷中,并没有表现出一致对外的行动,仅是由村民小组中几个比较有号召力的村民小群体、个别性的行动。这里先看吉广茂和他的工厂。

人在历史中留下的痕迹,是由他的组织来刻画的。吉广茂显然是这样一个人。此人发家致富的逻辑再现了当代经济精英的成长历程。在我居住的那间旅店中,我碰到了一位“江湖先生”(旅店女老板语),他告诉我,

> 吉广茂曾经是 S 县中学的老师,他当老师那阵子开了个水果店,后来看到别人做机械能赚钱,他就借学校的名义搞了校办机械厂,当时我在搞机床的时候,他还找我买了一台,可能他是老师的缘故,他认识很多 S 县 Y 厂当官的,那些当官的娃儿在那个学校上学的比较多,后来他以很低的价格以收废铁的形式向 S 齿轮厂买了好几大卡车配件,加上形势好,他就这样慢慢发起来了……②

据 S 县政府公布的公开资料看,吉广茂的厂成立于 1971 年,现在职职工 334 人,注册资金 100 万元,行管人员 28 人,资产总额 4089 万元,负债总额 3363 万元,年销售收入 2261 万元,年上交税金 82 万元……

吉广茂的厂为什么与征地相关呢?据《D 市国土房管局关于 S 县 F 厂建设项目征用土地调查核实情况的函》,这是因为,

---

① 虽然征的地不在官方划定的 H 工业园区内,但对于奉行发展主义的地方政府来说,基本上不存在什么空间界限。

② H 综合信用社旅店的茶馆笔录(2006 年 1 月 21 日晚 9 时)。

……实施建设征用土地的企业为S县F厂……，原是S县中学的校办企业，三年前改制为民营企业。改制后，该公司迅速发展，2004年总产值达7936.7万元，净资产3016.5万元；当年实现产值58866.8万元，利润313.5万元，上缴税金365万元。为此，该公司成为S县支持发展的重点民营企业，公司现有职工521人，其中解决农村剩余劳动力就业320人（征地所在村社C村、J村83人）。由于公司日益发展，现有生产能力已不能满足市场需求，急需扩大生产规模，进行技术改造，但该公司改制后一直在原址S中学校园内生产，受用地限制无法再扩展并进行技术改造，还影响了该校师生的正常教学，经有关部门批准搬迁。2004年初经S县有关部门审查通过了立项和规划选址审批。2004年4月22日D市人民政府以D府地

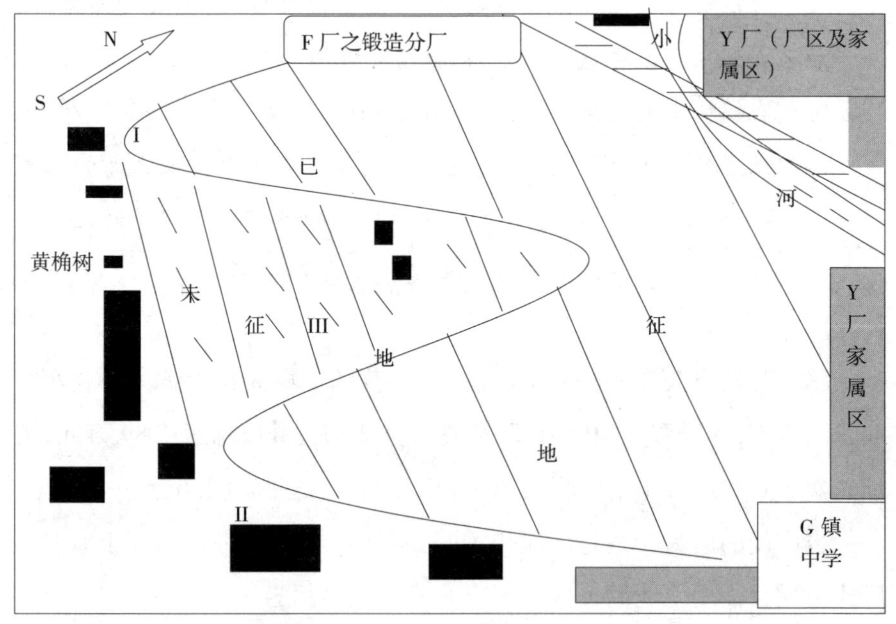

图例说明：1. 居民点　　3. 征地企业之锻造分厂

2. 国营厂厂区及家属区　　4. G镇中学

图3

[2004]518号批复,同意征用S县G镇C村一、四社,J村三、四社集体土地73.73亩(其中耕地71.229亩),作为该司技术改造搬迁用地。①

由于吉广茂的分厂位于这一区域(见图3),而且他的工厂的生产性质与前面所说的国营大厂的生产性质基本相似,所以,县政府可能是从产业带的发展考虑,也就让F厂迁往H区域。

三、皮是怎么扯起来的

当迁厂计划通过后,接下来便是征地。用地单位出钱征地,地方政府按照程序办事,为什么征地会扯皮呢?如果地方政府不按程序办事,那它为什么这么办,又是怎样办成的呢?面对这些问题,我们在调查中听到了不同的声音,有当地政府的、农民的、调查组的,说法不一。在以下的分析中,我们来看看上述各行动者的实践活动。据一位由D市下派到G镇的挂职锻炼干部的工作报告来看,

征地是困扰各个地区各级政府的难点问题,集中反映了发展与稳定的矛盾。镇级机关在征地过程中扮演的角色非常特殊,对这一矛盾感受最直接,压力最大。征地中,用地主体一般为企业,而征地主体一般为县级以上人民政府国土主管部门,镇政府不涉及征地权责,只是协助完成相关工作。然而,只有镇政府直接指导村日常工

① D市国土资源与房屋管理局档案馆1355c全宗。

> 作,因此征地宣传、量地、做农户工作这一系列直接面对农民的工作均由镇政府承担。农户甚至社会都误认为,征地就是镇政府行为。因此,征地拆迁中,镇政府一方面无条件执行上级政府交办的工作,另一方面又难以满足征地户各种要求。今年2月,发生在C村F厂的征地纠纷就是典型。从2004年5月28日镇政府接受任务到2005年5月27日牵头组织保护性施工,此次征地前后历时一年。这一年中,镇机关组织干部大规模宣传、做群众工作共20余次,出动人员数百人,甚至时常到户做工作至深夜。纠纷发生后,在艰苦细致的工作基础上,5月27日镇政府牵头组织人员350员(其中机关干部200名)进行了保护性施工,纠纷妥善解决。至此,184户征地户中仅有12户(其中3户不在家)未签字领钱,签字领钱户达93.5%。……传统生产生活方式维系了农民传统的思想观念,这其中影响最深的就是“不患寡而患不均”的思想。F机械厂征地纠纷的一大原因就是,农民无法接受政策中的“公平”思想,无法接受4个社4个补偿标准的政策执行。

上述报告基本上代表了镇政府的立场,就像该镇城镇建设和管理办公室的副主任魏新桥告诉我的那样,

> 我们是办事的,上面(县政府)把事情交代下来,叫我们啷个(怎么)办,就啷个(怎么)办。

这句话意蕴丰富,它不仅道出征地所涉及的利益格局,也说出农民之不满绝非简单的是农民自身的“不患寡而患不均”观念所致。

四、征地的社会过程

(一) 征地的时机

D 市国土资源与房屋管理局对 S 县 F 分厂和办公用房征(转)用土地请示作批复的时间是 2004 年 4 月下旬。这一时间不仅对于涉及征地的农民来说是个重要的时刻,对于中央来说,也是一个如何应对土地问题的关键期。在这一年,国家酝酿并出台了多条与土地相关的法律法规。1 月 9 日出台了《国土资源听证规定》,3 月 14 日颁布了《宪法修正案》,8 月 28 日颁布了修正后的《土地管理法》,10 月 21 日国务院又出台了《关于深化改革严格土地管理的决定》,11 月 2 日国土资源部出台了《关于完善征地补偿安置制度的指导意见》,次日,又出台了《关于完善征地补偿安置制度的指导意见》。

从上述法规颁布的时间来看,除国土资源听证规定和宪法修正案适用于 F 厂征地案外,其余法规均在 F 征地案被批准时间之后。如果说"通过时间来理解变化"①是一种方向,那我们怎么通过时间来理解 F 厂征地这一社会变化现象呢?显然,如果只是像上面的方式罗列时间来企图理解征地的时间问题显然是不够的。要实现这一目标大致有两个方向,一是从征地在总体生产状况的意义,即从生产状况的变化来理解征地,二是理解征地涉及的不同人群的状况是如何的,即试图理解征地之事是何以完成的。

---

① [英]彼得·奥斯本:《时间的政治——现代性与先锋》,王志宏译,商务印书馆 2004 年版,第 2—3 页。

（二）征地不止一回了

在这个区域，F厂其实不是第一回征地了。早在1993年它建造分厂时，就征过地了。在当时，村民就曾同F厂签订过《征地用工劳务协议》：

甲方：F分厂

乙方：H乡C村社员勾天德（户主）

身份证号码××××××××　年龄　53岁　性别　男

因乙方人员承包土地由甲方征用，经甲乙双方充分协商，达成以下劳务协议。

一、甲方同意招收乙方二人为长期临时工，被招工人员必须是经医院体检符合工厂招工条件者。

乙方人员进入甲方厂后，必须严格遵守劳动纪律，服从厂房工作安排，不得任意挑选工种；在工作中必须完成厂方安排的生产任务。乙方人员在工作中若有违反劳动纪律或其他违法行为的，甲方有权予以行政处分直至除名。被除名后不再照顾补员。

二、乙方人员若因健康原因不能继续工作，可由本户健康人员替换，但甲方不再付给被替换人员退职退休金。若本户没有符合条件者，则不再补员。

三、不论何种原因导致甲方不能继续经营，本协议即自动失效。

四、本协议经双方签字后生效。本协议一式两份，甲乙双方各存一份。双方所持协议具有同等效力。

甲方代表：×××　乙方：×××　一九九三年四月

注：×××暂不进厂，×××子女学习期满招入厂　吉广茂1994年2月27日。

2003年,F厂又用了地,但这次没有征地,而是和农民签订了《土地转包协议》:

甲方:S县F有限公司

乙方:×××(C村五社)

甲乙双方经友好协商,自愿达成如下协议:

1. 乙方同意甲方征用(转包)其在锻造分厂办公楼后面的土地,具体位置、面积以甲方现场放线、双方共同测量为准,甲方按三万元/亩的征地赔偿标准对乙方进行一次性征用土地补偿、土地征用期为30年,双方均不得提前终止本转包行为。

2. 甲方征用后,在所征场地内发生各类事故均由甲方负责,土地涉及各类上缴税费由乙方负责。

3. 甲方进行正式土地征用时,不再对乙方进行任何补偿。

4. 甲方承诺乙方或其直系亲属在符合甲方人员招收标准时,在本协议签订后招用为长期正式合同工,并按甲方各项规章、规定进行管理。

5. 本协议双方代理人签字后生效,本协议约定违约金五万元。

企业转向后,工人随厂走。

甲方代理人:×××　乙方代理人:×××

2003年5月17日

所以,算上这次征地应该是第三次征地了。前两次征地和此次征地有很大的不同,现在的整个征地,老百姓基本上不参与到征地程序中,而前面两次征地其实是老百姓与F厂私下谈判的结果。关于这一点,在征地所属村社干部为准备迎接上面调查组所写的《关于F厂征用地是村、社签字把社员的地签字卖了的情况说明》中对此有所说明。

……12月21日国土局，镇有关人员到H召开两村的被征地的村、社干部会，叫两个村的村、社干部必须签字证明被征的是C村一、四社的地，现在征地不是你们同不同意的问题，土地不是哪个人和集体的，都统属国家的。你们只是签这片地是不是C村一、四社和J村三、四社的地。我们签字证明这片地是C村一、四社和J村三、四社的地。我们就签了字。国土局说："我们征地程序合法，国土局可以把地交给F厂"，说明不是村、社把地交给F厂而是县国土局。从以上情况看，叫我们未签字证明是C村一、四社的土地以前，征地款就转到了信用社，有一部分户就在领钱，这个地就已经被政府征用了。群众说是我们签字把地交给了F厂，我们和F厂不发生任何关系，是政府征地不是F厂征地，我们村社受政府的领导，如果F厂直接找我们村社征地协调，我们以（一）不敢，以（一）没有这个权利。这以（已）充分说明了现在征地不比原来，征地要先把村、社干部的思想作通了，把字签了，在（再）报上面批，不通不签字，就不征，现在是只要政府要用的地先从上面朝下面批，只要上面批下来，不管你村、社干部同不同意都要征，你不签字证明是你C村一、四社的土地同样要征。

（三）征地的动力[①]

张林江从产权经济学角度切入研究征地，他运用权力相关理论探讨

① 征地的动力主要来自地方政府方面。孙立平和郭于华认为，在过去，国家向农民抽取资源主要有三种形式：一是以"强加型契约"收取的粮食；二是以统筹提留款形式向农民收取的费用；三是临时性的摊派款（包括劳务的形式）。随着中央财政的日益好转，不是国家而是地方政府越来越具有通过"收地"向农民抽取资源的冲动。刘世定对税费改革前乡镇财政收入结构和运作机制的分析给理解税费改革后乡镇财政收入的紧张提供了一个清楚的参照。参见孙立平、郭于华：《"软硬兼施"：正式权力非正式运作的过程分析》，《清华社会学评论》第一辑，鹭江出版社2000年版，第12—46页；刘世定：《乡镇财政收入结构和运作机制》，载马戎、刘世定、邱泽奇：《中国乡镇组织变迁研究》，华夏出版社2000年版，第117—166页。

了征地背后的产权逻辑,并得出了"村集体对于征地是积极的"判断。①虽然我们也认为,征地即意味着"利益的博弈",但是对于集体一定在征地中扮演主导或主要作用这一观点却持保留态度。因为,在我们的调查区域,村社"空壳化"已经非常明显,村集体没有多少资产,除了开一些证明外,村民很少和村的这些官员打交道,村民在遇到一些纠纷时,也往往是由村里的某个村民牵头,越过村一级组织直接和镇及镇以上单位打交道。在这样一种状况下,至少在本案例中,村集体的确不适于作为一个分析单位。当然这不是刻意要否定其余的研究,我们只是想表明,各地征地虽然有着共同的参照制度,但是却可能因为各地政经结构不同而在征地目的、过程以及范围等方面各有差异。

根据前述,F 厂的征地区域位于 D 市 S 县中心镇 G 镇的城郊结合部。由于S县在20世纪80年代中期以后相较D市其他区域工业发展明显滞后,后又因为引资力度不够,一些工业企业逐渐外移到邻近区域,更因为行政开支大,因此财政收入压力比较明显。正如市里一位下来挂职的干部在其工作报告中这样认为:

> 表面看,全镇财力较强,2004 年实现地方财政收入 4475 万元,实际报支 3575.7 万元,当年结余 880.9 万元,累计结余 2346.9 万元。实际上,由于负担重,加上欠拨等因素,财政调控力不足。一是县财政局欠拨资金量大。截至 2004 年,县局欠拨 G 镇资金累计达 2873 万元。二是行政事业支出较大。2004 年,行政事业基本支出 5137 万元,其中人员经费达 1822.5 万元,补助个人和家庭支出 1595.5 万元,合计 3418 万元,占 66.8%。三是应对突发事件开支

① 张林江:《围绕农村土地的权力博弈——不确定产权的一种经验分析》,中国社会科学院研究生院博士学位论文(2003 年未刊稿)。

大。初步统计,2004年二代(居)民身份证换发、耕地保证清理、二轮承包、经济普查等工作,镇列支公用经费100万元;用于禽流感、洪灾、农民集访等突发事件,镇本级承担经费50万元。此外,镇级承担体制外开支700万元,偿还负债369万元。2005年完成镇政府综合办公楼片区拆迁,共耗资174.5万元,造成目前镇财政周转困难。四是村(居)配套费多。2004年,镇实际对村转移支出236万元,扣除县下专款和附加收入外,镇级配套130万元;对居民补助资金达25万元,其中县对居民补助预算仅为3.92万元。①

G镇城镇建设和管理办公室副主任魏新桥在他的办公室告诉笔者:

S县现在发展比别的地方发展慢多了,我就觉得县头的领导不干别的,只做些空事,你不想一下,你不给他建厂的地方,不给优惠,他来干啥子,你给税收优惠,他以后发展好了,其他问题自然就好解决了……

这个大道理表面上很合乎实际,但是深究起来,征地的动力不在于怎样发展,而在于发展过程中以及发展以后对谁有益。实际上,征地对镇里和个人都有好处。镇里虽然不能直接分有土地转让费,但是配合县级部门征地也是一项重要的行政,另外,镇里因为在征地上的功绩,对于自己正在进行的镇政府新大楼拆迁建设有极大的帮助。对镇里的个人来说,他们可以在帮助用地单位过程中得到一笔务工费。当笔者跟魏新桥打交道过程中,在乡镇府城建办公室经常碰到来找他“帮忙”办事的“朋友”,这些人托他办的事大都和批土地有关,当然,每遇这种情形,他都会拐弯

① 《关于S县G镇镇域发展的调研报告》(2005年11月)。

抹角地避开笔者。

(四) 谁在"闹"

F 厂征地一案主要牵涉 C 村一、四社,J 村三、四社集体土地,涉及农户 182 户。两村在征地区域的土地虽然相差无几,然而两村的政经状况却有很大差别。C 村虽然在地理位置上更接近 H 区域,然而,它在当地政府眼里却是名副其实的"空壳村"。相比 C 村而言,J 村除了被征的这块地距离 H 比较近外,其主要地块距离 H 较远,但它在当地政府眼里却是"香饽饽"。J 村的大部分土地属于山坡,因为搞退耕还林,种上了成片的花椒树,成为当地比较重要的产业,另外由于它原来搞过一段时间的公墓,后来 S 县另择公墓地址,协议每年给这个村 10 万元补偿费,很明显,J 村要比 C 村富得多(从两队的资产负债表可以看出这种差异,见表 3)。可能是因为这个原因,在后来的新农村社会建设中,它被作为样板点来建设。这种差异甚至比较明显地体现在乡镇官员对待两个村村委书记的个人态度上。比如,在 2005 年乡镇片区管理的年终晚宴上,笔者看见那位副主任借酒在其他十几人面前"理麻"C 村的村委书记。

F 厂征地一案中,闹事者中,C 村村民占多数,他们被征的土地最多,相比 C 村,J 村被征的地数量不是很多。① 闹事的组织者不是村集体,在本次征地中,甚至社长因为不涉及自己的直接利益也没有参与组织,组织者主要是涉及征地的 C 村四社的几位村民,其中两位村民过去曾任过队长、村长。征地的上访材料,以及向外界传递信息主要出自他们两位。

---

① "闹事"一词在这里不应被认为是贴在农民身上的标签,笔者如此使用,主要是出于找不到一个足够形象的词来描绘这些行动者的原因。

表3　J、C两村集体资产情况比较

	J村	C村
资产类:		
一、流动资产	185.00	4.80
其中:货币	23.00	0.90
短期投资	0.00	0.00
应收账款	60.00	2.10
存货	26.00	0.00
二、长期投资	0.00	1.40
(一)固定资产	68.00	4.60
(二)其他资产	0.00	0.10
资产总计	253.00	10.80
负债类:		
三、流动负债	21.00	1.10
四、长期负债	107.00	0.00
负债合计	128.00	1.00
所有者权益合计	125.00	9.20
负债和所有者权益合计	253.00	10.80
另:J村村民小组11个　集体净资产125.00千元;集体土地总面积133200平方米。 C村村民小组8个　集体净资产9.20千元;集体土地总面积未有统计报表。		

资料来源:S县档案馆205全宗第323卷。

(五)"闹"背后的程序之争:谁是守法者

在2005年9月,当笔者第一次走访G镇时,首先给我的第一个印象便有这样一个问题:在地方上,到底谁不守法?因为,当笔者面对镇一级官员的时候,他们时常抱怨的是,"农民不讲法"。而在另一面,即在农民那边,我们又听到,"明明中央这样讲了,地方政府就是不恁个办"。到底是谁错了呢?应该说,双方都有理。从地方政府行政的角度说时,它有行政的红线,也就是不能违背现行“法规”,为了维护自身利益,一般在程序上动脑筋,想方设法保持程序的正当,从农民这边看,他们也是有一定道理的,拿来说理的也是国家和中央公开颁布的法规。很显然,这里面有一个非常重要的学理问题,即规范的有效性和合法性问题。①

两边到底是怎样说的呢?我们首先来看农民的看法。当地农民对征地之细节有一个从不熟悉到熟悉的学习过程,这可以从他们前后向上级反映情况的报告名称和报告内容中反映出来。2004 年 10 月 22 日,S 县人民政府公布征用土地公告,11 月县国土资源和房屋管理局公布了征地补偿与安置方案公告后,12 月 9 日、17 日县国土资源和房屋管理局连续发出了两份清理通知。事后,被征地村民开始了他们的“诉苦”过程,从过程来看,“诉苦”对象层级不断上移。比如,先是一份《反映 F 分厂迁建征用土地是否合法、合理的请示》,接着是一份《关于 D 市 S 县 F 分厂暴力强占农民土地的报告》,然后是一份《关于 S 县国土局强征我社农田的补充材料》,最后是一份《D 市 S 县政府违法强征农民土地的报告》。在最后一份文件中,他们是这样诉说的:

我们是 D 市 S 县 G 镇 C 村,J 村部分被征地农户农民,2004 年 10 月 22 日,D 市 S 县政府在未征求农民意见的情况下,发布公告,强制征用两村 184 户农户的 112 亩农用地,我们认为,此次征地是错误的、违法的、无效的,其理由:一、征地程序违法。此次被征用的 112 亩农用地,全是优质基本农田,该宗地块地势较平,耕作层土壤厚达数米,肥力充分,上世纪 70 年代,该地单产稻谷达 900 多斤,现

① 哈贝马斯认为,社会整合只有在具有规范有效性的规则基础之上才是可能的,而规范的有效性涉及两方面,一方面是要具备最低程度的社会作用,另一方面是要具备最低程度的伦理辩护。[德]哈贝马斯:《事实与规范》,童世骏译,生活·读书·新知三联书店 2003 年版,第 35—38 页。

单产1200多斤，一直属于稳产高产的优质稻田，一条小河绕田流过，在小河上游几十年前就修建了自流灌溉水渠。70年代原乡政府又修建大型东风水库，该宗地在水利利用上，既有自流灌溉又可水库灌溉的双保险，该宗地每次村委都以优质基本农田上报镇里。去年，村委又将该地上报镇里为优质基本农田（我县任何地方对基本农田都未打桩定界）。××社记者对村委直接经办人采访作了证实。××社记者对该宗地也作了现场了解和拍照，无论从土壤肥力，水利设施，产量，基本农田的登记、上报，记者的现场观察，照片资料，该宗被征地都是属于基本农田，县、市政府以基本农田以外的耕地和未利用地批准征用，是违法的，是错误的，当然会遭到农民的坚决反对，是否是基本农田，请你们派员下来调查。二、非法占用基本农田……三、非法地价转让国有土地。此次被征地，离S县4公里，紧邻跨省高速公路，前几年地价已达40万元/亩，此次县里以6万元/亩的地价出让给民营企业，是非常错误的，希望能引起上级重视。四、非法印发假公文。S县政府以D府地[2004]518号文件公告征地，农民一直多次要求县里将文件宣读或张榜公示均遭拒绝。2005年2月25日，由建设方将D市政府文件D府地[2004]518号移交土地备忘录交给社员观看学习。2005年4月27日在多次要求下，县里答应到国土局观看518号文件，结果一看，县里的文件和建设方给农民的518号文件都是D府地[2004]518号文件，日期都是4月22日，都盖有政府大印，但征地数量一份是74亩，一份是112亩，农民搞不懂，D市人民政府的文件也敢造假，政府的形象何在？信誉何在？老百姓还敢相信谁？请你们派员调查。

从三月二十四日开始，××电视台社会与法栏目、××日报、××网、××网连续报导后，市里派调查组到S县进行调查。4月19日县里由副县长、政法委书记、镇领导多人到C村召集被征地户农民开会,传达市调查组意见:一程序合法;二资金全到位,近期由县政府阻止施工,是否是基本农田,不由农民管,在工业园区没有基本农田。我们农民不知道,什么时候作的规划,谁见过规划,规划区内真的就不存在基本农田吗?作为一个普通小型民营企业,市政府为何要发文件为其征用大量基本农田,并制造文件,在银行贷款 8650 万元谁为其担保?用什么作担保?

由于 S 县政府及有关部门在征占基本农田时无视国家相关法律、法规,也不顾农民的根本利益,强行征地,发生流血事件,给被征地户造成非常严重的损失。5 月 27 日上午 8 时,S 县政府和公安干警共出动 200 多人和 2 台推土机非法强占农民土地 112 亩,土地已经全部遭到破坏,将影响农民当年的生活。为此,我们强烈要求上级有关部门对此事进行认真查处!1. 查处不合法征地相关人员的行政不作为及违法责任。2. 查处伤害维权人(被占地户)的相关人员的犯罪行为。3. 立即恢复已遭严重破坏的基本农田。4. 赔偿农田被毁给农民造成的经济损失,及被打伤人员的各种损失和费用。

D 市 S 县 G 镇 C 村四社被征地户农民

二〇〇五年五月二十七日

在上面的报告中,我们一是看到当地农民试图把自己塑造成弱者,二是充分运用乡土知识、信息网络,以及通过对现行土地法规的了解形成弱者反抗的武器:(1)土地是基本农田;(2)土地不在已规划好的 H 工业园区内;(3)批地数量与用地数量不符;(4)是非法"占"地。据这些理由,村民开始了上访,并在不久就给国家信访局去了与上述报告内容基本相同的报告。国家信访局责成 D 市信访部门给予 F 厂征地一案的村民以答复。2005 年 3 月 15 日中共 S 县委、S 县人民政府信访办在 2005 年第 12 号《人民群众来信回函》中答复:

×××同志：你（们）于2005年元月13日写给国家信访局的信，关于S县F厂分厂迁建征用土地是否合法、合理的问题，已转我办，我办按照信访规定和程序，又转给S县房管局调查处理，并由该单位于2005年4月15日答复你，请你与该单位联系。

二〇〇五年三月十五日

现在看来，“闹”的内容很清楚了，就是“征地是否合法、合理”。虽然村民对自己熟悉的土地具备丰富的乡土知识，对现行《土地法》也有一定的了解，但是，他们除了从自己的角度判断事情的不公外，很难了解地方政府到底是如何操作的。在这一点，村民跟社会研究者一样，碰到了社会中的“隐秘”。这些隐秘对社会研究者而言，可能予以揭示和解释，但对于村民来说，这些隐秘就是一种生存环境。所以，农民一直闹着要看D府地518号公文，以及市里下派的调查组的调查结论材料。文才军向我们讲述了他们的想法①：

问：你们是如何发现这个文件有问题呢？

答：“我最开头是凭感觉，在征地刚开始的时候，我和另外几个村民要求他们出示批文，第一次的时候，国土局的×××和F厂的×××说搞忘了，他们叫我们改天到镇里去看，我们后来去了8个人，绕来绕去，我们等到11点钟，说管事的没有来。在架已经打了，市里也派调查组来过了后，2005年4月19日，县政法委书记、国土局的干部，还有镇头的人召开了一次会议，把市头调查组的结论给大家宣布了一下，说是征地合法、程序合理、补偿到位。我当时在会上提出，事情都已经到了这一步，都还没有给我们出示批文。当时他们就不说啥

① 根据在文才军家的访谈录音整理，2006年1月22日上午11时。

子了,叫散会。会后,我们村委书记把我喊住,说是跟我谈话,政法委书记说,叫我们第二天到镇里去看。4 月 27 号那天,我约了两个人去看批文,在镇办公室坐了一个小时,他们说只能看,不能复印,我们问可不可以抄,他们说可以抄。我们看到了批的地是 4.9 公顷,折合为亩的话,不到 75 亩地,地的性质上面写的是一般农用地。我们这里明明是基本农田。这与 F 厂出示的 518 号批文是完全不同的,F 厂那个批文说的是 112 亩地。这明明是少征多用。你说量多了,也不可能多那么多吧。这个地听说拿来,除了厂房,还要搞房地产①……"

在国家级报纸、媒体相继报道 F 厂征地一案以后,D 市相关部门迅速作出反应,派出了联合调查组调查 F 厂征地一案情况。调查后,D 市相关部门向中央一级管理机关作了调查汇报,汇报主要由两份公函构成,一份名为《D 市国土房管局关于 S 县 F 厂建设项目征用土地调查核实情况的

① 文才军向我出示了一张他收集的报刊广告残缺剪报。这一资料是讲《D 市经济报》2005 年 8 月 20 日刊载了一则与 F 厂具有相似公司名的公司转让土地的消息,文才军却误认为自己找到了 F 厂要搞房地产开发的证据。在我们对 C 村会计的访谈中得知,F 厂有意利用那块超出的近 40 亩地给集资方,这一事实显然促使村民进一步去联想、采取像文才军类似的行动。在我们的个案中,文才军在收集资料、信息的全面性与主动性上并不像其他研究报告里的精英们那样周详、尽力,他没有收集到 D 市的征地批复,也没有拿到 D 市国土局正式的征地批文,而这些文件其实都是可以通过市档案馆查到。虽然查档费和到市里的交通费比较贵,估算约 500 元左右,但是这并不构成一个根本性的障碍。根本的原因在于文才军并不是真正意义上的群众精英,因为充当精英的人一般是对现行体制比较熟悉的人。文才军对体制内的运作欠缺了解,虽然他当过队长和村长,但是那已是十几年以前的事了。吉登斯在《民族国家与暴力》中谈到过配置性资源和权威性资源之间的关系,即对信息的垄断有助于权威性资源的扩展。也就是说,文拥有的属于配置性资源的信息其实并不丰富,虽然他的亲戚网络比较广(他有 9 个兄弟姊妹,仅他一人在农村),这只是有助于地方政府不动他(文才军语),但并不有助于他成为抗征的领导,所以他老是念叨被征地户不齐心。参见吉登斯:《民族国家与暴力》,胡宗泽、赵力涛译,生活·读书·新知三联书店 1998 年版,"导论"。

函》（以下简称《核实函》），另一份名为《D市国土房管局关于S县F厂迁建工程征地有关情况补充说明的函》（以下简称《补偿函》），内容如下：

（1）《核实函》

×××××局、××司：最近×××社登载了关于D市S县一企业雇佣打手砍伤村民强行征地一事和3月24日××日报以"……"的图文对农民失地进行报道，此情况引起D市委、市府高度重视。由市委督察室牵头，市国土房管局、市信访办、市公安局等部门组成联合调查组，对报道有关情况进行现场调查核实。联合调查组于2005年3月24日至3月27日，深入S县G镇实地开展调查工作。我局派出参加联合调查的两名同志根据管理职能和范围，重点对征地行为是否合法、征地面积是否超标、征地补偿是否符合政策等情况进行了调查。现将调查核实情况报告如下：一、征地审批情况。实施建设征用土地的企业为S县F厂，原是S县中学的校办企业，三年前改制为民营企业。改制后，该公司迅速发展，2004年总产值达7936.7万元，净资产3016.5万元；实现年产值58866.8万元，利润313.5万元，上缴税金365万元。为此，该公司成为S县支持发展的重点民营企业，公司现有职工521人，其中解决农村剩余劳动力就业320人（征地所在村社C村、J村83人）。由于公司日益发展，现有生产能力已不能满足市场需求，急需扩大生产规模，进行技术改造，但该公司改制后一直在原址S中学校园内生产，受用地限制无法再扩展并进行技术改造，影响了该校师生的正常教学，经有关部门批准搬迁。2004年初经S县有关部门审查通过了立项和规划选址审批。2004年4月22日D市人民政府以D府地［2004］518号批复，同意征用S县G镇C村一、四社，J村三、四社集体土地73.73亩（其中耕地71.229亩），作为该司技术改造搬迁用地。二、征地实施情况。经D市政府批准征地之后,S 县国土房管局会同 G 镇人民政府于 2004 年 5 月 19 日至 10 月 20 日期间分别到被征地村社多次召开村社干部及群众动员大会,并分别对 C 村一、四社,J 村三、四社征地面积进行了堪量登记,对征地范围内的地上附构(着)物进行了清理。2004 年 10 月 13 日至 20 日 S 县国土房管局将堪量的土地面积、地上附构(着)物的清理情况按社进行了上墙公示,请各被征用地户进行核对,对存在的错漏进行了核实纠正。2004 年 11 月 4 日,S 县国土房管局按照 D 市人民政府 53、55 号令、S 府发[1999]121 号文件和堪丈清理情况,制定了征地补偿安置方案。同时,在被征地村社进行了公告,11 月 9 日至 15 日,县国土房管局和 G 镇人民政府分别派工作人员到被征地村社及农户家中征求了群众对征地补偿安置方案的意见。2004 年 11 月 15 日,S 县人民政府 S 府[2004]46 号文件批准了 F 征用土地补偿安置方案,并分别在被征地合作社进行了上墙公告。之后组织进行补偿安置。三、征地补偿情况。经 D 市人民政府批准征用的面积为 73.731 亩,应补偿安置 207 万元。但在实施征地补偿过程中,由于群众强烈要求,对不在征地范围内,不便耕种的 21.069 亩边角余地一并进行了补偿;同时,对因手工拉皮尺实际丈量比水平投影多出的面积 18.885 亩土地,也应群众要求按照耕地标准进行了补偿,共计补偿面积 113.685 亩,共支付补偿安置费 311 万元,比实际批准面积多支付补偿安置费 104 万元。在实际用地中,F 厂按批准的征地红线范围用地,没有按补偿的 113.685 亩用地。上述补偿费用全部于 2004 年 11 月 15 日拨付到被征地合作社,并存入被征地农户的个人账户。在实施完征地补偿安置后,S 县国土房管局依法完善了供地手续,并于 2004 年 12 月 23 日实施了 73.731 亩土地交地行为,依据征地图件,现场打桩定界,与用地单位签订了交地备忘录。四、纠纷事件发生的主要原由及处理情况。据调查,在实施交地之后,S县F厂抓紧按工期进场动工建设(用于技术改造近千万元的美国格里森精切机等进口设备已运到,亟待上线)。由于被征地个别村民以国家对土地管理法的修订未完成,《征地管理条例》也未出台,现行补偿标准低,和建厂后对周边的农田灌溉无法保障及要求进厂务工为由,阻止施工队伍进场。因而导致2005年2月24日、25日两次现场与村民发生打架时间,激化了矛盾。事件发生后,当地政府及有关部门及时介入进行调查处理,有关当事人被公安机关立案调查。市领导得知情况后,派出市调查(组)对整个事件进行调查。调查认为,S县F厂征用土地从审批、实施和补偿方面均依法进行,符合法定程序和政策规定,不存在违法征地和损害农民利益问题;群众认为补偿标准低,主要是对现行征地补偿政策理解偏差;打架事件主要原因是极个别村民与业主之间不良关系造成;群众反映的周边农田灌溉问题应帮助解决。目前,S县F厂对被征地群众要求予以理解,已承诺在同等条件下优先招收被征地农民进场务工,和承诺负责对周边农田灌溉管道进行维护,确保农田灌溉。S县政府也加大了政策法规宣传力度,做好了当地群众的解释疏导工作,势态基本稳定。

D市国土资源和房屋管理局

二〇〇五年四月五日

(2)《补充函》

×××司:现将S县F齿轮有限公司迁建工程的有关情况补充说明如下:一、基本情况。2004年4月22日经D市人民政府(D府地[2004]518号)文件批准,同意征用S县G镇C村一、四社,J村三、四社集体土地73.731亩,其中耕地71.229亩。土地征用后,作为S县F齿轮有限公司建设项目用地,本次征地范围符合S县《1996—2010年土地利用总体规划》,未占用基本农田,审批手续齐全,征地审批合法。S县人民政府组织实施征地工作中,对不在征地范围内、不便耕种的21.069亩边角余地一并进行了补偿;同时,对因征地面积(水平投影)与实际丈量(手工丈量)之间存在的误差面积18.885亩土地也应群众要求按实际丈量进行了补偿,共计补偿面积113.685亩,共支付补偿费311万元。在实际供地中,仍严格按批准的征地红线范围用地,实际使用73.731亩,没有超过批准面积用地。二、本次征地补偿安置执行政策的依据。S县人民政府及县国土房管局在实施该工程用地的补偿安置及青苗、附构着物补偿中,是严格按照D市人民政府1999年根据新土地管理法制定的《D市土地管理规定》(以下简称53号令)和《D市征地补偿安置办法》(以下简称55号令)及S县人民政府参照D市人民政府53、55号令制定的《S县征用土地补偿标准》(以下简称S府发[1999]121号)文件标准实施的。三、征地实施土地补偿及安置补助费。根据S府发[1999]121号文件规定的补偿安置标准,核定各社土地补偿费、安置费。具体补偿如下:(一)土地补偿费和安置补助费。1.C村一社人均土地0.387亩,每亩土地补偿费、安置补助费为45685元/亩;2.C村四社人均土地0.917亩,每亩土地补偿费、安置补助费为19174/亩;3.J村三社人均土地0.571亩,每亩土地补偿费、安置补助费为31229元/亩;4.J村四社人均土地1.0亩以上,每亩土地补偿费、安置补助费为17340元/亩。(二)青苗及附构着物补偿。青苗补偿费为C村一社、J村三社为1400元/亩,C村三社、J村四社为1100元/亩,附构着物按实际计算支付。(三)房屋补偿。本次征地范围内没有农房拆迁,故未进行农房拆迁及相应的补偿安置。四、补偿安置实际兑付情况。(一)总的补偿安置情况。这四个社共征用73.731亩,应补偿207万元,实际补偿面积为113.685亩,实际支付补偿安置311.93万元,实际补偿平均为2.74万元/亩。(二)各社具体补偿情况:1.C村一社补偿面积 29. 312 亩，共支付补偿费 138. 12 万元，其中：土地补偿、安置补助费 133. 91 万元，青苗补偿费 4. 15 万元，林木及附构着物 0. 06 万元；2. C 村四社补偿 73. 484 亩，共支付补偿费 150. 35 元，其中：土地补偿、安置补助费 140. 9 万元，青苗补偿费 8. 08 万元，林木及附构着物 1. 37 万元；3. J 村三社补偿面积 2. 319 亩，共支付补偿费 7. 59 万元，其中：土地补偿、安置补助费 7. 24 万元，青苗补偿费 0. 32 万元，林木及附构着物 0. 01 万元。4. J 村四社补偿面积 8. 57 亩，共支付补偿费 15. 87 万元，其中：土地补偿、安置补助费 14. 68 万元，青苗补偿费 0. 93 万元，林木及附构着物 0. 26 万元。（三）补偿安置费发放情况。2004 年 11 月，我局将四个社的补偿费 311. 93 万元全额存入各农户在 H 信用社的账户上。

D 市国土资源和房屋管理局

二〇〇四年四月十二日①

从以上看，《核实函》与《补充函》的主要目的是说明审批权限没有越位，耕地只用了 74 亩，也就是说，在两函看来，农民向上反映的几个问题并不确切，一切都是中规中矩。对于中央管理机构来说，D 市相关部门的解释符合政策、符合法规，它的直接干涉力量是有一定限制。在这里，黄仁宇所说的“数字计算”问题显现出来了。这是因为县镇统计不全所致。那位在 G 镇挂职的干部在其工作报告中提到了可能导致报告质量不足的一点原因，“由于县镇统计水平有限，此报告中数据虽已认可，但未必准确”。而当笔者和 C 村会计聊天时，他也讲了一番这其中的道理，

搞统计时，上面要多少数字，我就写多少，那些数字有很多问题，

① D 市国土资源与房屋管理局档案馆 1355c 全宗。

他们要数字时,头一天喊开会,第二天就要拿出来,没得办法的。

现在征地时,有些地实际上是基本农田,最近DY村那些地还不是给端了,因为县头可以调地,把数字一调,就没的什么问题了……①

因为数字管理存在的问题,地方政府行动的灵活性比较大,从而能够维护地方政府的利益。文才军说:

"上次我们一起到会计屋头,你也听他说了,现在的统计数字有些问题,其实在我那阵当村长(1978年)的时候,镇头的人叫我瞒报数字,我当时不干,就因这事,所以我就没有再当村长了。上一次我跟你讲,我们这里的粮食直补,也就是每亩9块三毛钱,我们也不晓得啷个(怎么)回事,我的地都征了,也喊我去领……"②

因为数字的原因,地方一级管理部门如果把事情办得没有程序问题,中央一级管理机构还能说什么呢?因为,从管理上来说,最后的问题还是地方一级部门把责任推到中央一级部门去了,"被征地个别村民以国家对《土地管理法》的修订未完成,《征地管理条例》也未出台,……群众认为补偿标准低,主要是对现行征地补偿政策理解偏差"。这样一来,解决被征地农民的问题这件事不能从程序入手了,那么就得以其他方式解决。中央一级主管部门和D市一级主管部门于是都判定S县有关部门工作方式出了一定问题,也就是说,征地一事由程序这一阶段转换到了"做工作"阶段。

---

① 根据C村会计家访谈录音整理。

② 文才军家里的访谈笔录(2006年12月10日午后1—2时)。

（六）事情是怎样摆平的

当笔者第一次接触G镇时，G镇“高规格”地接送了我这个不速之客，派我在该镇镇政府工作的朋友全程接待了我，并让我的朋友暗示我，村里的事情才搞定，不要下去，第二天一早，我在朋友的“护送”下，上了回D市的高速大巴。这使我感受到“稳定压倒一切”的重要性。

在上报中央一级机关的《核示函》中，D市相关部门强调，“S县政府也加大了政策法规宣传力度，做好了当地群众的解释疏导工作，势态基本稳定”。既然处理好发展和稳定的关系是地方各级政府各项工作的重中之重，那地方政府是如何落实好“稳定压倒一切”精神的呢？应星曾概括了地方政府的摆平理顺功夫，即总体性治理下的分而治之策略。他的这一分析揭示了权力不仅表现为强者，也表现为弱者的反应，即是说，权力不是单方面的，而是双方面（或多方面）共同建构、生产出来的。在应星对地方政府治理术的分析中，我们还能看到权力与村民小组、精英领导的抗议组织这种对应，然而在我们的个案中，权力更多的是在“不平等越来越表现为个体化而不是阶级化”的背景中使用，因此，治理术更多地从戏剧式治理转变为无形管理。①

（七）村干部听谁的

近代以来，中国的乡村组织经历了巨大变化。在中华人民共和国成

---

① 参见应星：《大河移民上访的故事》，生活·读书·新知三联书店2001年版；李猛：《日常生活中的权力技术——迈向一种关系/事件的社会学分析》，北京大学硕士学位论文（1996）。

立以前,国家政权对乡村生活的渗透主要是通过“权力的文化网络”①、“社会潜网”②实现的。在中华人民共和国成立后,逐渐施行了土地改革、粮食三定、集体化生产,经过这一过程,党的乡村干部取代了下层士绅,国家政权主要是通过乡村干部来实现管理。集体化生产时期的村干部一方面因为要组织生产、代表乡镇党政部门执行公务、积累政绩,既有升迁机会,又有权能,另一方面要代表村利益与上面讨价还价,所以,村干部在农村改革前,是和乡镇绑在一块,并从属于乡镇。③ 也就是说,村干部具有“双重代理人身份”④。这一状况持续到 1987 年《村民委员会组织法》施行前。但是,在实行村民自治后,村干部不再有晋升机会,与乡镇的组织联系开始发生断裂,与此同时,村干部与乡镇干部间的个人联系对于乡与村的联系日益重要起来。

在 G 镇,村民遇到事情,越级(越过村一级组织)反映的行动日益增多。⑤ 这意味着,村民并不相信村组织能帮助他们解决实际问题。文才军告诉我们:

> 村头的干部,平时看不到几回,都不打交道,现在的村是由两个村合并的,人都不认识几个,话又说回来,他们凭啥子要跟你打交道嘛。

---

① [美]杜赞奇:《文化、权力与国家》,王福明译,江苏人民出版社 2004 年版。

② 社会潜网指的是在经济生活中协调人们行为的各种非制度化的规则,它基本上是从制度化规则的发生学意义上讲的,另一种是从体制转轨和结构转型的意义上讲的。参见李培林:《中国社会结构转型》,黑龙江人民出版社 1995 年版,第 127 页;李培林:《再论“另一只看不见的手”》,《社会学研究》1994 年第 1 期。

③ 张敦福:《村组织及其与乡镇组织的关系:回顾与前瞻》,载马戎、刘世定、邱泽奇主编:《中国乡镇组织变迁研究》,华夏出版社 2000 年版,第 291—348 页。

④ [瑞典]裴小林:《集体土地制:中国乡村工业和渐进转轨的根源》,http://www.usc.cuhk.edu.hk/wkgb.asp。

⑤ 这一现象同时伴随的另一现象就是,乡镇干部的办公室出现的老板身影越来越多。

在这种情况下,做工作自然是G镇的分内之事了。G镇在征地一案发生后做工作时,镇政府几乎把所有人员都派出去做工作了,工作艰苦细致,D市在G镇挂职的干部在其工作报告中讲:

这一年中,镇机关组织干部大规模宣传、做群众工作共20余次,出动人员数百人,甚至时常到户做工作至深夜。

文才军也说:

那段时间(新闻媒体介入后),镇头天天派人跟在我后面,我走哪里他跟到哪里,晚上守在我屋头十一二点。

村干部虽然不是正式的"官",但他在我国的整个行政管理体制中有着非常重要的位置,俗话说,"上头千根线,下面一枚针"。这一事实自税费改革后开始发生变化,因为在村干部管理一级上,激励不足越来越明显①,所以村干部行为出现了这么两个趋势:一方面,作为村庄资源的掌握者,村干部为了获得更多的利益,日益与地方政府形成利益共谋者②;另一方面,由于村干部和村民关系的疏离,村民的"有组织反抗"活动增多③,村干部在做事的时候也总留有余地。在S县,当村民与县镇互动成为主要趋势后,村一级干部在整个征地中干什么呢?我们在调查中看到,由于村干部受上面两个因素影响,他们在征地中表现为两方面

① 宁泽逵、柳海亮、王征兵、柴浩放:《村干部向何处去——关于村干部"公职化"的可行性分析》,《中国农村观察》2005年第1期。

② 齐晓瑾、蔡澍、傅春晖:《从征地过程看村干部的行动逻辑——以华东、华中三个村庄的征地事件为例》,《社会》2006年第2期。

③ 于建嵘:《农民有组织抗争及其政治风险——湖南省H县调查》,《战略与管理》2003年第3期。

行为:

(1)因为安置补偿费都是 S 县国土局统一分配,通过 H 信用社打到每个村民头上,所以村干部在征地中除了劳务费外没有直接利益所得,但是,村干部由于其村官身份还有一些间接利益。首要的间接利益便是来自 G 镇每年的工资(见表 4),其次,因为其村官身份,他们往往成为那些与该村有土地关联的单位、企业等老板的座上客。例如,除了在一次乡镇晚宴上偶遇 C 村村委书记外,笔者曾几次和他联系,他都说忙着和当地的加气站公司、电信公司交涉铺管线的事没有接待,叫我和 C 村的会计聊农村发展的事。这些都是实在的利益和关系。在利益的驱动下,村干部在征地中是积极配合的,比如引导县镇干部到村民家,为量地指出地块位置,办理土地移交手续。前面提到过那位"理麻"过 C 村村委书记的干部魏新桥跟我讲,"村社干部还是能积极配合镇里开展各项工作的",这话虽是套话,但也是实情。

表 4　G 镇 2004—2005 年村办公经费和村社干部待遇落实情况表

<table>
<tr><th rowspan="2">村的类型</th><th rowspan="2">村办公经费解决情况</th><th colspan="2">书记、主任的月工资及落实情况</th><th colspan="2">会计、专干的月工资标准及落实情况</th></tr>
<tr><th>月工资</th><th>落实情况</th><th>月工资</th><th>落实情况</th></tr>
<tr><td>一类村(人口在 3500 人以上的村)</td><td>每村每年 4500 元</td><td>300 元</td><td rowspan="3">分季度发放 60%,另暂扣 40%作为考核</td><td>250 元</td><td rowspan="3">分季度发放 60%,另暂扣 40%作为考核</td></tr>
<tr><td>二类村人口在 2000 人之 3499 人的村</td><td>每村每年 3750 元</td><td>270 元</td><td>220 元</td></tr>
<tr><td>三类村(人口在 1999 人以下的村)</td><td>每村每年 3000 元</td><td>230 元</td><td>200 元</td></tr>
</table>

续表

<table>
<tr><th rowspan="2">村的类型</th><th rowspan="2">村办公经费
解决情况</th><th colspan="2">书记、主任的
月工资及落实情况</th><th colspan="2">会计、专干的
月工资标准及落实情况</th></tr>
<tr><th>月工资</th><th>落实情况</th><th>月工资</th><th>落实情况</th></tr>
<tr><td rowspan="5">另
注</td><td>(1)群团干部</td><td colspan="2">工资标准：
每人每月均为35元</td><td colspan="2">落实情况：
一年发放一次</td></tr>
<tr><td rowspan="4">(2)社干部</td><td colspan="3">人口为400人以上的社，每人每年660元</td><td rowspan="4">一年发放一次</td></tr>
<tr><td colspan="3">人口为250人至399人的社，每人每年600元</td></tr>
<tr><td colspan="3">人口为200人至249人的社，每人每年540元</td></tr>
<tr><td colspan="3">人口为199人以下的社，每人每年480元</td></tr>
</table>

资料来源：G镇党委办公室调查表。

(2)虽然村干部积极配合县镇进行征地，不过他们做事也留有余地。[①] 征地打架事件发生后，F厂征地一案被曝了光，在这种态势下，C村村委会联合弄了一份名为《关于F厂征用地是村、社签字把社员的地卖了的情况说明》以卸责。

> G镇在2004年5月通知村、社干部到镇开征地会，会议内容是征地C村一、四社，J村三、四社。由政府征了后给F厂用，并说了现在征地的程序。“现征地不比原来，是从上面市、县先批下来后，再由村社干部去做群众的工作。”2004年6月镇政府有关人员、国土局有关人员和村社干部到C村一社和四社做工作，去丈量土地，95%的

① 这一现象折射出了中央功利主义与地方政府功利主义间的张力。对于处于底层社会的农民来说，他们心怀中央可能会施以援手的憧憬。这一社会心态中外有之。在古代中国，皇帝和清官就是农业社会构造出来的功利主义之实现象征。在西方基督教思想里，教民的“天堂功利主义”(Heavenly Utilitarianism)情结也是基督教的重要合法性来源。村社干部虽然有村官，毕竟还是农民，所以他们同样与其他农民一样怀有一种对中央权力的敬畏。参见Roland F.Lee，“Emerson's ‘Compensation’ as Argument and as Art”，*The New England Quarterly*，Vol.37，No.3(September 1964)，pp.291-305.

占地户都到现场丈量了土地。7 月公布了补偿标准按县府《1999 年 121 号》(注:原稿如此)文件进行补偿。8 月县国土房管局,在一、四社贴了《关于市国土房管局批准征用 C 村一、四社土地的公告》。县国土局并于 11 月把叁佰余万的征地费转到 QH 信用社被征地户头上,并在两个社进行了公布,并指示村、社干部通知社员到信用社领土地补偿费,至 12 月 10 日止,F 厂发现领钱的户数不多,四个社的 300 多万土地费只领了 70 多万。F 厂要求县国土局、镇政府再次在 12 月 11 日到 QH 召开被征地的社员代表、村社干部会,当时参加会议的有 C 村一、四社的 10 多名社员代表,F 厂吉广茂,国土局领导,镇领导。吉广茂讲,如果社员不同意,他就不要这片地了,征地是政府行为,是政府把地征好了交给他,他要求 3 天内去叫每家每户社员签字,如果有 80%以上的社员签字同意他就要。我们村社按县国土局和镇里的指示 12 月 12 日分别在两个社召开了社员大会,并到每家每户去签同意和不同意。一社签了 95%的同意,四社 60 余户签了同意的 23 户,不同意的 19 户,保持中立的 18 户,镇负责征地的有关人员说 C 村和 J 村这次被征的是一宗地,只要同意的总和加起来达到 80%,就可以视作社员同意,现已达到 80%的户同意,国土局可以把地交给 F 厂。12 月 21 日,国土局、镇有关人员到 QH 召开两村的被征地的村、社干部会,叫两个村的村、社干部必须签字证明被征的是 C 村一、四社的地,现在“征地不是你们同不同意的问题,土地不是哪个人和集体的,都统属国家的。你们只是签这片地是不是 C 村一、四社和 J 村三、四社的地。”我们签字证明这片地是 C 村一、四社和 J 村三、四社的地。我们就签了字。国土局说:“我们征地程序合法,国土局可以把地交给 F 厂”,说明不是村、社把地交给 F 厂而是县国土局。从以上情况看,叫我们未签字证明是 C 村一、四社的土地以前,征地款就转到了信用社,有一部分户就在领钱,这个地就已经被政府征用了。群众说是我们签字把地交给了F厂,我们和F厂不发生任何关系,是政府征地不是F厂征地,我们村、社受政府的领导,如果F厂直接找我们村、社征地协调我们以(也)不敢,以(也)没有这个权利。这以(已)充分说明了现在征地不比原来,征地要先把村、社干部的思想作通了,把字签了,在(再)报上面批,不通不签字,就不征,现在是只要政府要用的地先从上面朝下面批,只要上面批下来,不管你村、社干部同不同意都要征,你不签字证明是你C村一、四社的土地同样要征。村、社干部得好多钱,请全体社员上镇、县或更高一级反映,来调查处理,如果是事实,我们该负怎样得(的)法律责任就负怎样的法律责任。以上情况属实:×××……

这件事令县镇干部很不愉快。文才军讲:

事情发生后,市头派调查组下来调查,调查组的几个人来我这里了解情况,我把自己手头的所有资料都交给了调查组,那份村队干部的情况说明书也交给他们了,当时县里陪同调查组的一个人在我门前跺脚,说村委书记嘟个(怎么)这样呢……①

正是因为做了这件事,C村和J村两村书记在镇里干部心中的地位自然不同,受到的礼遇自然也有殊分,后来的新农村建设的试点不选在C村,原因是一目了然的。

(八)并不一致的村民

探讨农村农民间的关系是中国乡村研究中的重要课题,目前已有比

① 文才军家访谈笔录,2006年1月21日午后4—6时。

较丰富的成果。所谓对农民间关系的关注,主要是指对农民间的合作与冲突的研究。在这些文献中,按历史顺序排,比较具有代表性的要算韩丁(Hinton)的《翻身》,他不仅剖析了土改运动总的翻身逻辑,而且通过"翻空身"揭示农民间的关系,然而这部作品主要反映的是土地改革中的事。对于集体化生产时期农民间关系的个案研究要推张乐天的《人民公社制度研究》,这部作品比较好地揭示了农民抵制国家对于农业生产分配的控制,但是对于农民间的关系探讨似乎未尽。① 对于土地分配到户后农民间关系的海内外研究比较多,成果主要表现为对村庄、公共资源争夺、宗族,以及迷信活动等方面的研究②,但是这类研究多缺少宏观与微观的连接,不过,也有些作品深入解剖了总体性社会治理下农民间关系的实践过程,比如孙立平、应星等人的研究。

应星的移民上访研究不仅剖析了上访精英与国家的互动,更是极其细微地梳理出了上访精英与一般农民间的裂痕,从而揭示了总体性社会的分而治之治理策略,即在没有一个能人的情况下,事情是比较容易摆平的。正如有评论者指出,"持续上访的经济压力,上访精英与一般农民之间的利益裂痕,连续上访无果之后群情激愤导致的过火行为等等,几乎每一项因素都足以造成行动的失败",造成"脓包"被挤掉。③ 这种能人与分而治之策略间的分析框架比较好地解释了总体性社会的治理策略。但是,若一味把这种分析框架等同于经验事实,那么,研究者最后将不得不面临一个不易把握的理论难题,即能人的人性。因此,可能是出于写作方式的原因,应星对农民间关系的研究没有来得及反映"不平等日益个体化"的背景。但在我们看来,理解这一背景具有重大意义,因为它意味着

① 参见张乐天:《告别理想:人民公社制度研究》,东方出版中心 1998 年版。

② 赵树凯:《乡村治理:组织和冲突》,http://www.usc.cuhk.edu.hk/wkgb.asp(2003 年 3 月)。

③ 参见张鸣:《乡村治理与摆平和摆平术》,中国农村研究网(2006 年 12 月 11 日)。

我们可以把握变动社会的问题。

1. 零碎的土地

在中国,农村的土地和人口配置状况已然成为一个涂尔干意义上的社会密度问题。[①] 长期以来,细碎化的土地生产是中国小农经济的重要特征之一。土地的细碎化除了经济的意义外,还有着特别重要的社会治理意义。因为土地的细碎化意味着这么几点:1)小农生产联系的长期疏离状态使小农着眼于家庭而非社会;2)土地细碎化使小农均平思想严重;3)有限的产量驱使小农求生存而不是求发展。[②]

F厂征地一案征地112亩,涉及农户182户,平均每户被征0.68亩。文才军帮我估算了一下他们四社的征地情况,被征地农户每户人口约5口人(不包括孙辈一代),征地前每户大概2亩至3亩地,征地后平均每户不足2分地,并有五六户全部地都征完了。正是在这种人多地少的情况下,村民们在征地一开始便表达了强烈的不满。文才军讲:

> 即使转成农转非,也没有低保吃,发下几万块钱能吃多久,如果生病又怎么办,我们隔壁那家,一亩多地全被征完了,还有两个娃儿,又没得啥子手艺,如果有手艺,勉强还过得去,我不晓得他们以后啷个(怎么)过下去……

---

① 涂尔干在《社会分工论》一书第二部分探讨社会密度、社会容量与社会分工发展间的关联时提出,“环节安排是劳动分工的不可逾越的障碍,只有在这种安排完全消失,至少是部分消失以后,劳动分工才有可能出现。也就是说,只有在没有环节结构的地方,分工才会存在。当然,分工已经产生,就很快会使环节结构瓦解,不过只有在环节安排预先存在的情况下,分工才会出现。……由此看来,分工不断发展的原因,就在社会环节丧失了自己的个性,分割各个环节的壁垒被打破了。总之,各个环节连接起来,使社会实体变得自由了,进入到全新的组合关系之中”。[法]埃米尔·涂尔干:《社会分工论》,渠东译,生活·读书·新知三联书店2000年版,第213页。

② 参见黄宗智:《华北的小农经济与社会变迁》,中华书局1986年版。

虽然村民不满,但是却没有形成比较强的合力去跟县镇讨价还价,这是因为土地的细碎化造成了离心力,地方政府因此可以充分地运用一些技术去实现征地程序上的要求,比如在《C 村村干部的反映情况书》中清楚地陈述了这一点:

我们村社按县国土局和镇里的指示在 12 月 12 日分别在两个社召开了社员大会,并到每家每户去签同意和不同意。一社签了 95%的同意,四社 60 余户签了同意的 23 户,不同意的 19 户,保持中立的 18 户,镇负责征地的有关人员说 C 村和 J 村这次被征的是一宗地,只要同意的总和加起来达到 80%,就可以视作社员同意,现已达到 80%的户同意,国土局可以把地交给 F 厂。

2. 提不起劲的粮食生产

随着城市经济的迅速发展,S 县虽属农业县,但粮食生产的重要性明显下降了。虽然 G 镇官员对笔者不时强调农村产业结构调整的重要性,然而这基本上是一种愿望和可能性方向。因为在家庭联产承包责任制固化了历史上形成的细碎化土地结构后,细碎化的土地便不能自由重组和分离了,只能通过国家权力的中介进行转让和出让,也就是说,土地的细碎化刚性化了。从理论上看,通过国家权力的形式进行产业结构调整似乎最为可行,然而,若考虑到整个地方政府的发展趋势,以上方式恰是遥不可及的,因为,反哺农业的前提是工业已有发展了。从下面的 G 镇各村考核指标体系中可以看出粮食生产地位的下滑。

G 镇 2005 年度各村考核打分表主要项目和分值赋值

一、农业,其中 1. 经济收入 5 分;2. 粮食生产 3 分;3. 产业化项目10分;4. 农业基本建设13分;5. 劳动力转移1分;6. 财务与统计2分;7. 动物防疫2分;8. 企业3分;二、9. 企业3分。三、10. 计划生育13分;四、11. 党建工作8分;五、12. 村级管理3分;六、13. 教育工作2分;七、14. 民政工作5分。八、15. 民兵1分;九、16. 村建国土3分;十、17. 安全工作7分。

资料来源:G镇文件。

在各项工作中,比较重要的是计划生育13分、农业基本建设13分、产业化项目10分、党建工作8分和安全工作7分。这些项是根本决定各村干部在镇政府心目中的地位和可靠性的。而过去占重要比重的粮食生产已经降至3分,也就是说,镇一级及以上政府主要关心土地是否有商业价值了。

在C村会计的田地里,他也讲到在这里种粮食不划算,他说,

现在种田没得几个钱,很多人都不种了,年轻娃儿都到外面打工去了,荒了好多地,这两年养猪也不划算,粮食直补那几个钱在我们这里没得啥子用的,不过现在不交啥子了(费和税),两个老的种点,吃的还是够了。

显然,土地的粮食生产功能已基本为它的生存保障功能所替代。就字面上看,似乎生存保障功能重要些,但是,如果考虑到土地的价值主要取决于土地上的生产价值,那么被征地农民的土地在当地政府看来,如果还是用于农业生产,那自然就不值几个钱了。所以,G镇负责征地的干部在2006年5月告诉我,

我们在南面征了一块地,一千多亩,做储备用,在那边泡都没有

冒一个,顺顺利利地拿了下来……

3. 散落的农民

在集体化时期,由于生产是组织起来的,虽然村民间因对工分的追逐而有间隙①,但总的来说还是一个比较紧密的农业生产生活共同体。文才军讲:

> 我当村长的时候,当时算工分,10 分制,我是当年 9 月接手的,当时的工分是每工分三角八,第二年,我们社员的工分就涨到了每工分七角一,第三年涨成了每工分一块多,我们这个村应该算 S 县的"首富"了,我们这里当时每家一年进钱要进千把块,县里当时评先进,排在第一位的就是我,我不是哈(傻)猪,我们当时村里组织得还是不错的,土地到户前,村里不像现在,村里有粮食、有固定资产,这回征地,下来做工作的副县长原来是 H 乡的干部,他对我们村里当年的情况了解得很。②

传统的细碎化土地生产与家庭联产承包责任制相结合后,C 村农民之间除了红白之事的往来,生产上的来往比较少了,特别是进入 90 年代后,在现代城市经济的推动下,土地上的农业生产变得越来越不重要了,年轻人基本上都外出到沿海,或到其他经济发展较快的地方谋求发展了,剩下的主要是"三八"(妇女)、"六一"(儿童)、"九九"(老人),生产上就更没有什么联系了。

① 参见张乐天:《告别理想:人民公社制度研究》,东方出版中心 1998 年版;张江华:《工分制下农户的经济行为——对恰亚诺夫假说的验证与补充》,《社会学研究》2004 年第 6 期。

② 文才军家访谈笔录,2006 年 12 月 10 日。

（九）征地中的社会治理方式

1. 做工作

"做工作"是乡镇干部必不可少的一门功夫。这一功夫是随着农民有组织反抗技术的提高而提高。应星在《大河移民上访的故事》一书中充分展现出，作为弱者的农民如何以"缠""磨"等抗争策略去争取利益补偿，同时也分析了地方政府是如何历练成"开口子""挤脓包"的"摆平术"。这些"摆平术"同韩丁在《翻身》一书里讨论的群众路线工作方法基本一致，即不管在群众中，还是在政府组织中，都存在着三个三分之一：有三分之一的是优秀分子，有三分之一的是落后分子，还有三分之一的是摇摆不定的人。因此，主要问题在于抓住两头，保持优秀的，打掉落后的。在F厂征地案中，地方政府开了口子，即按300元到5000元不等多给一些补偿，但是，"挤脓包"的策略主要采取的是"暗"挤，而不是"明"挤，由于不知道或搞不清楚那些意见大的人到底有多深的家庭底细，只放话秋后算账，因而主要是派人员从早到晚跟着那些意见大的村民，将这些意见大的村民和其他村民分隔开来。

除了"暗"挤的方式，更多的是利用社会状况本身使村民做事留有余地。在访谈中，我们听到征地过程中在村民间传播的信息有：如果不签字领钱，以后起房子不给批宅基地；要求在机关事业单位上班的直系亲属回家把家里工作做通了以后再上班；F厂把涉及家里有地的工人放回去做工作，后来干脆把全部工人放了回去，让大家懂得征地和工厂的存亡是联系在一起的；那些在从事个体经营和跑"摩的"的农户，如果不想惹麻烦，还是把字签了的好。① 从这里我们可以看到，地方政府充分发挥了农民

---

① 文才军家访谈笔录，2006年1月11日。

的非农化特征,非农化的分工使县镇治理在碰到“意外”时,也可以使局部的失控变为可控。①

2. 重新被唤起的社会记忆和情感

“做工作”更多反映了挑战与回应的治理策略。这种策略的施行和有效只能在做工作的社会背景中得到理解。在C村4社村民里面,以牟姓和文姓为主,然后为勾姓。牟姓居住区域远离征地点,在征地点的上游,文姓居住区域主要在征地点周围,涉及此次征地的主要是文姓和勾姓,牟姓基本上和此次征地无关。牟姓、文姓、勾姓都曾任过村长、队长,4社目前的队长是由牟姓充任。在以前,4社主要由文姓和勾姓充任,即使牟姓当,也是当副职。也就是说,在土改后,牟姓基本上和政治的关联远离了。这是因为牟姓在新中国成立前是这里的地主阶层,后因土改,变成了黑五类之一。“文化大革命”期间,勾姓和牟姓之间爆发过很大的冲突。访谈中,今年67岁的勾天德激动地对我讲:

> 牟万合报复心强得很,在毛主席上台以前,他们是地主,武斗的时候,我二哥跟他们干过,八十年代的时候,牟家有人把我二哥家的娃儿给弄死了,这回征地,牟万合把土地移交协议书轻轻松松交给F厂了,他们没得土地被征,牟家报复心强得很啊……②

---

① 涂尔干认为,“分工的作用在于维持社会的平衡”。莫里斯·哈布瓦赫从社会形态学的角度从两方面进一步分析了社会分工的平衡作用,在人口少的情况下,满足了大家的基本生活就可能会达致平衡,在人口多的情况下,人们集中在一个更有限的空间里,分工更加专业化,人们也就更加频繁地从一个领域到达另一个领域,他们的视野也因此更加开阔,通过接触其他领域、其他阶级的人,他们也同时对兴趣和财富有了更丰富的认识:人们的好胜心、好奇心、效仿心理决定着消费和生产的方向,同时也促成了众多形式的公共服务和私人服务的产生,而人们会迅速地习惯这些服务,因此一切都处在相互影响之中,人们的联系表面上看上去非常淡薄,但其实已不能分离。参见[法]涂尔干:《社会分工论》,第189页;[法]莫里斯·哈布瓦赫:《社会形态学》,王迪译,上海世纪出版集团2005年版,第11页。

② 勾天德家访谈笔录,2006年11月20日。

这样看来,征地将土地上过去的记忆和情感激发了出来。① 这一方面说明乡村的凝聚力不是绝对的,人们为了找平衡,往往趋向于“物质以外的表象世界和情感状态”,另一方面,征地带来的不平衡也只有在人们的表达中得以实现,正像勾天德试图从历史中解释得来的不公,这是因为“表达本身也是具有现实性的,并且以它自身的形态进入家庭自我意识中”,所以说,“社会生活是由当前表象与未来趋势组成的”②。

3. 闲杂人员间的冲突

在乡村社会变迁过程中,一个离不开的主题便是对冲突的探讨。③ F厂征地一案爆发了村民与F厂间严重的冲突。在由政府组织出面的推

---

① 记忆的社会性本身受制于个人、人际、团体和国家间的互动关系,同时,它也对家庭、社团、亲属网络、政治组织、社会分层和国家制度产生影响,也就是说,记忆的再生产实质上是社会自身的再生产。参见景军:《社会记忆理论与中国问题研究》,《中国社会科学季刊》(香港)1995年总第12期。

② [法]莫里斯·哈布瓦赫:《社会形态学》,王迪译,上海世纪出版集团2005年版,第5—7页。

③ 默顿提出正功能和负功能后,刘易斯·科塞和达仁道夫都认为冲突具有促进更大系统平衡的一面。征地往往伴随有直接或间接的冲突,而且甚至把所在社区的内部矛盾导引出来,从而间接有利于“把罪犯排斥出社会”以消除犯罪,或“强迫罪犯尽可能赔偿其犯罪行为所造成的损失”以补偿受害人。这就是加罗法洛从“自然犯罪”视角出发,提出以“消除”和“补偿”替代现行的刑法制度的表现。加罗法洛将犯罪定义为,“统括一切应被文明社会禁止的非道德的和有害的行为”。这一定义其实有一个前提,即定义者心目中的社会概念。所以他认为,“当人类已经达到文明的第一阶段时,自然犯罪就是一种由人类的道德观念支撑的违法行为,它侵犯了我们所说的道德观念”。那什么是自然犯罪呢?他认为,“在一个行为被公众认为是犯罪前所必需的不道德因素是对道德因素的伤害,而这种伤害又绝对表现为对怜悯和正直这两种基本利他情感的伤害。而且,对这些情感的伤害不是在较高级和较优良的层次上,而是在全社会都具有的平常程度上,而这种程度对于个人适应社会来说是必不可少的。我们可以确切地把伤害以上两种情感之一的行为称为‘自然犯罪’”。所以在加罗法洛看来,因为犯罪是人类社会中的行为,所以“犯罪不完全是一种法律概念”。因此,这也促使他认为,情感分析才是研究犯罪的真正的方法。也就是说,只有当冲突和流血转变为自然犯罪时,社会才予以承认,并施与惩罚。参见[意]加罗法洛:《犯罪学》,耿伟、王新译,中国大百科全书出版社1996年版,第19、21、44、195、196、215页;[美]刘易斯·科塞:《社会冲突的功能》,孙立平等译,华夏出版社1989年版;[德]拉尔夫·达仁道夫:《现代社会冲突》,林荣远译,中国社会科学文献出版社2000年版。

地前,发生了两次打架事件。在村民的报告中,村民讲述了自己的弱者地位,

> 为实施非法征用基本农田,县里强行将地交给建设单位,不顾社员反对。2005 年 2 月 24 日强行施工,并招募社会闲杂人员数十人,将社员打成轻、重伤共 8 人。2 月 24 日晚,县里召开会议。25 日建设方和县里组织约 200 多人的社会闲杂人员,手持砍刀、钢管、木棍、统一着装,对阻止施工的农民大肆砍杀和毒打,造成农民重伤 12 人,轻伤 6 名。现场民警和县里干部全部都当看客不加制止。至今对受伤农民不医、不管,对农民传唤、关押、骚扰、停止工作、摧毁自流灌溉、往稻田里抛撒玻璃等,以达到非法占用的目的。

而据 G 镇干部讲,F 厂和 C 村村民都预先做了准备。应该说,这一说法还是比较准确的。因为 F 厂在 2005 年 2 月 20 日发了一个新厂区护厂行动守则,

> 目前,公司在分厂处新厂区土地征用工作已经结束,依法完成了土地征用手续。已定于近期开展基建工程。依据有关法律、法规、规章规定,特制定本护厂行动守则:一、护厂行动背景。我公司迁建工程用地经市政府 D 府地[2004]518 号文件批准,同意征用 C、J 二村集体土地。征地的各项补偿等,由县国土房管局按照市人民政府 53、55 号令,县人民政府[1999]121 号的规定已进行了补偿安置。2004 年 12 月 23 日县国土房管局、G 镇、C 村村委会、C 村一社、C 村四社、J 村村委会、J 村三社、J 村四社的代表已将土地移交我公司。因此,我公司在新厂区开展基建工程是完全合法的,未经允许进入公司新厂区的行为是非法的。二、护厂行动办法。公司有依法维护单

位内部的治安秩序,制止发生在本单位的违法行为的权利,护厂人员依法履行职责的行为受法律保护。对非法进入公司工作地点、阻挠工程施工的人员,应采取警告、劝阻的办法,并对不听劝阻、无理取闹人员采取多人阻隔的办法,依法制止其违法行动,保障工程顺利进行。发现对方持有器物或有过激行为时,应严防我方人员受伤并设法扭送公安机关。护厂时遭到不法行为袭击和侵害,必要时可进行正当防卫。对难以制止的违法行为立即报警。三、注意事项。各护厂人员应严守本守则规定,依法、文明履行职责,不得侵犯他人合法权益。任何人不得指使、胁迫护厂人员侵害他人合法权益。在护厂行动中给他人造成损害的,一律由公司承担赔偿。护厂人员在护厂期间视为出勤,并享受工作午餐等待遇。因履行护厂职责负伤的,按工伤从优享受有关待遇。表现优秀人员,公司将予以表彰。本办法自公布之日起实施,应在各分厂护厂队中广为宣传发放。F 公司,签发:×××,二〇〇五年二月二十日。

文才军也告诉我们:

头一天,我们没有什么准备,但是达到了阻止推地的目的,我们后来通过厂里面的熟人得知,第二天还要推,因为头一天 F 厂参与打架的有社会闲杂人员,我们因此也做了些准备,但是没想到他们人那么多……

事情是严重的。2005 年 10 月 15 日,在当地公安机关的一份内部刊物中,一篇题为《浅析我县群体性事件及闹事苗头上升的特点及成因》文章,把 F 厂征地一案作了介绍:

我县群体性事件及闹事苗头的五个主要特点包括:(一)参与对象面广;(二)持续时间长,反复性大;(三)行为方式激烈,影响日趋严重;(四)组织化程度高、暴力化倾向严重;(五)涉及面广、处置难度加大。征地过程中的补偿安置引发的群体性事件和闹事苗头突出。在今年上半年的75件群体性事件和闹事苗头中,此类问题占了21件,居第一位,占总数的28%。……今年2月24日,F厂在取得合法手续后在G镇C村征地建厂过程中,遭到近50名村民阻止,并引发双方互殴,造成6人受伤(其中村民5人,厂方1人)。25日,F厂又强行组织施工,双方再次发生激烈的械斗,造成13人受伤(其中村民7人、工人4人、社会闲杂人员2人),由于公安机关接警后出警及时,尚未造成更为严惩(重)的后果。后经公安机关调查,此次群体性事件,双方均经过周密策划、组织、邀约了有前科劣迹的社会闲杂人员参与。

但是,事情还没到此为止。在C村村民向上反映F厂征地一案后的第11天的夜晚出了一件命案,此时距打架已逾3个月。D市×××报刊载了这一消息。在县城小有名气、30多岁的H地区社会上的“老大”,在当地暴死。由于失血太多,伤势太重,此人在医院死亡。经警方现场勘查和尸体检验,死者身中23刀,四肢被砍断。由于此案手段残忍,又具有黑恶势力背景,D市公安局和S县有关领导先后作出批示,要求彻查。鉴于死者是公安机关掌握的黑恶势力人员,警方确定此案系一起报复杀人案。据侦破结果,犯罪嫌疑人共4人,平均年龄26.5岁,最大31岁,最小不到18岁,小学文化程度3人,初中文化程度1人,都是F厂征地一案中C村农民。据D市第一中级人民法院刑事附带民事判决书,D市人民检察院指控:

2005年2月,因F厂征用S县G镇C村的土地,上述被告与F

厂发生纠纷，被告人等被对方打伤，认为是死者参与此事，遂产生报复恶念。……证人×××、×××、×××，证实×××（死者）与发生在H地区的F厂征地斗殴事件无关。

被告几人上诉D市高级人民法院，高院经核定，维持原判（见表5）。

表5

姓名	性别	出生年月	文化程度	判　决
文志仁	男	1974.3	小学	故意杀人罪，判处死刑，缓期二年执行，剥夺政治权利终身
华日刚	男	1979.10	小学	判处死刑，缓期二年执行，剥夺政治权利终身
文小军	男	1987.7	小学	判处有期徒刑十五年
文海涛	男	1978.12	初中	判处有期徒刑十年，剥夺政治权利一年

资料来源：D市高级人民法院判决书。

至此，F厂征地一案尘埃落定，没有再发生更大的波澜。C村会计对我讲：

F厂征地一案基本上定了，就连勾天德那个闹得比较凶的人，也把钱领了。

五、为什么说“规范”补偿不足

（一）乡村组织连接中的“环节结构”和“容隐机制”

从F厂征地一案中，我们不仅看到了C村秩序的失序和秩序重建的逻辑,更是看到变动着的C村社会,面临着一个涂尔干社会理论意义上的社会发展问题,即有组织农业生产的退出、社会密度①的减小等因素综合导致了环节社会力量的增强②,继而抑制了当地组织社会的增长,组织社会的弱化反过来又使得征地制度的程序有效性减弱。

通过前面的分析可以看到,在C村,社会密度不是增大了而是减小了,不仅村集体而且整个乡村社区都在空心化。社会密度减小在一定程度上是城乡差别引起的,农民不愿意再通过农业生产进行生活而向外部世界流动,大量人口向外流动产生了本社区的空心化。在这一变化中,我们也看到,C村、J村干部与镇里的干部间的扈从关系对村社和村民的发展影响极大。C村村干部与镇里干部关系疏离,J村村书记与镇里干部关系亲近,J村干部得到了支持,可以争取优惠政策把村的集体资产这个蛋糕做大,比如通过征地的形式让土地费留在集体账户上,或者争取到新农村建设的项目。蛋糕虽然做大了,但是,由于对村社干部的监督流于形式,结果正如普通村民嘴边总是念叨的"现在的事情探不清"这句话一

---

① 社会密度是涂尔干分析分工发展成因的一个重要概念,指的是"把人们的相互结合及其所产生的非常活跃的交换关系",包括物质密度和道德密度两个方面。涂尔干认为,社会密度的增大对社会发展影响主要表现为三个方面:"(1)对构成低级社会的个人数量而言,低级社会所占据的范围比较广阔,而对更先进的民族来说,人口则表现出了越来越密集的趋势[…](2)城镇的形成和发展是同样现象的另一个征兆,甚至是明显的征兆[…]城镇常常是从人们彼此持续保持密切关系的需要中发展起来的[…]如果道德密度没有增加的话,城镇绝对不可能扩充和壮大起来[…]只要社会组织在根本上还是环节的,城镇就不会存在[…](3)最后,还有沟通手段和传播手段的数量和速度等问题。"参见[法]埃米尔·涂尔干:《社会分工论》,第214—217页。

② 涂尔干认为,一种社会之所以说成是环节的,是因为它是由许多相互类似的群落重复而生的,就像一条环节虫是由许多环节集成的一样。……这种组织只不过是扩大了的群居社会而已,它除了具有通过相似性产生的团结以外,并无其他特征。这是因为,这个社会只是由相似的环节构成的,而且这些环节也是同质的。可以说,它们之间的异质性越强,社会团结就越弱,反过来说,它们之间的异质性越弱,社会团结就越强。环节组织要想存在下去,各个环节之间不仅必须具有相似性(否则它们便无法相互结合),而且还要具有差异性,否则它们就会相互混淆以致最后消失。参见[法]埃米尔·涂尔干:《社会分工论》,第136—138页。

样,蛋糕的分配也可能是"探不清"的。这样一种状态正是由涂尔干社会理论意义上的"环节结构的弊端"引起的,即乡镇与村社间的联系是以某些(个)人为中心的"现代氏族"为环节的,结果造成了黄宗智所说的"没有形式主义的理性化""与生产力发展不一致的生产关系"①。

G 镇的乡—村—社管理结构正是这样一种设置:全镇管理为片区管理与事务管理相结合。片区管理主要由挂片和驻村两大制度组成。全镇14个居委会由社区办统管,农村33个村分6大片区,社区与6大农村片区分由7位副职领导挂片分管。以挂片为基础,镇又在各村(居)设驻村(居)干部2人。挂片领导和驻村(居)干部负责指导该村(居)工作,协调解决各种问题,并对该村(居)各项考核负责。片区管理进一步落实了镇对村(居)指导的权责。②

在这样一个结构下,正是那些氏族型的环节结构变更了自上而下的政策,结果造成了那些已经单子化、已经开始习惯冷冰冰地看待自己和外部世界关系的农民无法实现自己的权利。

随环节结构而来的是一种容隐机制。所谓容隐,原指这样一种现象:"人民有违法行为,从国家及法律的立场来讲,自应鼓励其他人民告发,但就伦理的立场来讲则不然"③。换句话说,在中国,包庇在法律层面肯定是僭越行为,但在一定范围内往往是合乎情理的。所以,征地中各级政府对"非法"和"违法"有着比较明确的认识。这是因为,"中国的立法既

---

① 黄宗智就中国研究中的西方中心主义提出了两个问题:一是"马克思认为资本主义的生产力必定会伴随着资本主义生产关系的出现,但是在帝国晚期的乡村中国则根本没有发生这种情况";二是"韦伯认为法治将是形式主义理性的产物,否则就只能是专断的卡地司法。但是,中国具有发达的法治传统却没有形式主义的理性化"。参见[美]黄宗智:《学术理论与中国近现代史研究——四个陷阱和一个问题》,《中国研究的范式问题讨论》,社会科学文献出版社2003年版,第110—112页。参见应星:《大河移民上访的故事》,第360页。

② G 镇挂职干部工作报告(2005年11月)。

③ 瞿同祖:《瞿同祖法学论著集》,中国政法大学出版社2004年版,第73页。

大受儒家的影响,政治上又标榜以孝治天下,宁可为孝而屈法,所以历代的法律都承认亲属相容隐的原则"①。这一讲法好像只议论的是中国法律在调整亲属间的关系,其实,这一法律可以推及家、家族外更大的社会。正如瞿同祖所言,"中国的政教以伦常为本,所以政治与家族的关系密切无比,为政者以政治的力量来提倡伦常,奖励孝节,是人所共知"②,"从家法与国法,家族秩序与社会秩序的联系中,我们可以说家族实为政治、法律的单位,政治、法律组织只是这些单位的组合而已。这是家族本位政治法律的理论的基础,也是齐家治国一套理论的基础。每一家能维持其单位内之秩序而对国家负责,整个社会的秩序自可维持"③。也就是说,容隐这一机制作为一种普遍价值潜伏在中国社会结构的各领域。看到这一点对于我们理解目前中国治理体系中的一些现象是非常有帮助的。

近代以来,包括法律在内的整个社会治理体系,已经深深地打下了西方的烙印。西方的法律体系作为"器物"之"用",已经深深地修改了中国之"体"。如果认为"孝""等级"是传统中国社会之"体"的话,那么,传统中国社会之"体"由于附着在西方器物之上,结出的果子是既非"中",也非"西"的别样味道的果子。食果之人自然是当下的中国人。我们可以看到,即使中国移植欧洲大陆法系的历史已达上百年之久,容隐这一价值也的确存在,比如,我们经常看到的"造成既成事实""生米煮成熟饭""法不责众""上下一心""利益一条线""众志成城"背后无不反映了"容隐"机制的作用,无不反映了"为孝而屈法"的治理逻辑。在传统社会,这套机制的载体是家和家族。然而,容隐机制适应的境况已经发生了大大的变化,由于我们的家、家族、村落事实上已处在终结的关隘上。④ 在这样

① 瞿同祖:《瞿同祖法学论著集》,第73页。
② 瞿同祖:《瞿同祖法学论著集》,第103页。
③ 瞿同祖:《瞿同祖法学论著集》,第37页。
④ 参见李培林:《村落的终结——羊城村的故事》,商务印书馆2004年版。

的前提下,“容隐”机制在新的条件下发挥着与它过去不甚相同的作用:第一,由于我们植入的现代法律体系属于舶来之物,体现的主要是一套关于现代的观念,因此,从制度内涵来看,缺少本土性元素,然而,操作制度的人群却是带有极强的容隐价值,结果,这套植入的法律体系就成为身怀容隐价值的科层制官僚实现自身利益的手段和工具。第二,由于家、家族、村落在终结过程中,农村农民便和科层制的人具有相反的趋势,反倒极具现代性,比如他们日常消费的语词、音乐、服饰、小说、电影都是流行性的,他们从事着股票、基金等交易。第三,容隐机制的生命力还由于转型经济背景下利益价值的扩展而增强。因此我们看到了官商合谋以图发展的景象。第四,由于容隐机制现在主要适于官僚、工商阶层,原来一直适合“农民—干部—地方政府”的“地方法团”的解释工具现在发生了对象转移,越来越适宜于“干部—地方政府—企业家”了。第五,由于容隐机制不适宜于农民,农民对诉讼仍抱有怀疑态度,即使律师上门来找,也将其拒之门外。比如,在 C 村 F 厂征地事件发生后,D 市有律师主动上门愿意代为打官司,但是村民怕花冤枉钱,没有答应。第六,传统的容隐机制能使农民与官员互惠,而现在容隐机制把农民排除在外,农民和官员如今是各执其“理”了。官员认为自己在理,是按规则办事的,农民不讲理;反之,农民则认为官员其实是修改了法律,是违法的。这里之所以有这样的差异,原因在于,官员希望农民是良民,应当听政府的话,按照古语来说,下面应该对上面表示“孝”。所以我们在一次访谈中,该地政府的“一把手”和笔者在酒席间大声说,现在的农民是“刁”民、是“贱”民,根本不听话。为什么要听话呢?农民对我们说,“那些官员、老板,还有社会上的人把我们叫做‘傻农民’,他们说我们不听话,但是为什么他们拿假公文给我们呢?我不晓得他们为什么不守法!”在这里,官员与农民是各执其“理”,这充分表现了传统逻辑的“适”与“不适”,适宜于官员而不能统合农民,而且有意思的是,在价值取向上,农民相比官员现代得多。

我们可以通过瞿同祖的研究来更好地理解这一点。他说:

> 中国古代法律所重的是伦纪问题而不是是非问题。戴震说:"尊者以理其贵,长者以理贵贱,虽失谓之顺;卑者、幼者、贱者以理争之,虽得谓之逆。于是天下之人不能以天下之同情天下之所同欲达之于上,上以理责其下,而在下之罪人不胜指数。人死于法犹有怜之者,人死于理,其谁怜之!"①

(二)关系支配功能

土地除了是财富、谋生之道、家庭生活的来源外,它还是政权机构和社会结构的起点。② 在前面章节我们曾谈到,《土地法》中关于中国农村土地的集体所有性质,以及除了农村集体和个人为了兴建乡镇企业或者村民住宅外,《土地管理法》禁止任何单位和个人使用农民集体所有的土地进行建设。当建设单位确实需要使用农村集体所有的土地时,须经过土地主管部门批准,通过国家征用将农村集体所有的土地转化为国家所有的土地,然后通过出让或者行政划拨方式取得国有土地使用权等规定,是适应计划经济时期的产物,在集体化生产时期,补偿总的说来并不是个大的问题。补偿成为一个大问题,确切地说,补偿成为社会学意义上的失范问题,主要是转型经济时期的事。那么很明显,补偿问题的深刻之处就不仅止于以什么手段、具备多大的能力去弥补创伤了,因为在我们看来,更具深意的补偿问题其实蕴含在补偿本身之中。

---

① 瞿同祖:《瞿同祖法学论著集》,第59页。

② [英]S.F.C.密尔松:《普通法的历史基础》,李显东等译,中国大百科全书出版社1999年版,第101页。

在F厂征地一案中,文才军和勾天德两家闹得最厉害,G镇只能好言相劝,这是因为当地上上下下都知道他们有重要的"门亲"①,对于其他户G镇多给几百、几千就可以让他们签字领钱,而这两家拖到了最后。被征地户拖延不签字领钱,对地方管理来说虽然是个问题,但是,当被征地户的绝大多数都签字后,对于剩下的不签字户,地方管理机构也可以拖,慢慢把事情做得比较合乎程序,比如可以让在F厂工作的人回去签了字后再来工作,也可让那些在地方政府、事业单位工作的人回去做好工作后再来上班,或者暗示村民以后想盖房子批屋基地可能会存在麻烦,甚至有些领钱行为根本不是政府有意为之,而是现代社会中存在着对于农民来讲的不确定性和风险,比如村民在自家出现意见不合后,村民自己还是去领了钱,打架事件后,家里有人受伤的农户,知晓目前医疗机构是拿钱看病、不拿钱不给药的,因此立马领钱去交了医药费。当地方政府拖到程序上没有多大的硬伤后,以后便是如何继续做工作以应付农民的"缠"。② 由此可见,补偿能力与补偿手段这一问题还只是补偿问题的外围问题。

在目前关于征地制度的研究中,无一例外地指出了农民只有半截子的土地产权问题,存在着明显的权利不足。③ 如果按照阿马迪亚·森应得权利(entitlement)和供给的分析框架,在征地一事上,存在着应得权利不足的状况。如果可以将现代生产划分为"获得物品的途径"和"满足愿望的物品",那么"应得权利"在宏观上与"没有再分配的增长"和"没有增长的再分配"的问题密切相关,在微观上则反映的是个人和物品之间的某种关系。可见,应得权利是指人们在一个社会里用可资利用的法律

---

① 门亲是当地方言,意指亲属、亲戚、朋友。

② 参见应星:《大河移民上访的故事》,第378—381页。

③ 参见谢清树:《中国土地征用制度的改革——与市场经济国家土地征用制度的比较》,《开放时代》2005年第5期;何清涟、张祥平:《"圈地运动"与中国社会心理的变迁》,《战略与管理》2000年第4期;申静、王汉生:《集体产权在中国乡村生活的实践逻辑——社会学视角下的产权建构过程》,《社会学研究》2005年第1期。

手段去控制物品的能力。如果此种能力缺乏,就会对生存机会带来极大影响,就会形成一种事实上的社会藩篱。① 那是什么造成应得权利的失灵呢?

我们在前面曾提出,从学理上看,征地制度问题是关于规范和程序的有效性问题。将这一问题转换为比较具有操作性的说法是,即什么影响征地程序的有效性。通过F厂征地一案可以看到,正是由于地方政府组织中的环节结构修改着这些程序。比如文才军告诉我们,县里有些干部在F厂有"干股",而且,县国土的几个干部以及镇里的几个干部与F厂老板吉广茂的关系比较好,而且县国土局的干部和镇里的干部关系不一般,他们做事能相互照应。这说法多少带有文才军主观推测的成分,但是从其他事例反映来看,当地政府中的环节结构的确比较复杂。比如在F厂征地一案负责征地事宜的S县国土局干部邵××所涉犯罪一案就是环节结构在社会变迁中使规范和程序失效。

> S县吴××为了骗取工程保证金,策划并虚构了"西电东送"挖掘电缆沟发包劳务工程。因挖掘涉及用地问题,吴××找到邵××(即处理F厂征地一案的S县国土局干部),请其协调各乡镇和国土管理所的关系。邵××运用个人与乡镇、村社干部的熟悉关系,在该工程无相关手续,又无领导安排的情况下,先后擅自带领吴××等人到该县13个乡镇的国土管理所,以安排工作形式要求国土管理所对该工程给予支持配合,大部分乡镇国土管理所均按邵××的意图作了落实,致使60余家承包人受骗上当,造成13个乡镇农民工工资、青苗费等欠付200余万元的严重后果。

---

① 参见[德]拉尔夫·达仁道夫:《现代社会冲突》,林荣远译,中国社会科学文献出版社2000年版,第16—37页;[印度]阿马迪亚·森:《贫困与饥荒》,王宇、王文玉等译,商务印书馆2001年版,第8—10页。

这样看来，对于需要权利保护的农民而言，环节结构的存在易使正式程序发生断裂，造成了规范补偿不足的难题。这样一种状况表明，以感情(sentiment)、人情(human feelings)、面子(face)、回报(recipocity)等传统文化特征为元素的关系(Guanxi)在制度变迁中发生了一定变化。原来的关系更多体现的是一种秩序价值，起着一种整合的作用，而现在的关系则更多体现的是一种工具(策略)价值，起的是一种消解的作用。①

(三) 行政吸纳社会与环节结构对社会再造的抑制

中国社会的变迁受到外界信息、文化、文明的极大影响。如果按照现代化的扩散理论来看，似乎存在着"中心"和"边陲"的区别②，一般来说，人们对这种划分模式存在的异议并不是很大，因为它似乎切合了中国社会存在"天高皇帝远"这样一种情形。如果说传统社会存在着"大传统"与"小传统"之分③，那么在中国的现代化及民族国家建设推行至今，行政对政治的吸纳④，大小传统间的划分虽然有用，但使用起来就可能得加以限定了。因为行政吸纳政治后，国家组织深入基层，小传统的内涵和功能有了前所未有的改变，正如张静所言，"国家意识形态的变化构成了基层权威更替的原则性背景，乡村干部的升迁、退出、机会和命运与国家的要

---

① 参见 Thomas Gold, Dong Guthrie, and David Wank, "An Introduction to the Study of Guanxi", in *Social Connections in China*, Cambridge University Press, 2002, pp.3-20.

② S.N.Eisenstadt, *The Political Systems of Empires*, New York: Free Press, 1969.

③ 大传统(Great Tradition)与小传统(Little Tradition)是由美国人类学家罗伯特·雷德菲尔德(Robert Redfield)提出，用于分析中心与边陲间文化上的差异和对立。所谓"大传统"指的是上层士绅、知识分子所代表的政治中心文化；"小传统"则是指农村农民所代表的文化。这一二元分析框架认为小传统在文化系统中处于被动地位，易被上层文化所"吞食""同化"。

④ 参见金耀基：《行政吸纳政治——香港的政治模式》，载《中国政治与文化》，牛津大学出版社1997年版，第21—45页。

求密切相关”[①]。所以,小传统原来比较综合的文化意蕴越来越成为具体的、嵌入性的、行政系统性的、利益组织化意涵,它在行政系统中形成了像环节虫一样的结构。

行政过度吸纳政治后,行政系统把外部小传统的制约功能变为内部小传统的侵蚀作用。内部小传统不应被理解为一种集团利益共同体,因为集团利益共同体体现的是一种竞争机制,有助于一个“管理化社会”的运转[②],而内部小传统作为行政系统中的环节结构更主要的是一种腐蚀机制。在F厂征地一案中,地价补偿的差异明显受到了环节结构的影响。当G镇为抚平村民不满,通过做工作让F厂再拿了60万元出来做村民的工作。村民得到的钱从每户300元到5000元不等,分配差额虽然很大,但是有一定规则,多数农户是根据被征土地面积和地上构造物的情形按300—1500元/户分,人数虽多,数额仅占了1/3,还有极少数村民得到了比较高的数额,即按4000—5000/户补偿,这是因为这些户闹得较凶,但数额不大,约计6万元左右,剩下的钱大致都是按2000—3000元/户分配给了那些与县里、镇里干部有“门亲”的户。这样一来,即使有少数钉子户,基层行政系统亦能够小心应付过去。所以,G镇负责征地的干部向我叹了口气,“事情过去了”。

---

① 张静:《基层政权——乡村制度诸问题》,浙江人民出版社2000年版,第176页。

② [美]罗伯特·N.贝拉:《德川宗教:现代日本的文化起源》,王晓山、戴茸译,生活·读书·新知三联书店2003年版,“序言”。

第五章　讨论与建议

从前面分析知道,补偿的实际状况易受征地场合的社会构成情况的影响。也就是说,场合本身决定了补偿过程。基于此,本章试图对征地场合的本质特征作一个总结,并试图开拓出一个化解问题的可能性思路。

一、缺少约束性的征地场合

在前面各章,我们已看到目前征地制度设计上的一个缺陷,即以利益的纯粹计算为设计原则,结果,征地在现实中往往是一种利益角逐和力量比拼,由此相继而起的冲突和纷争接连不断。因此,由征地而起的"场合"有两个特征:短暂性和非聚合性。因各方利益取向完全不同,征地场合中的各群体犹如麻袋里的马铃薯,袋口一开,一个个就四处蹦开,一旦分散开来就难再聚,显然,征地场合的"生命周期"是短促的。

那怎么办呢?现在我们再次回到第一章对场合的讨论。在那部分我们曾经探讨过,一个比较稳定的场合有四个组织规定:补偿规则化、财产权利化、行动者专业化以及行动者间的协作化。这四个规定不仅强调手段与目的间的关联,也强调行动者间的目的关系。因此,稳定的场合是规范性的,规范性的场合是约束性的。不管是受规则约束,还是受非规则约束,场合的本质特征是“约束性”。

这种约束性有何意义呢?从动力、过程、制度来讲,征地场合带有明显的经济上的关联特征,因为,征地对国家的工业化建设的重要性是不言而喻的。然而,缺乏约束性的征地场合对工业化能有怎样的贡献呢?对于工业化建设的讨论有两种:一种是从经济上讨论,一种是从非经济上讨论。

经济上的讨论主要集中于市场与生产之间的关系问题。列宁在《论所谓市场问题》一文里开篇便提出“人民大众很穷而且愈来愈穷的时候,资本主义能否在我们俄国发展并充分发展起来”的问题,他之所以要提出这个问题,在于说明另一个更为实质的问题,即他认为,“没有市场这个说法是否认马克思的理论适用于俄国的最主要的论据之一”,因为“无论资本主义的发展或人民的贫穷化都不是偶然的。这是以社会分工为基础的商品经济发展的必然伴侣。市场问题完全不存在了,因为市场不过是这种分工和商品生产的表现”,“非农化”反映的问题不过是“商品经济如何过渡到资本主义经济,即商品生产者如何分化为资本家和无产阶级”的问题①。经济上的讨论揭示的是工业化发展的宏观过程。在这里,征地对于这个过程的意义在于揭示小生产方式的瓦解、大工业生产方式

---

① 列宁总结了“非农化”的基本内容与含义,他认为,“一方面,农民大批地抛弃土地,丧失经济独立性,变成无产者,另一方面,农民不断扩大耕地并采用改良的耕作法。一方面,农民丧失农具和役畜,另一方面,农民购置改良农具,开始购买机器,等等。一方面,农民抛弃土地,出卖和出租份地,另一方面,农民租进份地并贪婪地购买私有主土地。这一切都是人所共知的早就确定了的事实,这些事实只能用商品经济的规律来解释,正是商品经济把我国‘村社’农民也分化为资产阶级和无产阶级”。参见[俄]列宁:前引文,第56、86—87页。

的必然发展,以及农民被抛入大工业的生产方式中,少数成为资本生产的所有者,多数变为大工业生产方式的螺丝钉和后备军。

另一方面,非经济上的讨论则集中在信念、价值、规范与社会秩序间的关系。帕森斯在《工业社会的若干基本特征》一文中,从价值信仰和制度系统结构两个维度,分析了情境、法律、经济等系统间的相互关系,提出了工业社会的发展除了经济上的原因外,还有必不可少的非经济上的原因。他举例说明,激励机制的可行与否与文化价值信仰的内化相关,劳动的机动性和流通类型是由非经济因素决定的,信息的传播和接受与内(外)部价值变化,特别是宗教观念变化相关,资本这一化其他事物为手段的一般性工具也是在人们接受了竞争性价值后才可能发达起来,法律对应的是法治政府,而不是人治政府,即“政治上组织起来的社会”的法律。①

以上两种讨论既有区别,也有联系。前者揭示的是工业化的动力机制,着眼于工业化的过程规律,后者揭示的则是工业化社会的秩序稳定机制,即确保每一场合受一定规范的约束,具体来说,是指具有普遍性特征的法律。前者说明了工业化过程中的竞争关系,这种竞争必定要使人出局,后者强调了只有竞争价值得到普遍的认可,即只有在竞争规则具有普遍性而不是特殊性,以及只有在竞争的失败者能得到社会认可的情况下,工业化才有可能。

我们由此可以明白这么三点:首先,因为工业化,征地不会停顿,征地会产生失败者;其次,实施治理的方向在两方面,一方面是确保征地程序正义,另一方面是安顿失败者;最后,赋予补偿以道德性。因此我们认为,确保征地场合有约束性有两个方向,即在社会道义上形成补偿具有道德性的共识,在治理上,转向程序治理。关于补偿道德性的讨论是一个更大

---

① 参见[美]帕森斯:《现代社会的结构与过程》,梁向阳译,光明日报出版社1988年版。

的问题域，鉴于本研究的主旨，我们在这里只讨论后一个方面。

二、迈向程序治理

一方面，由于征地对农民来说有经济上的极大影响，这关系到每个农民的家庭生活；另一方面，由于征地带来的人口上的迁移带来了不少不确定性问题，比如，计划生育的控制、流行病，以及选举等问题，所以，征地是一个很实在的治理问题。

我们从征地制度变迁过程中看到，不管是民国时期，还是新中国成立初期，抑或是现在，治理的工具并不是主要依靠法律，而是依靠各种手法，往往是治理对象的状况决定治理的工具运用以及治理后果。这表明，决定治理的并不是土地，而是土地上的社会，即与征地相关的人口。人口意味着事情、麻烦。在征地时，政府之所以要“做工作”保稳定很可能就是出于这个原因。但是，我们看到，“做工作”的许多手法并不能为被征地农民接受，农民仍是不满，中央政府也对自己的政令不畅、地方政府变戏法手法忧心忡忡。在此处，我们的确看到了福柯所说的“治理化国家”存在的悖论，“这种国家的治理化是一个非同寻常的悖论现象，因为，如果说事实上治理术的问题和治理技术已成为唯一的政治问题，已成为政治斗争和政治竞争的唯一真实的空间的话，那是因为国家的治理化同时就是使国家幸存下来的因素，完全有可能设想，如果说国家就是它今天这个样子，恰恰要归因于这种治理术，这种治理术同时内在和外在于国家，因为，正是治理的手法使得对什么在国家职能范围内、什么不在国家职能范围内，公的和私的等问题可以反复不断地加以界定；因此，只有以治理术的一般手法为基础，我们才能理解国家的持续存在(survival)与局限"[①]。如此看来,征地的确是人与事的复合体,它既涉及公私再界定,也涉及国家职能的具体运用。

虽然征地反映了"治理化国家"的一面,但并不等于征地场合就仅是个策略和手段问题,这是因为,如果只有策略和手段,征地场合也仅是个利益角斗场,有的只是利益的分化而不是制度上的功能分化,所以,在这种情况下,征地场合显然是缺少约束性的,也显然是短促的。如何变利益分化为功能分化呢?在我们调查的区域,农村的空心化和分散性十分明显,农业生产已明显变得不重要,很显然,要通过在农村再造生产以实现功能上的分化至少在目前是不太实际的,因为即使新的农村产业结构的转型和发展在时间上也需要很长的过程,而且,产业结构的转型也一定会受到来自行政力量的影响,因为,大多数的产业结构的转型都是由县乡两级政府来规划的。因此,如果我们要将征地场合作为一个重建社会的契机,那么,比较稳妥的路径在于通过政府行政程序的治理来保证分配上的公正。因为当前地方行政体制中存在着的容隐机制和环节结构不断地使行政吸纳社会可能,所以,通过加强程序治理也许是打通国家与社会之间隔断的可能性方案之一。

那又应该怎样加强程序治理呢?一般而言,程序治理的目标在于公平地实现"分配利益或负担"[②],因此,程序治理两种基本的模式,一种是二人谈判解决,另一种是第三方判决解决。二人谈判解决模式主要发生在单纯的利益分化背景中,在实质上则是一种力量优劣的竞争,主要受权力、金钱、时间等因素影响和制约;第三方判决解决模式则发生在功能分化背景中,在实质上是规则裁决,主要受第三方的自由度程度的影响,第三方受约束越少,裁决越公正,当事人之间分配越对等。在征地补偿一事

① [法]福柯:《治理术》,赵晓力译,《社会理论论坛》1998年第5期。

② [德]克劳斯·F.勒尔:《程序正义:导论与纲要》,陈林林译,法律思想网(2002年2月11日)。

上，用地方和被征地方之间的矛盾一般是由行政机构来处理的，由于容隐机制和环节结构的影响，换句话说，社会网络和社会背景对征地补偿有限制作用，所以，实现程序治理这个要求在于型塑一个具有自由度的第三方。

三、未尽的讨论

到此，我们比较全面地论述了征地补偿关系的过程、实质以及出路等问题，并且强调了“程序治理”的解决路径，但是，仍有三个重要的问题需要进一步讨论，一是征地补偿的道德共识怎样能建立起来，二是征地补偿矛盾带来何种新的制度变迁，三是，国家在社会发展中扮演的角色与现代化成功可能性之间的关系。第一个问题将追问补偿的道德性问题，这关系到人们对补偿的意义认识；第二个问题追问的是征地矛盾催生的新法律（比如新《物权法》）的有效性。这两个问题分别代表了意义和制度，但是补偿的实现需要通过关系来将意义和制度连接起来，因为“法律只能是现实在观念上的有意识的反映，只能是实际生命力在理论上的自我独立的表现”①，所以，补偿的实现问题其实是一个再造社会的问题，当我们要来讨论社会的再造时，一个关于“自我”的问题便随之而来，个人、群体和国家如何求得自我？显然，相比个人、群体的“自我”问题，国家在现代社会中的“自我”问题无疑具有更大的意蕴。但是，由于本篇论文的主要任务是通过征地补偿关系研究看到我们这一时代问题到底是什么，至于这些问题只有留待将来处理。

① 马克思：《区乡制度改革和〈科隆日报〉》，载《马克思恩格斯全集》（第一卷上），人民出版社 1995 年版。

附论一　关于补偿理论的一个简单考察

帕森斯在《社会行动的结构》一书的《平装本序言》中提出，现代社会学研究的生命意义在于回答两个问题：在经验方面是对资本主义发展及其带来的社会问题的理解；在理论方面是从个人主义和社会主义间的困境（功利主义的二难困境）中突围，找到一条符合经验的社会发展理论。并且认为，只有当理论在经验主义程度上逐渐降低，那么这一研究才是对某一门科学的推进。[1] 所以帕森斯明确指出，

> 社会理论和关于经验事实本身的知识结构中的“内在”（immanent）发展已经起了很大的作用。……理论不仅是个变项，而且是个自变项。……一个理论要正确，就必须符合事实，但并不能够因此得出结论，单凭不依赖于理论而发现的事实就可断定理论将采取什么样的形式，也不能说在将要发现什么样的事实和决定科学研究将朝什么方向发展方面，理论不是一项决定因素。[2]

---

① ［美］塔尔科特·帕森斯：《社会行动的结构》，张明德、夏遇南、彭刚译，译林出版社2003年版，“序言”。

② ［美］塔尔科特·帕森斯：《社会行动的结构》，第6—7页。

基于如上一种知识学认识，我们试图从以下几方面来作文献梳理：(1)从经验上简单考察补偿自身的一个演变历程；(2)从理论上概括补偿与社会整合的内在机理[①]；(3)简要回顾补偿在正义论文献中的情形以进一步说明补偿问题的重要性。

一、关于“补偿”“社会补偿机制”等概念的历史认识

（一）什么是补偿

补偿(Compensation)一词意义丰富。[②]

作为一个宽泛的法律术语，它意指一个事物对另一事物的平衡。比如在雇主和雇员关系方面，补偿是指薪水、工资与劳动、顾问、商品供给间的平衡，存在着报酬与服务，受益与损失间的平衡。可见，这个词意指制造完满、给予对等价值上的平衡和替代。

这个词除了平衡的意义外，还有一层意义是指有机体(或社会组织)

---

① 米尔斯认为，在社会化和社会控制系统之间还可有另外一些整合机制。参加[美]米尔斯：《社会学的想象力》，陈强、张永强译，生活·读书·新知三联书店2001年版，第42页。

② 补偿一词在英文中有这么几个词与之对应，即Redress，Indemification，Remuneration，以及Compensation等词。就西方理论文献来看，Compensation出现的频率最高。笔者于2005年9月12日16时通过Jstor数据库，在以title为限制性条件的搜索结果中，Indemification，Compensation，Redress和Remuneration依次出现的条数为：0，726、24和43(http://www.jstor.org/)。这四者是有差别的。就Compensation一词的词源分析来看，com-指“和”“与”，有共同(体)意蕴，体现的是集体性；pen-则指“权衡”“算计”，体现的是个体性。可见，该词的“矛盾性”色彩十分突出，深刻体现出社会发展过程中的某种张力。它与前三者一样都强调了补偿的公平性、对等性，但它不同于前三者的地方在于对共同体作为补偿载体的强调，由此也间接说明了补偿为什么会进入社会理论领域。

弥补结构或功能上缺陷的一种平衡机制。比如在社会心理学方面,1907年阿德勒(Alfred Adler)提出了一种关于补偿的心理学观念,即对某种行为中的缺陷给予补偿,他认为神经性症候是对缺少自尊的补偿,并且认为通过后天的努力在社会上得以成功往往可以补偿幼时的挫折感,比如德摩斯梯尼(Demosthenes)现象。又比如在社会机制方面,社会通过法院这样的组织实现对损失和侵害行为的赔偿,以实现社会组织的平衡,因高速公路、公共建筑被征收(the seizure of property)而给予所有者以补偿就是这种表现。① 社会中的补偿作为一种平衡机制,主要是在社会控制机制的意义得到认识的。据戴维·福格尔(David Fogel)的研究,社会控制有五种类型,它们分别是刑法控制、补偿控制、疗法控制、教育控制和调解控制。每一种控制类型都与某种社会行为类型相对应。补偿控制针对的就是那种侵害补偿类型义务标准的行为,它通过支付以减少由侵害行为引起的负债。② 霍克(G.R.J.Hockey)则研究过补偿控制对高负荷工作下人的业绩的调节作用。他认为,可以通过一定的补偿控制机制分别调整目标和行动得以实现。在高负荷下的工作有两种不同水平的补偿控制机制提供了资源分配机制的基础,一是增加人手,而是减低业绩目标。③

除上面的意义外,补偿还是一个社会历史范畴。据《大英百科全书》,该词最早出现于13—14世纪期间。这时接近中世纪末期的欧洲正处于一千年来封建制度体系的决定性危机之中,与此同时,现代性因素也在汇聚之中,地理大扩张、民族国家的诞生、集权国家官僚体制缓慢形成,商业化、工业化、城市化日趋增强,从而引起社会结构的根本变革,终日劳

---

① 参见《不列颠大英百科全书》关于补偿(compensation)这个词条的解释。

② 参见 David Fogel, *We Are Living Proof: The Justice Model of Corrections*, Cincinnati: W.H.Anderson, 1975。

③ 参见 G.R.J.Hockey, "Compensatory Control in the Regulation of Human Performance under Stress and High Workload: A Cognitive Energetical Framework", *Biological Psychology*, No. 45(1997), pp.73-93。

动的群众和富裕的资产者及城市贵族之间的阶级斗争日益明朗化，“进步”同时也意味着旧制度、传统的衰败。①

补偿一词的出现反映了两方面情况：一方面，就经济、社会而言，由于旧制度摇摇欲坠，新制度因素虽不断显现却未显现出其全部力量，它的出现揭示了一种在急剧变革中寻求出路的社会表达，换言之，社会经济上的总危机需要新的补偿体系。② 正如沃勒斯坦所总结的那样，

> 如果一个体系内的最优生产力发展限度已被超过，加上经济压榨导致封建领主和农民之间阶级战争以及封建主内部的自相残杀的战争成为普遍现象，那么，使西欧免于毁灭和停滞的唯一出路是扩大可供分享的经济利益。这条出路，在当时的技术条件下，是要求扩张土地面积和可供剥削的人口基数。③

另一方面就文化、心理而言，补偿一词的出现还揭示了现代性（modernity）对传统的冲击。④ 也如史家所言：

---

① 参见[美]伊曼纽尔·沃勒斯坦：《现代世界体系》（第1卷），尤来寅等译，高等教育出版社2000年版，第18—28页；[美]詹姆斯·W.汤普逊：《中世纪晚期欧洲经济社会史》，徐家玲等译，商务印书馆1992年版，第2—13页。

② 比如现代社会保障制度就是社会补偿系统的一个重要表现，它的出现并不是从古至今就有的，那种把社会保障制度的起源可以追溯到中西方的古代社会的做法是值得商榷的，事实上，现代社会保障制度完全是属于现代性的产物，因为它的实施主体、对象、理念、产生时间以及运行机制都是和“社会”联系在一起的。参见贾晔：《社会保障ABC（二）：社会保障制度的起源和发展》，《人口与计划生育》2003年第2期。

③ 参见[美]伊曼纽尔·沃勒斯坦：《现代世界体系》（第1卷），第18—19页。

④ 补偿问题不是个别性的、暂时性的问题，它和斯密的“同情”、滕尼斯的“意志”、涂尔干的“集体意识”、舍勒的“怨恨”一样，是一个与现代性挂钩的普遍性问题。它们共同反映出现代性致使人类处于深度“焦虑”中，现代性因此也成为分析社会补偿不可或缺的背景。从康德提出《答复这个问题：“什么是启蒙运动?”》到福科《何为启蒙》一文，这期间及其后，现代性就被当作一个“总体性问题”为人们所思考着。正如福柯所言，

当人们从12、13世纪进入中世纪最后两个世纪和近代头一个世纪时，惬意但又荒诞不经的“进步”信条引起了巨大震动，这几百年间的数代人在荣誉感、优雅礼貌的举止、仁慈心、对个人或社会的责任感、容忍和克制力以及对生活奥理的虔诚等方面，比他们的前辈低劣得多。①

这种论述虽不反映汤普逊的观点，却代表了与进步主义、乐观主义者相对的浪漫主义、悲观主义者的核心思想：现代性即“理性化、理智化和个人化”，它意味着“伦理非理性”和“一个分裂的世界”。②

“它至少在某方面决定了我们是什么，我们想的是什么以及我们所做的是什么”。就其实质而言，它涉及的是理性化进程与人类命运之间的关联，表现为“一个整体”“三大关系领域”和“三条轴线”。福柯把实践整体归纳为组织做事方式的理性形式（技术层面）与由自由产生的个体行动及其反应（策略方面或称游戏规则）；并把实践整体统合进三大关系领域，即对物的控制关系领域，对他人的行为关系领域，对自身关系的领域；于是就形成了三条轴线，分别是“知识轴线”“权力轴线”“伦理轴线”。所以，福柯在现代性研究上坚持“哲学的气质”（the ethos of the philosophy），强调处于“边界”上的主体特征，以及将现代性判断为一种“态度”关系，这些都表明了他关于“现代性的‘纯粹的现实性’”的主张，也就是说，在上述意义上，现代性并不是历史分期的一部分。从这种观念如何看补偿呢？我们认为，这其实是说，只有经过社会史和观念史的审查，才可能理解补偿的纯粹现实性特征。早期的社会理论家大都关注社会理论与心理的联系，因为这种联系反映的是现代性的影响。就补偿和心理学的关系而言，精神分析学有重要见地，弗洛伊德首先在其《过失心理学》一文中提及了补偿机制，对此，吉登斯看到了两个重要方面：其一，失言补偿都是结构性的；其二，失言只有经过“言说者”或“听者”的“补偿”才能被认为是“问题”。作为对弗氏“泛性论”的反叛者，阿德勒提出了一套关于“自卑”和“补偿”的“新学说”。至此，补偿理论就在社会心理学领域扎下根来，现在社会科学中所探讨的补偿教育努力（compensatory education effort），以及社会公平的研究热潮只不过表明了阿德勒撒下的种子开始进入成熟期。参见［法］福柯：《何为启蒙？》，载《福柯集》，杜小真等编译，上海远东出版社2003年版，第528、541页；［英］吉登斯：《弗洛伊德论失言》，载《社会的构成：结构化理论大纲》，李康、李猛译，生活·读书·新知三联书店1998年版，第178—194页。

① ［美］詹姆斯·W.汤普逊：《中世纪晚期欧洲经济社会史》，徐家玲等译，商务印书馆1992年版，第10页。

② ［英］G.德朗蒂：《社会理论的基础：起源与流变》，载［英］布赖恩·特纳编：《Blackwell社会理论指南》，上海人民出版社2003年版，第51页。

综合以上内容看，补偿有恢复、平衡的意涵，它是组织维持其自身平衡的机制。

（二）补偿的机制化研究

1. 补偿的现实性

事物不会只朝向一个方向发展，社会也不永远分裂下去。虽然“人类的命运不平等乃是一个根本的现实”①，但是与这一方向相反的补偿也会取得进展。② 现实就是这样。比如，英国从 13 世纪中期或 14 世纪早期的某个时候开始，生产力的迅速发展使现有的人地关系发生了变化，地产成为商品生产的要素，“圈地”制造了一支庞大的失业大军，贫困逐渐成为现代社会的一个普遍性问题。针对贫困的“反贫”“平等”运动先后以各种形式出现，并且呈现为社会和统治阶级两条线上的行动。在社会行动这条线上的过程是，先是直接地为生存的农民起义，接着是为要求政治权利的罗拉德派政治运动和起义，后来有“掘地派运动”，再是“合作社会主义运动”，“费边社会主义”等。另一方面，统治阶级集团体认到“动荡”对统治安全的威胁，采取了一定的补救措施，先是以教区为基本单位、以“济贫税”为财政基础的《济贫法》，然后有救济范围得到扩展的《斯品汉姆兰法》，随着工业革命的深入，工人阶级运动所展现的力量以及两次大战的影响，以庇古的《福利经济学》和凯恩斯的“国家干预主义”为基础，产生了著名的“贝弗里奇报告”，与社会补偿相关的各项社会保障制度开始逐渐建立，减轻了社会转型带来的震荡。③ 如此看来，社会补偿就

---

① ［德］韦伯：《支配社会学》，康乐、简惠美译，广西师范大学出版社 2004 年版，第 19 页。

② 这其实也反映了人与社会的关系。这种关系正如科耶夫所言，“戒指”的存在性在于“虚实相应”，有空洞无金子，不成为戒指，有金子无空洞亦不成为戒指。转引自［美］流心：《自我的他性——当代中国的自我谱系》，第 149 页。

③ 参见钱承旦、陈晓律：《英国》，四川人民出版社 2003 年版。

是在面对现代化的消极后果过程中应运而生的机制。①

2. 机制研究

机制研究的产生是“社会”(Society)内涵不断扩展的结果。帕森斯在其《社会》一文中探讨了社会的起源及其发展过程。他认为“社会”的形成过程也就是理性化、工具性价值的扩展历程,所以他认为社会成为一种机制,社会关系被化约为满足个体需要的“手段”,因此,作为“手段”的社会就是逐渐衍生为一套复杂的符号系统。② 哈耶克也曾著文讨论“社会的”(Social)一词的含义,不过哈氏的着眼点在于对“理性”的再理解。他继承曼德维尔、亚当·斯密以及大卫·休谟等人的“生成性功利主义”(the generic utilitarianism),主张一种“自生自发秩序”的社会观,认为社会经历了“抽象的行为规则对具体的强制性义务的逐渐替代”过程,现代世界的特征就是他所称“偶合秩序之竞赛”(game of catallaxy)③。由此看来,两人分析角度、路径,以及最后理论目标虽不相同,却在社会为一套行动规则体系这一点上有共同点。不过,我们也的确看到了现代社会越来越匿名性、抽象化、系统化的趋向。④正是在这种情况下,探讨社会运作的机制才有了科学上的意义,并且流行开来。

据彼得·赫斯特洛姆(Peter Hedstrom)和理查德·斯威伯格(Richard Swedberg)两人考察,在社会学发展的早期,经典大家很少使用

---

① [德]弗兰兹-克萨维尔·考夫曼:《社会福利国家面临的挑战》,王学东译,商务印书馆2004年版,第36页。

② Talcott Parsons, "Society", in *Talcott Parsons: The Early Essays*, (ed.) by Charles Camic., University of Chicago Press, 1991, pp.109-121.

③ [美]哈耶克:《什么是“社会的”?——它究竟意味着什么?》、《社会正义的返祖性质》、《理性主义的种类》,《哈耶克论文集》,邓正来编译,首都经济贸易大学出版社2001年版。

④ 参见李猛:《抽象社会》,《社会学研究》1999年第1期;渠敬东:《涂尔干的遗产:现代社会及其可能性》,《社会学研究》1999年第1期。

社会机制一词，该词在社会研究中得到广泛运用主要是在二战后。① 机制一词最先用于生物学中，它之所以受到生物学家的喜爱，主要是因为规律(law)一词太过于强调生物发展过程中不可更改的那一方面，而无法很好表达出有重要意义的例外(exceptions)，所以，生物学家采用了机制(mechanism)一词。在社会科学中，经济学比较多地运用了机制一词，比如“市场机制”一词的运用。机制一词在社会学中能得到扩展要归功于帕森斯、默顿(Robert Merton)等人的贡献。帕森斯在1951年出版了《社会系统》一书，他在该书中对机制作了比较深入的分析，他说，“对于系统或子系统的其余部分来说，某一过程(process)的可替代性结果有重要意义的话，那么这一过程就被称为机制”，其中“过程是指一种方式或模式，在这一模式中，系统或系统其余部分的状态变迁到另一状态”②。这样看来，机制大致包括了三个基本特征：第一，系统性，是指机制是系统的机制，是以一定的结构为载体的；第二，过程性，是指事态有因果关联；第三，功能性，是指作为一定结构的机制对于系统来说是有意义、有作用的。

帕森斯认为，社会系统既是个行动系统，也是个由相互关联的行动过程构成的系统。社会系统的结构方面表现为这些过程的某个抽象模式。机制这一概念就是对过程要素的某个方面的描述。在社会科学中，对过程的研究主要集中于对规律的研究。由于支配过程的过程是不容易知道的，即使有所了解，仍不知道过程到底是怎样发生的，因此，对机制的研究就逐渐取代了对过程规律的研究。社会科学研究之所以这样做，主要采取的是一种曲线救国的方式，先弄清过程的各种机制，继而逐渐接近过程的真相。怎么理解机制呢？帕森斯坚持结构分析的方向，具体而言是要

① Peter Hedstrom, Richard Swedberg, “Social Mechanism: An introductory essay”, in *Social Mechanisms*, (ed.) by Peter Hedstrom and Richard Swedberg, Cambridge University Press, 1998, p.5.

② Talcott Parsons, *The Social System*, pp.201-202.

弄清“相关的‘价值’变项间的关系”。因为，制度化的焦点在于价值取向模式（patterns of value-orientation）。接着他分析了社会系统动机机制的两种类型，即变迁机制（learning，socialization）和均衡机制（defense，adjustment，social control，allocation complementary interaction）。均衡机制是变迁机制的参照点。① 帕森斯着重分析了这个参照点，即某一社会的具体结构（the concrete structural of societies）。这就是他所说的结构形态学（structural morphology）和经验束（empirical clustering），比如亲属系统、组织、权力及宗教。②

虽然默顿反对帕森斯的“宏大理论”（grand theory），主张中层理论（middle-range theory），但是他对机制的关注以及机制的定义并没有超出帕森斯定义的范围，不过更多地强调了社会机制对于社会均衡的意义。默顿在解释角色设置时，不仅肯定了社会机制对于理解角色设置的意义，而且将社会机制定义为“对于社会结构的一个指定部分来说有指定结果的社会过程”，社会机制可以说明“角色设置中哪些期望能够比较充分地减少地位获得方面的冲突”③。

虽然帕森斯和默顿给出了社会机制的定义，但是，他俩的定义都还不够清晰。为什么社会研究应将焦点放在社会机制上而不是放在统计联系或利益实体间的其他关系形式上呢？这就需要理清社会机制与规律（law）、黑箱（black-box）之间的关系。规律主要反映的是统计上的联系，这种反映说明了联系的存在，至于这种联系为什么如此则没有得到很好的解释。这是因为规律模式暗含着输入（input）、输出（outcome）模式：I—M—O。一般来说，对 I/O 模型中的机制（M）的解释方法用的是因果模型法（casual modeling approach），由于因果模型法不能解释过程是怎样发生

① Talcott Parsons，*The Social System*，p.205.

② Talcott Parsons，*The Social System*，pp.151－153.

③ Robert Merton，*Social Theory and Social Structure*，The Free Press，1968，p.43.

的，所以机制（M）没有得到很好的说明。比如这一模型在解释阶级和个体之间的关系方面存在明显困难。用于解释个体层次现象的变量与用于解释阶级层级现象的变量之间并不一致。① 对于社会科学而言，分析社会机制的起点主要还是行动者的行动。帕森斯的《社会行动的结构》一书就是为行动系统分析奠定了坚实的基础，并在《社会系统》一书中得到了系统的总结，从中我们基本看到了方法论个体主义（methodological individualism）的大致轮廓。这一方法主要强调"社会制度在原则上能够，而且仅能够根据个体行动的有目的或无目的结果得到解释"②。因此，按照这一方法论路径，赫斯特洛姆和斯威伯格为我们介绍了一般社会机制的定义、构型原理：

第一，一般社会机制的定义。

他们认为社会机制的定义应该遵循四个核心原则：1）行动；2）精确；3）抽象；4）还原。行动原则强调解释的基础是行动，而不是其他事，是行动者，而不是行动引发的变化。精确原则强调要遵循中层理论。抽象原则强调尽可能清除掉不相干的因素。最后一个原则强调一种还原主义的策略，尽可能缩小输入（I）和输出（O）之间、原因和结果之间的鸿沟，使黑箱得以解释。所以，一般社会机制是指在以上四原则基础上弄清输入（I）和原因以及输出（O）和结果。③

第二，一般社会机制的构型原理④（见图4）。

① Peter Hedstrom，Richard Swedberg，*Social Mechanisms*，pp.9-10.

② Peter Hedstrom，Richard Swedberg，*Social Mechanisms*，p.12.

③ Peter Hedstrom，Richard Swedberg，*Social Mechanisms*，pp.24-25.

④ Peter Hedstrom，Richard Swedberg，*Social Mechanisms*，p.22.

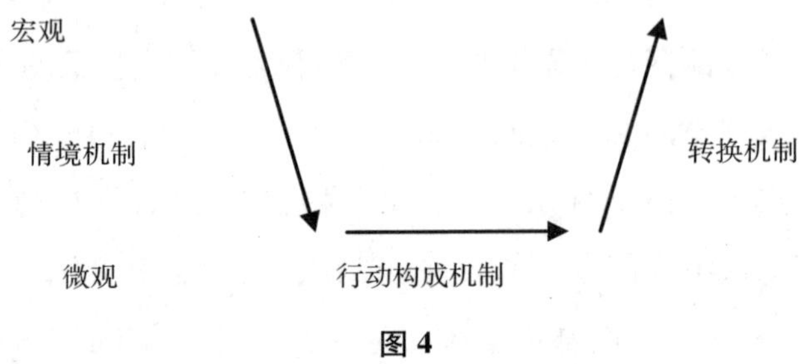

图 4

他们运用一般社会机制解释了默顿的自我实现预言理论、科尔曼的网络扩散理论，以及格兰诺维特的门槛行为者理论为什么都是基于信仰构成机制(blief-formation mechanism)，即“这一机制表示执行某种行为的个体数量向其他人表明了这一行为的可能价值和必要性，而且这一信号会影响个体的行为选择”①。

根据社会机制的构型原理可以推测补偿机制也应该由三个方面构成，一是补偿的情境机制，比如我们看到的征地场合就是补偿的情境；二是补偿的行动构成机制，这主要是指对等的财产权利；三是补偿的转换机制，这主要包括行动者间的协调机制以及行动者向上表达的渠道。

二、补偿机制的类型

机制研究的发展过程表明，每个社会都有着自身的运作机制，而且，社会机制会随着社会发展到不同阶段呈现出不同的阶段特征。同样，社会补偿机制的影响、作用主要体现在社会结构变迁与价值、分配正义等的

① Peter Hedstrom, Richard Swedberg, *Social Mechanisms*, p.21.

关系问题上。① 总的来说，存在两种看法：首先，伦斯基认为，生产力增长的工业社会产生出社会补偿机制，社会补偿机制有助于平等性的增加。从农业社会转向工业社会，其间产生了许多新社会特征：生产力巨大增长，权力与特权分散，市民社会与教会、国家相并列，"个人"的观念开始突出，人们敢于公开运用理性进行谋划，精英们主动做出对下层群体的补偿，成熟的工业社会相对农业社会而言平等性大为增加了。② 其次，正如《共产党宣言》中显现出来的与此相反的观点，马克思认为，现代工人的命运"并不是随着工业的进步而上升，而是越来越降到本阶级的生存条件以下"③。

笔者在这里无意争论上述两种看法的对错，而是想指出，上述两种差异在现代社会中都可能存在，所以，社会补偿机制也可能存在着某（些）种一般类型。④

---

① 补偿必然面临着一个社会时空的结构问题，即补偿维持社会稳定的功能会受到特定社会状况的限制。因为，在一个工业化、市场化、开放性、结构复杂性程度都比较高的社会，个体对补偿的要求更多的是"人际满意"（interpersonal satisfaction）和"比例原则"（norms of proportionality）的价值原则，而对一个阶级结构比较单一或发展中的社会来说，个体对补偿要求更多的是"物质性获得"（material attainment）和"平等性、团结性规则"（norms of equality and solidarity）的价值原则。参见 Tallman Irving and Ihinger-Tallman, "Value, and Distributive Justice and Social Change", *The American Journal of Sociology*. Vol.44, No.2(April 1979), pp.216-235。

② ［美］伦斯基：《权力与特权：社会分层的理论》，关信平等译，浙江人民出版社 1988 年版，第 327—328 页。

③ 马克思、恩格斯：《共产党宣言》（单行本），人民出版社 1997 年版，第 39 页。

④ 笔者把补偿分为支配型和交往型两种类型。这里之所以作出这样的划分，主要是根据社会中存在的社会整合、系统整合、逻辑整合三种整合模式。社会整合指"行动者之间的秩序或冲突的关系"；系统整合指"社会系统各个部分之间的整合方式"；逻辑整合通过权力的可见性和可说明性，生产着权力索引线，提供了日常生活的基础合法性。三种整合方式分别对应着三种权力关系，即利益冲突模式、权威合法化模式、关系的关系模式。前面两种模式可以归属为支配关系，支配关系对应着授权合法性，关系的关系模式可以归属为权力关系，权力关系对应着基础合法性。正因为存在着上述权力类型划分，所以，关于补偿的类型自然受到上述权力类型的影响，存在着支配型的补偿机制。由于支配型补偿机制的运作过程必然伴随着一个产生基础性合法性的逻辑整合

（一）“共同体”与“社会”这对范畴所呈现出来的补偿问题

按照泰勒的说法，在前现代社会，哲学上的问题主要还是一个人与宇宙世界秩序的问题，即世界是上帝的文本，需要我们做的仅是去理解其中的奥妙。进入现代，这个问题变成了主体性如何获得的问题，经笛卡尔对“我思”（Cogito）的证明，在与秩序的关系上则相应地变成了人如何控制世界秩序的问题。与此同时另一个问题也悄然产生了，即一个韦伯所说的“诸神纷争”的局面。可见，秩序是个总体性概念，它涉及“自然”与“约定”、“动机”与“能力”、“能力”和“权力”、“阶级”与“阶层”、“剥削”与“斗争”等多对核心范畴。① 补偿怎样和秩序发生关联呢？秩序的“团结”态在历史上似乎是一个“常态”，但是秩序的变迁也是不争的事实，其间还会有巨大的“震荡”和“转折”。所以当我们涉及秩序变迁的时候便发现，在这些“震荡”和“转折”中，社会结构中不同阶层或阶级的命运是各不一样的，它们各自受到的损害也是不一样的。正是这样，社会各阶层受到的补偿也不一样，而且，补偿后的命运结局也是不同的。在这一点上，马克斯·舍勒在其《所谓社会保险金神经症的心理学和针对不幸的合法斗争》一文里就揭示出一些福利措施和法令使危及健康的事以及事

过程，所以，我们在考察支配型补偿机制时对这一逻辑整合过程给予了极大关注，通过戏剧国家与管理国家的实际过程，看到权力形象由全局变局部，由直接变间接，由明变暗的变换过程，揭示权力关系的不可见方式和可见方式交织在一起发挥作用，前者利用后者来吸引和消耗各种反对力量，并通过不断改造前者来适应日新月异的社会，看到社会行动部分可以被理解、描述，部分不可以被描述和理解的特征，明白只有当所发生的“事”具有可说明性时，能够被纳入社会成员接受的解释框架中，“事”才会成为可以理解的“事件”。参见李猛：《日常生活中的权力技术——迈向一种关系/事件的社会学分析》，北京大学硕士研究生学位论文。

① ［加］查尔斯·泰勒：《黑格尔》，张国清、朱进东译，译林出版社 2002 年版。

故危险潜伏在某些劳动程序中。①

秩序的历史是复杂的。由于知识的进步,我们还是可以有一个大致的归类。迄今为止,我们总的可以分为共同体秩序(机械的)、社会秩序(有机的或结合体的)。滕尼斯认为,在共同体里,“人本身就属于这些有机的物体,他们当中的任何一个人除了间接地了解一切可能的物体外,也直接地了解他自己的身体”②,集体意志的普遍性和“默认一致”(consensus)感是共同体的内在本质。所以,“共同体的意志范围,是一大堆确定了的力量、权力或者法,而法就是作为必须或应该的想要和能够或可能(许可)的总和”,也就是说,共同意志决定了共同体内的一切,所谓的不平等并不存在,体现个体欲求的行动也是不允许出现的,所以“真正的交换是违背家的本质的”③,共同体内自然地不存在针对个人的补偿,只存在危及共同体意志的补偿。④ 就社会而论,滕尼斯认为它是机械的,是经过科学化了的,社会就是一个“人工制品”,所以“在社会里,尽管有种种结合,仍然保持着分离”,“在这里,人人为己,人人都处于同一切其他人的紧张状况之中”,所以,“消极的态度是这些权力主体相互之间的和总是基本的关系”,“没有人会为别的人做点儿什么,贡献点什么,没有人会给别人赏赐什么,给予什么,除非是为了报偿和回赠”⑤,一句话,社会是要求补偿的,并以之为存在的

---

① [德]马克斯·舍勒:《资本主义的未来》,罗悌伦等译,生活·读书·新知三联书店1997年版,第120页。

② [德]费迪南德·滕尼斯:《共同体与社会》,林荣远译,商务印书馆1999年版,第56页。

③ [德]费迪南德·滕尼斯:《共同体与社会》,第82页。

④ 从人类学视角看,在氏族社会中,“构成氏族的个人并不将他们彼此间的亲密关系意识为一种客观的人类关系,而只将它意识为一种更广泛的关系的一面,在这种关系中,他们将某种动物或植物当作自己的本家”。参见[英]汤姆逊:《古代哲学家》,何子衡译,生活·读书·新知三联书店1963年版,第45页。

⑤ [德]费迪南德·滕尼斯:《共同体与社会》,第95页。

前提。

共同体和社会这对范畴是一个理想类型(ideal type),滕尼斯对此予以认可。① 涂尔干和韦伯也遵循了这种做法。他们的不同之处在于,滕尼斯是形式化的分类,因此是一种二分法,而在韦伯那里,韦伯是从社会行动的角度来界定"共同体关系"(Vergemeinschaftung)和"结合体关系"(Vergesellschaftung),二者是一种连续性关系,所以他认为"大部分的社会关系多少都有这类的特质(指共同体关系),同时也有某些程度是受结合体的因素所决定"②。由此可见,韦伯的经验性、理解性的做法为个人与共同体的联结开辟了某种可能。

对涂尔干来说,他的机械团结和有机团结的确是受到滕尼斯影响的结果,特别是集体意识和共同体意志之间的某种相似性就是一个明证。但是,正如涂尔干在关于滕尼斯《共同体与社会》的书评里指出的那样,他和滕尼斯的不同不在于共同体概念上,他同样肯定共同体的共识(Verstandniss),共同体的"绝对自然的起源""一种有机的群集""每个人在从事劳动的时候,并不考虑报偿的问题,因为劳动是他的天然职责"③。他们之间的根本不同在于对社会的认识上,滕尼斯的社会是不自然的,而涂尔干认为社会是自然的,涂尔干这样谈道,"我却认为,所有大规模的社会群集生活,同小规模的集合体一样,任何地方都是自然的"④。这样一个判断极其重要,因为涂尔干在《职业伦理与公民道德》中所强调的法团(Corporation)对于社会团结有重要意义的这样一种理念就是基于对社会自然性的判断。如果要避免一种趋势,由于有机团结的无限发展而致使

---

① [德]费迪南德·滕尼斯:《共同体与社会》,第55页。

② [德]马克斯·韦伯:《社会学的基本概念》,顾忠华译,广西师范大学出版社2005年版,第55页。

③ [法]涂尔干:《费迪南德·滕尼斯:〈共同体与社会〉》,《乱伦禁忌及其起源》,渠东译,上海人民出版社2003年版,第249—255页。

④ [法]涂尔干:《乱伦禁忌及其起源》,第254页。

机械团结崩溃，连带的结果将是“社会的缺席”，那么职业群体就成了担负再造社会的最佳载体。这是一种伟大的企图，即让共同体在社会中重新复活。如果这样的理解符合涂尔干的原意，那么将要探讨的补偿对于社会而言似乎可有可无。之所以可无，是因为共同体是排斥补偿的，之所以可有，则有两方面原因：其一，在个体化的社会中，行动者的“利益意向性”是最主要的，补偿就意味着社会；其二，各种形式的补偿在社会中已是普遍现象。这种情况如同 Compensation 的词源结构一样，既有对共同体的温暖记忆，又有冰冷的权衡与计算，就像 Conscience（良知）[①]一词所揭示的那样，充满了矛盾性。既然这样，补偿就像良知一样，对社会来说恰恰是必须有的。

对于上述矛盾性，齐格蒙特·鲍曼从确定性和自由不能两全的矛盾关系重新解读了共同体与社会这对范畴。基于对社会的个体化特征的判断，鲍曼试图向他的读者说明，共同体的意义和作用在于使人们的工作有价值、有意义，但是，现代资本主义“对共同体作出的死刑判决是不可能改变的”，若要想共同体“起死回生”，那么看来，除了“把‘选择意志’重新锻造为‘本质意志’”外，似乎别无他途。[②] 他坚称，为减弱现代社会的“捆绑式压制”，不能因为有人对“多元主义”的欢呼而放弃对“平等”的再认识。因为，“如果说在这个个体的世界上存在共同体的话，那它只可能是（而且必须是）一个用相互的、共同的关心编织起来的共同体；只可能是一个由做人的平等权利和对根据这一权利行动的平等能力的关注与责任编织起来的共同体”[③]。

---

① 关于良知（conscience）一词有很复杂的讨论。笛卡尔从人的理性认识具有分别真假的能力来解释的良知，在涂尔干那里，良知是与集体意识相关联的社会事实。参见[法]笛卡尔：《谈谈方法》，王太庆译，商务印书馆 2000 年版，第 3 页。

② [英]齐格蒙特·鲍曼：《共同体：在一个不确定的世界中寻找安全》，欧阳景根译，江苏人民出版社 2003 年版，第 41、43 页。

③ [英]齐格蒙特·鲍曼：《共同体：在一个不确定的世界中寻找安全》，第 186 页。

从鲍曼那里,我们理解了两点:一是社会的不安全感;二是现在有再建共同体的机会。由此也说明了两点,其一,补偿是社会的“幽灵”,除非人类从确定性和自由间的困境中逸出,否则挥之不去。因为,如果不从这个根本着眼,目前福利国家所展示的只是发展中国家将来的前景;其二,补偿不仅指向公平,通过它似乎也可开辟新的人类前途。因为,就某种意义上讲,“是厌恶而非诱惑,才是历史前进的根本动力,因为人类对他们在自己的状况中所发现的令人痛苦和不快的东西感到羞愧和烦恼,因为他们不希望这些状况继续存在下去,还因为他们在寻找一条减轻或补偿他们所受的痛苦的道路,历史变革才会发生”①。在此可作一小结了。根据共同体和社会这对范畴的内在本质分析,我们不仅理解了补偿对于社会的必要性,而且理解了补偿的实现范围,即单纯依靠共同体是不行的,依靠社会自身也是不行的,出路似乎只能是共同体与社会的联结。这就是所谓的“社会的共同体”(Societal community)。

“社会的共同体”这一概念是帕森斯沿着涂尔干的思路,并综合滕尼斯和韦伯对共同体本质特征的分析作出的。“他强调存在着公民们在其间能彼此自由自愿地形成团结关系的制度性框架”,这种“自愿联合”的结果便是“社会共同体”的产生。这种自愿联合的基础不在于其他别的,而在于“说服和感化”的行为能创造“共同利益”②。由此可见,帕森斯理论的背后有一些明确的“功能性前提”,即现代社会是强制性的,相对稳定的。所以,国家有为公民的沟通创造“共享性规范”的权力、责任、义务。这就是说,T.H.马歇尔意义上的“公民权利”“政治权利”对“社会发

① [英]齐格蒙特·鲍曼:《共同体:在一个不确定的世界中寻找安全》,第18页。

② [美]马修:《凝聚性“公众”的分立成形》,《国家与市民社会:一种社会理论的研究路径》,邓正来编译,中央编译出版社2002年版,第279—313页。

展"有着至关重要的影响。① 或如贝拉所言,公民权在处理现代社会的"秩序问题"方面,在一定程度上发挥了"机械团结"的作用,成为"人民"(the People)的普遍性的、共享的规范。②

在共同体—社会—社会共同体的转换过程中,可隐约看到补偿的两种历史形态,一种是支配性补偿,即和权力相关联,另一种是沟通性补偿(或称为交往性补偿),即和信任、公平等相关。

(二) 支配型补偿:韦伯与马克思的共同话题

马克思的著作之所以是划时代的,在于他有与亚当·斯密完全相反的结论,即个人自由主义不足以产生有序的社会。③ 当他"把权力因素重新引入经济制度之中,同时就意味着这个经济制度是不稳定的"④后,资本主义社会从根本上说是"压制"的和"对抗"的,即无产阶级和资产阶级的对立。从这种分析意义上看,一切补偿都是支配性的。马克思在《资本论》第二卷中论述资本主义总资本扩大再生产过程中的补偿(实物的和价值的)问题时认为,补偿不能够实现。因此在他那里,资本主义生产没有自我指涉的可能,有的只是"理性的狡狯",即"资本主义由于人的行动及人的意志以外的、无法避免的手段自行消亡"⑤。之所以这样说,完全是因为马克思强调如下立场:"资产阶级除非使生产工具,从而使生产

---

① 参见 T. H. Marshall, *Class, Citizenship and Social Development*, New York: Anchor Books, 1965.

② 参见 Robert N. Bella, "Civil Religion in America", in *Beyond Belief—Essays on Religion in a Post-Traditional World*, University of California Press, 1991, pp.168–186;[美]罗伯特·贝拉等:《心灵的习性——美国人生活中的个人主义和公共责任》,翟宏彪等译,生活·读书·新知三联书店1991年版。

③ [法]雷蒙·阿隆:《社会学主要思潮》,葛志强等译,华夏出版社2000年版,第108页。

④ [美]塔尔科特·帕森斯:《社会行动的结构》,第124页。

⑤ [法]雷蒙·阿隆:《社会学主要思潮》,第108页。

关系，从而使全部社会关系不断地革命化，否则就不能生存下去”①，但这并不意味着资本主义通过“创新企业家”就能够避免“危机”，因为生产力与生产关系之间的矛盾将会导致财富增长和大部分人口日益贫困之间的矛盾。

人们经常把马克思的某些结论当作放之四海而皆准的真理，其实这恰是马克思根本反对的。马克思明确指出，“每种经济制度都有它自身的经济规律”②，“人类始终只提出自己能够解决的任务”③。事实正如他所言，他的局限在于，他所在的那个时代的科学观虽然仍将发挥作用，但始终会被新的科学观所替代。我们可以看见，在他的著作里整体的观念已比较突出，但相对于现代系统论来说，仍是一种“涌现的整体论”。所以，他虽然看到现代使“一切等级的和固定的东西都烟消云散了”④的力量，但因时代局限，他对现代社会的自组织性趋势、信用作用等诸多方面的探讨就显得不很深入了。

因此在马克思那里，补偿机制与现代资产阶级的生产方式之间的关系总体上是一种否定、消极的关系。这清楚地体现在他处理“危机”和“贫困”两个问题时的犹疑。马克思在《资本论》第 2 卷讨论社会总资本的再生产和流通时，从实物补偿和价值补偿的角度论及了补偿。马克思的讨论揭示了资本主义是一个不断重新反复的生产系统，在他的意义上，补偿最终不能实现，资本主义系统最终会被否定而且会被新的社会所替代。

既然补偿总的来说是否定性的，那当我们进一步将补偿与社会

---

① 马克思、恩格斯：《共产党宣言》(单行本)，人民出版社 1997 年版，第 30 页。

② 参见[法]雷蒙·阿隆：《社会学主要思潮》，第 102 页。

③ 马克思：《政治经济学批判“序言”》，《马克思恩格斯全集》(第 13 卷)，人民出版社 1965 年版，第 9 页。

④ 马克思、恩格斯：《共产党宣言》(单行本)，第 30 页。

形态演进联系起来看时会发现，如果现代社会是在全人类传播亚细亚生产方式的话①，那么补偿就明显带有韦伯意义上的“支配性”印记。

韦伯理论中的“支配”范畴与其理解社会学方法论有密切关联。理解社会学是以理解“社会行动”和“社会关系”为内容的，在此基础之上，韦伯试图理解社会的秩序结构，即我们所认为的“支配性”结构，或者说就是大家耳熟能详的“官僚制度”。韦伯曾经探讨官僚制度和其支配者的关系，在此不赘述。我们想了解的是官僚制与补偿有哪些关系。这要首先理解韦伯关于“民主化”与“官僚制”之间的矛盾关系。韦伯认为“政治与(尤其是)国家结构之官僚化与社会的齐平化，在近代通常有利于资本主义之利益，或者根本就是直接与资本主义利益携手实现的”②，“即使在这一点上，我们也还得留意，如上所述的官僚制乃是一件精密的机器，可以供极端不同的利益——纯政治性的、纯经济性的以及其他任何种类的——所支配使用。因此，官僚制于民主化的携手并行，不管有多少典范存在，都不能太过夸大”，“归根结底，官僚制仅只努力于齐平那些有碍其前进的权力”，“‘民主制’正是与官僚制的‘支配’相互敌对的”③。所以，官僚制发展面临着一个不可避免的趋势，即“基于官僚层本身之纯粹权力利益所导致的秘密化，远超过职务客观上所需的范围”④。由此看来，官僚制的确有支配社会的可能性，而它

---

① 雷蒙·阿隆认为，亚细亚生产方式似乎不是由奴隶、农奴或工资收入者对一个掌握生产资料的阶级的从属性决定的，而是由全体劳动者对于国家的从属性所决定的。如果是这样，它的社会结构就不是以西方意义上的阶级斗争，而是以国家或官僚阶级对全社会的剥削为特征了。参见[法]雷蒙·阿隆：《社会学主要思潮》，第101页。

② 鲁一同曾把清代的“官”分为两类，一类是行政官，即治事之官，主要指负责实际事务的州县官员，另一类叫做监督官，也叫“治官之官”，即负责监督官员的官。近代以来的一个趋势是，监督官和行政官日益变为“经营官”，从事经营之事，却疏于“道义”治理。参见瞿同祖：《清代地方政府》，范忠信、晏锋译，法律出版社2003年版，第29页。

③ [德]韦伯：《支配社会学》，第68—69页。

④ [德]韦伯：《支配社会学》，第72页。

又是一个具有“切事化”倾向的治理“机器”,所以我们关于补偿有几方面认识:其一,现代社会的补偿具有支配性特征是毋庸置疑的;其二,因为官僚制经常处于一种“利益”旋涡之中,所以“切事化”的“机器”意味着补偿的效果、效率是有限的;其三,支配性补偿经常是“秘密化”、非公开的。

(三)交往型补偿:从社会系统论中寻求出路

我们从哪里寻求解决该问题的途径呢?理性化的力量是否就只是一个“铁笼”的结局呢?在下面我们会看到,不管是帕森斯的行动系统理论给出的“社会的共同体”答案,还是卢曼从一般系统论角度认为社会遵循既有“路基线”演化,关于补偿实现途径的探讨基本上是在社会系统论的思想运动路线上进行的。

在自然系统论中,对补偿的探讨是和探讨物理上的平衡状态和生物学上的“体内平衡状态”①关联在一起的。在社会系统论中,对补偿的探讨则是同关于社会系统及其子系统运行的功能性先决条件如何得到满足,社会结构分化时诸如经济、宗教、权力、亲属、成就等子系统如何实现功能转换等方面的探讨联系在一起的。② 那如何探讨社会的“功能前提”和“功能转换”呢?帕森斯对这个问题的回答不仅像贝塔朗菲一样视社会为“符号宇宙”,而且是通过分析、综合A.马歇尔、涂尔干、韦伯、帕累托为一个殊途同归的理论发展过程所作的贡献,形成了一个综合性的行动系统参照框架。帕森斯基于西方(美国)经验,通过其行动系统理论型塑了美国的现代性典范,并通过其理论展示了“制度化个人主义”和“工具性行动主义”在美国社会确立的一般过程,即在基督教这个“共享规范”

---

① 何健:《补偿与社会系统平衡》,《晋阳学刊》2006年第5期。

② Talcott Parsons, *The Social System*, pp.26-36.

的作用下,“平等公民身份”维系了“社会共同体”,继而通过抵消不平等来整合社会。也就是说,虽然经济力量带来的永不停息的分化创造着新的张力,一般化价值也会受到冲击,然而,社会的平衡却是奠定在实现了“思想流动”的、“自为”的“社会共同体”基础上。帕森斯认为,在社会演变过程中,“社会共同体”将“功能分化”“适应性升级”“包容”“价值一般化”统合自身,从而实现社会整合。①

卢曼也认为塔尔科特·帕森斯的实际成就是用科学分析框架取代了诸如“危机社会学”“反智主义”等社会学成见。② 卢曼因此也强调一种系统演化论。但卢曼的系统论与帕森斯的系统论有所不同。帕森斯更多的是一种行动系统分析框架,而卢曼则是立足探讨实际的行动是怎样运作的。③ 卢曼是如何来探讨的呢? 他认为“现代性之所以与众不同,就在于它是彻底分化的,许多系统有着属于自身的运作,全无一个核心或共同价值观念”④。也就是说,现代社会发展日益表现出自组织性、自我指涉(self-reference)、自均衡(autopoiesis)。所以我们可以看到在帕、卢之间存在着一个表面上的不同,即帕森斯的系统(the social system)是个单数,卢曼的系统(social systems)则是个复数。帕森斯的社会共同体在社会整合方面不管有多重要,始终是受到一个更大的规范性社会系统的影响的。所以帕森斯始终要分析场合和情境的重要性。卢曼不仅像帕森斯一样认为功能分化的重要性,而且认为分化本身便意味着整合。卢曼是这样分析的:他以沟通(communication)为基础概念,而不是以行动系统为分析

① 参见[美]莱赫纳(Frank J. Lechner):《系统理论与功能主义》,载[美]布赖恩·特纳编:《Blackwell 社会理论指南》,李康译,上海人民出版社 2003 年版,第 149 页。

② 参见[德]卢曼(Niklas Luhmann):《权力》,瞿铁鹏译,上海人民出版社 2005 年版,第 19 页。

③ 参见[美]莱赫纳(Frank J. Lechner):《系统理论与功能主义》,载[美]布赖恩·特纳编:《Blackwell 社会理论指南》,第 153 页。

④ 参见[美]莱赫纳(Frank J. Lechner):《系统理论与功能主义》,载[美]布赖恩·特纳编:《Blackwell 社会理论指南》,第 153 页。

对象。他认为每一个沟通就是一个系统,包括信息、沟通行动和理解。所以,沟通与沟通的联结,不仅沟通得到了生产,而且再生产了社会。[①] 但是,如果社会分化意味着行动者选择带来了双重偶然性(double contingence)和风险,那么沟通又是如何运作,社会系统又是如何得到整合的呢? 卢曼认为实际的沟通运作表现为系统按路基线(cutting lines)行动,从而化解复杂性。[②] “环境总是比系统自身更复杂”[③],系统为求稳定性就必须简化复杂性,简化复杂性意味着被迫选择,这就意味着偶变性和风险[④],那么这个问题的最终解决必须有赖于一套特殊的补偿机制。[⑤] “环境对于所有系统而言,在系统结构上有不同层级。因此,像每个系统一样,社会必须以高等级秩序来补偿它自己的低等级层次上的复杂性”[⑥],“系统与环境的关系是由系统的结构来调整的,也已经显示出结构的选择水平对低等层级的复杂性起着补偿作用”[⑦]。简言之,在系统内部创设子系统以应对环境带来的复杂性,因为“系统的复杂性总是较少的,而且必须通过减少它自身的偶然性予以补偿”,所以说“只有复杂性才能减少复杂性”[⑧]。

---

① [德]卢曼(Niklas Luhmann):《社会的概念》,于海译,《国外社会学》2001年第6期。

② Niklas Luhmann, *Social Systems*, (trans.) by John Bednarz, Jr.& Dirk Baecker, Stanford University Press, 1995, p.7.

③ Niklas Luhmann, *Social Systems*, p.182.

④ 参见 George Ritzer, *Modern Sociological Theory*, McGraw-Hill, 2004, pp.180-191。

⑤ 卢曼在《权力》一文中认为系统演化理论离不开补偿机制的探讨,因为交往媒介的“符号普遍性”“二分图式”不仅表明了“意向取向的一般化”,也表明了“互补期待”的存在。参见[德]卢曼(Niklas Luhmann):《权力》,瞿铁鹏译,上海人民出版社2005年版,第19、20、90页。

⑥ Niklas Luhmann, *Social Systems*, p.182.

⑦ Niklas Luhmann, *Social Systems*, p.183.

⑧ Niklas Luhmann, *Social Systems*, pp.26-27.

三、补偿正义在正义论中的位置

从学科划分来看，伦理学、法学、经济学、心理学以及教育学等多个学科都对补偿作了相当程度的研究，而有科学"王后"之称的社会学却让出了这块领域，这本身就是一个重要的"学术问题"。笔者在这里既无意讨论社会学与其他学科的关系①，也无意全面讨论社会学以外学科对补偿研究的进展，而是通过简略梳理中外学者在讨论正义理论过程中论及补偿的贡献及其不足，尝试着提出社会学如何涉足这一领域。这主要是因为，笔者自身能力有限而不可能穷及关于补偿研究的所有文献，也因为研究正义的理论家基本上对补偿有比较完备的思考。

这里主要讨论四个方面：第一是关于补偿正义内在性质的讨论；第二是关于补偿正义和正义论之间关系的讨论；第三是补偿和征收之间的关系；第四是关于补偿正义的三种研究脉络；第五是社会学对补偿正义的思考。

首先看第一方面。乔尔·范伯格（Joel Feinberg）的"徒步旅行者"的故事引出了一场关于权利侵害（Infringe）与补偿之间关系的持久讨论。②洛伦·E.洛马斯基（Loren E.Lomasky）在详细分析"徒步旅行者"的故事后认为，侵害导致了"道德上的失衡"（a normal disequilibrium），补偿的施加是一种恢复。"补偿能够恢复平等吗？"③杰拉尔德·F.高斯（Gerald F.

① 参见［德］尤尔根·哈贝马斯：《交往行为理论》（第1卷），曹卫东译，上海人民出版社2004年版。

② Joel Feinberg，"Voluntary Euthanasia and the Inalienable Right to Life"，*Philosophy and Public Affairs*，Vol.7，No.2（Winter 1978）：93－123；何健等：《补偿的道德性及其实现》，《社会》2008年第1期。

③ Loren E.Lomasky，"Compensation and the Bounds of Rights"，in *Compensatory Justice*.

Gaus)对此抱有怀疑,他把侵害区分为客观上的伤害(Harm)以及主观上的过错(Wrong)后认为,“虽然侵犯者能够对他的受害者给以偿还,但是,资源的转换是不能矫正此种过错的”,因此拒绝对补偿作亚里士多德式的工具性解释。① 这表明,研究者会经常陷入工具性和道德性之间的张力之中。这种张力体现在社会进化的历史过程中。詹姆士·S.菲什金(James S.Fishkin)讨论了补偿正义的历史纬度(Historical Dimensions of Compensatory Justice)。补偿必然涉及代际之间的利益,由于利益既包括各不相同的“特殊的一致性”利益(identity-specific),又包括与功利主义矛盾的“独立于一致性”(identity-independent)利益,所以“群体补偿”(group compensation)是维护秩序的重要形式。② 艾伦·弗兰克尔·保罗(Ellen Frankel Paul)强调补偿应基于“最小的不利”(the least disadvantaged)原则,而不应以“最大的不利”原则为基础。③

再看第二方面。因为正义问题历史久远、内容繁多,所以,这里只对补偿正义和分配正义之间的关系作一个简介。正义在亚里士多德那里主要指人的行为,在近代则主要指涉社会制度。事实上,罗尔斯的《正义论》的主要目的就在于确立起一个保障公民权利、义务、利益、负担合理分配的社会制度。他认为,补偿原则(the principal of redress)④是实现此

---

① Gerald F.Gaus,“Does Compensation Restore Equality?”in *Compensatory Justice*.

② James S.Fishkin,“Justice between Generations:Compensation,Identity,and Group Membership”,in *Compensatory Justice*(Nomos33),John W.chapman(ed.),NYUPress,pp.85-96.

③ Ellen Frankel Paul,“Set-Aside,Reparations,and Compensatory Justice”,in *Compensatory Justice*.

④ 出于出身和天赋的不平等是不应得的,这些不平等就多少应给予某种补偿。补偿原则认为,为了平等地对待所有人,提供真正的同等的机会,社会必须更多地注意那些天赋较低和出生较不利的社会地位的人们。这个观念就是要按平等的方向补偿由偶然因素造成的倾斜。补偿原则并不是提出来作为正义的唯一标准,或者作为社会运行的唯一目标的。它的有道理正像大多数这种原则一样只是作为一个自明的原则,一个要与其他原则相平衡的原则。参见罗尔斯:《正义论》,何怀宏、廖申白译,中国社会科学文献出版社 1988 年版,第 95—96 页。

目标的重要原则之一。罗尔斯承认补偿正义是“部分服从的理论”①的一个重要方面,并且在全书“制度”篇第五章中详析分配正义的背景制度时明确指出,只有经过恰当安排的背景制度,分配过程的结果才可能是正义的。换言之,补偿正义在他那里是实现分配正义的重要手段。罗伯特·E.古丁(Robert E.Goodin)也认为补偿正义是分配正义的某种匹配方式。但是他认为,补偿正义虽然不能重建一种公正的分配,但是它能使人们用一种可靠的方式来计划他们的生活。换言之,所谓神圣的并不是预先存在的分配,而是预先存在的期望和计划,补偿保证基本需要满足的同时,为筹划将来创造了心理上的前提条件。②

第三方面是关于补偿正义和征收(Taking)之间关系的问题。伊丽莎白·安德森(Elizabeth Anderson)从道德哲学角度强调,因为过度节俭(Parsimony)是道德理论的根本性目标,可靠性规则(Liability Rules)产生的激励性结果会限制实际中的补偿行动。③ 就具体的征用(Taking)而言,Stephen R.Munzer 认为,财产权利的多元主义理论从以下三个原则确保了西方征收的顺利进行的可能性:(1)效用效率原则确保了个体满意的优先(Individual Preference-satisfaction);(2)公正平等原则使每个人都保有最小量的财产,继而保证了不平等不会破坏社会人生的完满;(3)按劳取酬原则确保一个履行了责任的行动者获得该获的份额。为使上述可能性变成现实,他强调政府的责任在于提供一套清楚可行的补偿公式。④ 这条“剩余范

---

① 罗尔斯为阐明一个完全正义的社会的全部情形确定了一套严格服从的理论,与它相对立的是部分服从的理论。后者是指导我们对待不正义的原则,包括诸如惩罚理论、正义战争论、非暴力反抗、补偿的正义以及衡量某种制度的非正义性的问题。简言之,部分服从的理论解决的是当下最紧迫的问题。参见罗尔斯,前引文,第 6 页。

② Robert.E.Goodin,“Compensation and Redistribution”,in *Compensatory Justice*.

③ Elizabeth Anderson,“Compensation within the Limits of Reliance Alone”,in *Compensatory Justice*.

④ Stephen R.Munzer,“Compensation and Government Takings of Private Property”,in *Compensatory Justice*.

畴"恰恰受到了卡罗尔·M.罗斯(Carol M.Rose)的责难,因为财产和身份、权威相联系,所以财产具有合宜性(proerty as"propriety"),也就是说在一个福利国家中,征收补偿与人的尊严和庄重相关联。① 所以,玛格丽特·简·雷丁(Margaret Jane Radin)才会强调道德判断、传统、直觉、背景(Context)等是征收补偿过程中所必须考虑的因素。②

第四方面,关于讨论补偿正义的三种理论脉络。一是卡斯·R.桑斯坦(Cass R.Sunstein)在罗尔斯的脉络里强调"管理主义"(Managerialism),认为"风险管理"和"非从属地位"(Nonsubordination)制度化了。③ 二是兰迪·E.巴内特(Randy E.Barnett)坚持哈耶克脉络里的"古典自由主义"和"进化功利主义"(the Evolutionary Utilitarianism),强烈抨击"管理主义""计划主义"存在的"致命的自负"(the Fatal Conceit),认为补偿只能针对客体,而不能针对主体,补偿正义的局限恰恰反映了司法能力的局限,根本的解决之道还是在于"自由市场",在于保障个体权力的自由法律文化的存在。④ 三是综合上述两种极端立场的阿马蒂亚·森(Amartya Sen)路线。戴维·约翰斯顿(David Johnston)认为,研究补偿正义应当采取社会学的研究立场,我们生活的世界是一个管理主义比古典自由主义多一点的社会,个体自由和管理计划并不是非此即彼的,补偿问题的关键在于培养个体的"能力"(ability),使个体成为一个有能力选择的行动者。⑤

第五方面,社会学对补偿正义的思考结果是把它从"应然"层面拉回到"是"的层面。对社会学来说,正义理论的中心问题是个体的公正观念如何形成,如何根据这些观念评价人们所看到的公正或不公正,关于公正

① Carol M.Rose,"Property as Wealth,Property as Propriety",in *Compensatory Justice*.

② Margaret Jane Radin,"Diagnosing the Takings Problem",in *Compensatory Justice*.

③ Cass R.Sunstein,"The Limits of Compensatory Justice",in *Compensatory Justice*.

④ Randy E.Barnett,"Compensation and Rights in the Liberal Conception of Justice",in *Compensatory Justice*.

⑤ David Johnston,"Beyond Compensatory Justice?" in *Compensatory Justice*.

的观念和评价如何影响他们的行动。默顿的“参照群体”（reference group）概念使正义问题从“应然”层面转换到了“是”的操作层面：一方面是比较（comparison），即正义评价（justice evaluation），另一方面是推论，即正义感（the sense of justice）。① 毋庸置疑，这一概念对于处理补偿正义的实现提供了新方向和新的政策性工具。

科尔曼（Coleman）在其关于正义理论的评论性文章《不平等、社会学与道德哲学》一文中质疑罗尔斯的两个原则并不是从原初状态推导出来的。他根据一项国家干涉教育机会不平等问题的经验研究结果认定罗尔斯正义原则的实现必须有赖于威权政府。对于科尔曼的批评，克尼斯（Klees）和斯特赖克（Strike）在《作为公平的正义：科尔曼对罗尔斯的评论》一文里提出了不同意见。他俩认为科尔曼极大地误解了罗尔斯。首先，罗尔斯的无知之幕（veil of ignorance）并没有把人的理性排除掉，而是在康德认识论的意义上认为人是否具有理性的问题已经是一个无争议的问题。其次，罗尔斯的正义两原则是经验—规范层面上的分析概念，它们是用来选择和评价制度的，并不是制度本身。再次，科尔曼通过不完全的经验研究，不论是年轻投票人的功利行为，还是补偿教育努力（compensatory education effort）都不能说明罗尔斯是想通过国家威权实现正义两原则。事实上，罗尔斯·舒马赫（Schumacher），以及其他理论家多从西方社会的经验事实出发，强调立足于市场模式上的规模较小、数量较多、力量不过于强大的共同体。②

---

① 参见 Robert K. Merton, *Social Theory and Social Structure*; Guillermina Jasso, “Some of Robert K.Merton's Contributions to Justice Theory”, *Sociological Theory*, Vol.18, No.2 (July 2000), pp.331–339。

② 克尼斯和斯特赖克两人的研究表明，补偿教育努力从根本上来说并不一定能改善受助者将来的收入和社会地位。参见 Steven J.Klees, Kenneth A.Strike, “Justice as Fairness: Coleman's Review Essay on Rawls”, *The American Journal of Sociology*, Vol. 82, No. 1 (July1976), pp.193–201。

罗伯特·阿姆杜尔(Robert Amdur)研究了调整补偿的原则(the principle of regulating compensation)。他认为,一个充分的补偿理论(an adequate theory of compensation)必须回答谁应该获取补偿,应该获得多大的补偿,谁应该承担补偿的成本,承担多大的成本的问题。其中,谁来承担责任的问题最为根本。他为此设计了三个原则:1. 补偿应该由不公正的制造者来承担,因为不公正的行动产生了补偿的需要;2. 补偿应该由无论是通过直接还是间接的方式从不公正行动过程中获得利益的个人(或群体)来承担;3. 如果无法识别出不公正的制造者和受益者,那么补偿成本应该由共同体(community)来承担①。

经过上面的一番梳理,可以看到补偿理论中的核心问题是"谁来补偿"的问题。阿姆杜尔认为"共同体"是实现补偿的载体。为什么载体不是"社会",也不是"政府"呢?这只有从阿姆杜尔所处的西方背景才能得到理解。② 对中国现实来说,通过1949年以后的政治强力整合,改变了一盘散沙的局面,没有了西方意义上的自治团体。③ 在中国社会现代性因素日渐增强、单位社会性功能日渐减弱的背景下,补偿实现难、工作不好做等问题的根本症结似乎可以归结为一个"补偿实现的载体危机"。

---

① Robert Amdur,"Compensatory Justice:The Question of Cost",*Political Theory*,Vol.7,No.2(May1979),pp.229-244.

② 参见[法]托克维尔:《美国的民主》(上卷),董果良译,商务印书馆1988年版。

③ 参见孙立平:《改革以来中国社会结构的变迁》,《中国社会科学》1994年第2期。

附论二　试论社会补偿的理论源流

在自然科学成为哲学的裁判官、“事实”与“价值”逐渐分野的今天，当人们在谋求社会发展时发现，我们的行动决策既要考虑政治社会的价值标准，也要把我们对社会的认识和改造建立在科学基础之上。二者的矛盾要求我们的研究始终有这样的自觉：一方面，我们应当坚持从古典理论中找出具有超越具体时代、体现人类终极价值的恒久观念；另一方面，我们也应从新科学中汲取营养，比如用系统论等新理论范式来思考我们的研究。这里对“社会补偿”所作的探讨就是这样一种努力。我们认为，社会补偿是城邦可能、社会可能的内在原则，是整体社会的持存机制，其功能在于使社会不至于崩解。

一、“自然”“约定”与意义[①]：关于补偿的词源分析

据韦氏辞典，补偿（compensation）大致有三种定义，其一，补偿的行

① “自然”与“约定”的成对出现，并且作为比较明确的分析框架，比较早的出现在卢梭的《社会契约论》中，利奥·施特劳斯这位主张回到古典的思想家也经常采用这一范式，《政治哲学史》就是以此成形的。

动，即被补偿的状态；其二，是指对肌体器官损伤、缺陷的校正，这种损伤或者因过度生长所致，或者要么是另一器官，要么是同一器官未受损害部分的功能增强所致；其三，是指某一领域里自卑感、挫折感、失败感为另一领域的成功而相互抵消。然而，如果单从以上三个层次去理解对我们认识当前各种形式的社会补偿来说还不够，我们需要从它产生的历史背景中揭示它的社会意义。

补偿一词的历史可溯至13—14世纪的欧洲。沃勒斯坦等人的社会历史考察充分地揭示了这一点。当时，“整个封建欧洲以及在它之外，似乎出现了一个以战争、疾病、经济困难为标志的‘危机’”。① 在希尔顿看来，这个危机“是一个中心问题，即社会冲突达到异乎寻常的程度，‘地方性的不满气氛’，以及以‘反对社会制度本身的起义’的形式出现的农民暴动”。② “这并不仅仅是一种结合环节上的危机……而是一千年来的发展达到了顶峰，是一个体系的决定性危机”，“在罗马帝国最后的几个世纪，正如在中世纪一样，社会和政治上层建筑不断增加其支出，而社会生产资源又没有相应的增加作为补偿，社会因而陷于瘫痪”。封建制度总危机说明，如果一个体系内的最优生产力发展限度已被超过，加上经济压榨导致封建领主和农民之间阶级战争以及封建主阶级内部的自相残杀的战争成为普遍现象，那么，使西欧免于毁灭和停滞的唯一出路是扩大分享的经济利益。③

从目标手段来说，上述所谓怎么扩大的问题涉及的是民族国家和官僚体制的功能和作用。这表明，它是一个关联西欧社会制度总危机如何解决的社会理论命题。

既然补偿是一个历史范畴，那它是自然生成还是约定而成的呢？所

① ［美］沃勒斯坦：《现代世界体系》（第1卷），高等教育出版社1998年版，第16页。
② ［美］沃勒斯坦：《现代世界体系》（第1卷），第18页。
③ ［美］沃勒斯坦：《现代世界体系》（第1卷），第19页。

谓“自然”，指事物不是人为的，相反，“约定”恰恰是一种人为努力，不是自然的。我们认为，由于补偿与危机相关联，所以社会补偿既是自然的，又是约定的。[①] 一直以来，思想家们无不是从危机社会这个前提出发来谈论补偿的。

柏拉图在《理想国》中论证“正义是存在的”，“正义的城邦”曾经也是存在的，不过它后来衰败了，要建立比较合乎正义的城邦必须要依靠哲学家，因为哲学家是充分理性的，他不像武士一样偏向激情，也不像诗人一样追求虚假的善，他是懂得知识，能够用理智去恢复衰败城邦的理智，但是哲学家不会自然充当统治者，他必须被迫成为统治者。[②] 如果视哲学家的努力是一种补偿，那么这种补偿是完全自然的，但对于城邦来说，又带有强烈的人为约定的烙印。利奥·施特劳斯以精细阅读(close reading)的方式体察到，在《理想国》里，人们渴望的改革是难以获得政治上的成功的，只有个人的自我改造才是对这个衰退社会的真正补救或补偿。[③]

在马克思那里，经济生产是理解现代社会的根本所在，他从生产角度看到了人类的过去、现在和将来，社会补偿在此种意义上是自然的。在另一方面，他认为现代社会将一个“完备的人”割裂开，成了不完整的人，虽然资本主义本身及其补偿是自然的，这种补偿机制的确并没有呈现出自我指涉的趋向，要实现真正的人，就必然需要人为努力，因此，补偿又是一

① 补偿的自然性和约定性问题关系到对社会本身、社会理论实质性问题的认识。大多数社会理论家会从此出发，比如哈耶克的“真”个人主义，这种个人主义强调：尽管人类个人理性有局限性，但是自由人经由自生自发的合作而创造的成就，往往要比他们个人心智所能充分理解的东西更伟大。与笛卡尔式的理智主义相比，这样一种理论态度是谦卑的，它坚信社会是自然生成的，认为人类所犯的具体过错唯有在社会过程中才能得到纠正。据此我们可以理解，补偿问题的解决是由社会来完成的。参见哈耶克：《个人主义与经济秩序》，生活·读书·新知三联书店 2003 年版，第 5—51 页。

② [美]利奥·施特劳斯、[美]约瑟夫·克罗波西编：《政治哲学史》(上册)，李天然译，河北人民出版社 1993 年版，第 61 页。

③ [美]利奥·施特劳斯、[美]约瑟夫·克罗波西编：《政治哲学史》(上册)，第 31 页。

种约定，它体现出的是社会的系统性、目的性、自组织性和计划性。

从上面已经明确，社会补偿是应对“危机社会”自然提出来的。那它到底有何意义？我们认为有这样三个方面：首先，社会补偿是一重要社会事实①，它就是我们的生活本身。在现实中，我们关切的自由、正义、公平、分配平等无不与此相关②，更为实质意义的是它通过社会产生着的心理强制强烈影响着社会分化、整合的进程，影响着社会发展战略的功效。比如在马克思那里，社会补偿作为社会总资本生产、再生产实现的重要纽带，对所有卷入该过程的个体或团体有着强大的制约力量，如果补偿出现问题，社会不满会不断累积，到了一定时期，就会成为社会稳定的破坏力量。

其次，在本体论意义上，其意义在于让人们理解重构时代的焦点所在。社会补偿是对当下社会转型的说明与理解，更为重要的是它促进我们对变革时代的本质、特征的研究，以求对一些根本性矛盾的解决。“正如变化（宇宙的变化过程）这个事实为对永恒存在的思考提供了最直接的条件，同样，在另一方面，有关存在的种种概念其最终目的只不过是使自然界的变化发展变成可以理解的罢了。”③我们还认为，社会补偿反映的是现代社会的本质，通过它，我们能看到社会发展的具体形态与方向，以至于不会忽略社会发展的本质，“如果说最发达的语言和最不发达的语言共同具有一些规律和规定，那么，构成语言发展的恰恰是有别于这个一般和共同点的差别。对生产一般适用的种种规定所以要抽出来，也正

---

① 社会事实是涂尔干社会哲学的一个重要概念，涂尔干认为社会事实具有约束力，受社会成员所承认。参见［法］埃森·涂尔干（E.迪尔凯姆）：《社会学方法的准则》，狄玉明译，商务印书馆1995年版，第31页。

② 卢梭认为，补偿和自由是相关的，自由是补偿的前提，补偿则是附带的。自由本身就是补偿的原因，如果自由受到损害，就必须要恢复至完整的自由状态，在卢梭那里不是自然自由，而是道德自由和社会自由。参见卢梭：《社会契约论》，商务印书馆1980年版，第16、30页。

③ ［德］文德尔班：《哲学史教程》，商务印书馆1987年版，第70页。

是为了不致因为有了统一（主体是人，客体是自然……）而忘记本质的差别。那些证明现存社会关系永存与和谐的现代经济学家的全部智慧，就在于忘记这种差别。”①

最后，社会补偿绝非一种偶然性，它已经成为我们时代的重大课题。因为社会是有目的、有规律的，所以，我们只有认识到社会补偿的历史基础和作用，才可能寻求到发展的意义所在与正确方向。社会补偿的出现是具有必然性的，正如马克思所言，“如果偶然性不起任何作用的话，那么世界历史就会带有神秘的性质。这些偶然性本身自然纳入总的发展过程，并且为其他偶然性所补偿。”②不仅如此，这种必然性还是一种伦理的必然性。“万物的消亡是对于不义的补偿，从而表现出第一个朦胧的企图，想把世界发展过程表现为伦理的必然性，想把笼罩在希腊人生活的光明图画之上的瞬息万变的阴影理解为罪孽的报应。”③

二、补偿在西方传统政治理论中的问题表现

（一）柏拉图、亚里士多德在探索“正义”“公正”的同时也论证了补偿于城邦社会如何可能的重要性

在讨论前现代社会的政治理论中，补偿属于一个次理论问题。之所以从传统西方政治理论考察补偿的起源，目的在于揭示，它的早期发展历

① 马克思：《经济学手稿 1857—1858》，载《马克思恩格斯全集》（第 46 卷上册），人民出版社 1979 年版，第 22 页。

② 马克思：《马克思致路·库格曼》，载《马克思恩格斯选集》（第 4 卷），人民出版社 1972 年版，第 393 页。

③ ［德］文德尔班：《哲学史教程》，商务印书馆 1987 年版，第 72 页。

程已经展示出它是人类总体社会运行的一种必要机制。

柏拉图在《理想国》中探讨的是正义的本性问题。[①] 他在开篇不久，就借他人之言提出了实质问题："对于一个通情达理的人来说，有了钱财他就用不着存心作假或不得已而骗人了。当他要到另一世界去的时候，他也就用不着为亏欠了神的祭品和人的债务而心惊胆战了"[②]。这似乎是在讨论财产与自由之间的关系，实际是进入了"正义"论题。由此出发探讨正义的三种定义：第一种是，正义就是欠债还债，正义是好的、有益的。第二种是，不正义是坏，因而死后要受神的惩罚，正义就是帮助朋友和损害敌人。第三种是，正义是强者的利益。事实上，柏拉图在第一卷结束时并没有阐明正义是什么，转而论证对正义的探究只有深入城邦中去才有可能，以及探讨城邦的类型和究竟什么类型的人最适合担当统治者等论题，由此回到苏格拉底"知识就是美德"的命题，并得出如下结论：正义就是它本身，是一种理念，由于哲学家追寻的是理性，因此唯有哲学家才具有担当统治者的资格。也正如施特劳斯所言，柏拉图强调政权和哲学的"一致性"，一个人要是不懂得"善本身"，或一般说来不懂得理念，或者说不是一个哲学家，那他就不可能是真正正义的，哲学家必须是最高统治者。[③]

于是，我们也就能够理解"有个人的正义，也有整个城邦的正义"[④]。这句话的深刻含义是：城邦是个工匠社会、一人一事、各司其职；城邦之所以要建立，是因为个人不能单靠自己达到自足，同时，城邦要持续下去，唯有等级、纪律与强制。因此，正义原则意味着"每个人必须在国家里执行一种最适合他天性的职务"[⑤]。所以，正义即在城邦生活中安于本分。到

① ［美］利奥·施特劳斯、［美］约瑟夫·克罗波西编：《政治哲学史》（上册），第 31 页。
② ［古希腊］柏拉图：《理想国》，商务印书馆 1986 年版，第 6 页。
③ ［美］利奥·施特劳斯、［美］约瑟夫·克罗波西编：《政治哲学史》（上册），第 53 页。
④ ［古希腊］柏拉图：《理想国》，第 57 页。
⑤ ［古希腊］柏拉图：《理想国》，第 154 页。

此，柏拉图的正义命题就出现了矛盾。一方面希望城邦各色人等忠于职守，另一方面却无法给出天性的界定标准，即使以节制、勇敢、智慧来判断，也只能由一个最后的王来定夺。事实却正如格劳孔兄弟以及色拉叙马霍斯所言，“要做一个正义的人，除非我只是徒有正义之名，否则就自找苦吃。反之，如果我并不正义，却已因挣得正义者之名，就能有天大的福气！”①事实上，柏拉图也知道这种可能性，所以他说，“一个真正的治国者追求的不是他自己的利益，而是老百姓的利益”。这样，问题就回到了他起初的预设：德性和教育，在制度之外的另一领域即以文化领域来补偿，只有通过这一领域的功能才可能防“恶”于未然。

在亚里士多德那里，补偿问题开始与城邦成员的行动相关。他认为，公正就是创造和维护政治共同体的幸福，因而实际上就是践守法律，法律是对城邦危机的最好补偿措施。他在《尼各马可伦理学》中指出，公正是一种品质，具有至高性。② 品质涉及的是“应当”，带有强烈的“规范”和“价值”的意蕴，指向的是“善”的原则，并非指事物“实际是怎样”，因此，“公正最为完全，因为它是交往行为上的总体的德性”，“守法的公正是总体的德性，不过不是总体的德性本身，而是对于另一个人的关系上的总体的德性”，“所有的法律规定都是促进所有的人……的共同利益”③。

接下来，亚氏区分了公正的两种具体类型，即分配的公正和矫正的公正，从而使正义从动机层面落到了个人具体行动的层面。分配的公正是表现于荣誉、钱物或其他可析分的共同财富的分配上（这些东西一个人可能分到同等的或不同等的一份）的公正，“分配的公正在于成比例，不公正则在于违反比例”④，在分配公共财富时，必须遵循比例，不公正就是

① ［古希腊］柏拉图：《理想国》，第53页。

② ［古希腊］亚里士多德：《尼各马可伦理学》，廖申白译，商务印书馆2003年版，第127页。

③ ［古希腊］亚里士多德：《尼各马可伦理学》，第129—130页。

④ ［古希腊］亚里士多德：《尼各马可伦理学》，第134—135页。

对这种比例的违反，需要补偿以恢复比例；矫正的公正则与交往活动相关，是在私人交易中起矫正作用的公正。此种公正不考虑人们的具体情况，只考虑把单纯算术的平等用于人及相关物。对于私人交易中的公正，"依循的不是几何的比例，而是算术的比例……法律只考虑行为所造成的伤害。它把双方看作是平等的。它只问是否其中一方做了不公正的事，另一方受到了不公正对待；是否一方做了伤害的行为，另一方受到了伤害。既然这种不公正本身就是不平等，法官就要努力恢复平等"，"所以公正也就是某种中间，因为法官就是一个中间人。法官要的是平等"。① 公正是对得失多少的平衡，针对的是"违反意愿的交易"，而不是"出于意愿的交易"，"公正在某种意义上是违反意愿的交易中的得与失之间的适度。它是使交易之后所得相等于交易之前所具有的"②。可见，公正包含着平等，平等是一种适度，公正的事是一种适度，如果不适度就必须恢复适度，不平等就应恢复平等，这一恢复过程也就是补偿机制的运作过程。

（二）霍布斯、洛克、卢梭对"自然状态"与"契约补偿"的不同阐释

自马基雅维利始，人类社会在思想领域开始迈向现代，出现了对以亚里士多德为代表的传统政治学的反动，现代政治学抛弃传统政治学以为过上品德高尚、完善生活的建构基础，开始以"现实主义"为取向。在这一过程中，对自然状态的解释以及出路的不同寻找标志着社会理论的萌芽和生长，契约补偿就是在这一理论运动中产生的。

霍布斯认为，人本质上不是社会性和政治性的，文明社会是从自然状

① ［古希腊］亚里士多德：《尼各马可伦理学》，第137—138页。
② ［古希腊］亚里士多德：《尼各马可伦理学》，第140页。

态中产生的。[①] 在自然状态下，人人能力平等，欲求导致竞争激烈，出于对暴死的恐惧，人最关注的是自我保全，为求自保，人人都想压制别人直到威胁自己安全的力量不复存在。这就规定了自然状态是一种一切人反对一切人的战争状态。怎么办呢？正如伯恩斯所言，“从自然状态中唯一可得到的补偿就是我们有可能摆脱自然状态”[②]。为免除恶弊，必须从社会领域找出路，即人类应当通过社会契约结合成若干各服从一个中央权力的社会。公民在作出选择后，他们的政治权力即告终止。政府一经选定，除了政府认为宜于许可的那种权利外，公民丧失掉一切权利。反叛的权利是没有的，因为统治者不受任何契约束缚，然而臣民要受契约束缚。由此可见，霍布斯反对的是亚里士多德的“分配的公正观”，因为分配的公正观主张有些人生而命令，有些人生而服从，基于这种原则组织的社会是危险的。也就是说，霍布斯看到了人类以约定的契约补偿自然状态不足的可能性。

洛克的自然状态是一种和平式的、幸福的自然状态。在洛克的自然状态里，每个人都是理性的，理性教导人类懂得人人平等，任何人不该损害他人的生命、健康、自由或财物。[③] 由于是自然状态，所以每个理性的人都可以保卫他自己以及他所有的东西。因此，洛克看到了这种自然状态的重大缺陷，即人人都是自己讼案中的法官。对于这一弊端，公民政府正是一种正当的救治补偿。[④] 所以，社会契约作为一种社会出路而被选择。但是洛克的构造不同于霍布斯的，他强调契约的主体分别是社会与政府，政府如果不履行这契约中的义务，可以有正当理由反对它。而在霍

① [美]伯恩斯:《托马斯·霍布斯》，转引自[美]利奥·施特劳斯、[美]约瑟夫·克罗波西编:《政治哲学史》(上卷)，第454页。

② [美]伯恩斯:《托马斯·霍布斯》，转引自[美]利奥·施特劳斯、[美]约瑟夫·克罗波西编:《政治哲学史》(上卷)，第456页。

③ [英]洛克:《政府论》(下篇)，商务印书馆1964年版，第5页。

④ [英]洛克:《政府论》(下篇)，第10页。

布斯那里，公民间达成契约，把全部权力移交给选定的主权者，但是该主权者并非契约的一方。霍布斯构造的补偿物是远离社会了，而洛克则强调政治的立法、行政、司法等几种职权上的制约和均衡。所以洛克的补偿物还在社会之中，并且多少触及现代社会补偿机制的根本了。

卢梭是结合约定来谈自然状态的。卢梭与霍布斯有相同点也有不同点，他俩都主张把自然人权力转让给主权者，不同在于霍布斯主张是一个单独的统治者，而卢梭则是通过公意交托给社会，社会至高无上。因此，前者可能导致单个、少数的暴政，后者则可能导致多数的暴政。就自然状态而言，他的看法和洛克是基本一致的。他反对格劳秀斯的强力论，认为强力与自由相违背，人们服从强力不过是人性的需要。强力只是带来服从，并不与权利相一致，因为社会秩序乃是一切权利的基础，所以只有社会秩序才能带来权利和义务。然而社会秩序"不是出自自然，而是建立在约定之上的"①。社会契约解决的根本问题在于，"要寻找一种结合的形式，使它能以全部共同的力量来卫护和保障每个结合者的人身和财富，并且由于这一结合而使每一个人与全体相联合的个人只不过是在服从自己本人，并且仍然像以往一样地自由"②。因此，这种"结合的行为"是一种"双重关系"，"即对于个人，他是主权者的一个成员；而对于主权者，他就是国家的一个成员"③。这样就真正保护个人的所有，这是一种对放弃纯粹自然状态的补偿。因为，"一旦人群这样地结成了一个共同体之后，侵犯其中的任何一个成员就不能不是在攻击整个的共同体；而侵犯共同体就更不能不使它的成员同仇敌忾"④。罗素认为卢梭以牺牲自由而求平等的观点其实是一种误解。其实，卢梭和后来的涂尔干有相同之处，在

① [法]卢梭：《社会契约论》，第8—9页。
② [法]卢梭：《社会契约论》，第23页。
③ [法]卢梭：《社会契约论》，第26页。
④ [法]卢梭：《社会契约论》，第27页。

于强调全部社会体系的基础，那就是公意，因为"基本公约并没有摧毁自然的平等，反而是以道德与法律的平等来代替自然造成的人与人之间的身体上的不平等；从而，人们尽可以在力量和才智上不平等，但是由于约定并且根据权利，他们却是人人平等的"。但是，"在坏政府的下面，这种平等只是虚有其表……惟有当人人都有一些东西而又没有人能有过多的东西的时候，社会状态才会对人类有益"①。正因为如此，我们看到了补偿对于自由和平等的意义价值，这也就是福利精神、社团精神的意义所在，所以后来的托克维尔会在《美国的民主》一书以其绚丽的笔法热情称颂新英格兰各地的自发社团，也就是为什么涂尔干希望通过职业团体避免有机团结无限发展下去导致社会断裂。

三、补偿问题的心理学转向：从弗洛伊德的过失心理机制到阿德勒的自卑补偿机制②

从以上论述可以看出，社会补偿问题只是以隐含的形式、或明或暗地在前现代思想家的著述中浮现，而且，这种探讨大多是建立在"应当""完美社会"等虚假观念基础上，即使有像马基雅维利、霍布斯等这样的现实主义者，由于其时代局限，也不能够把社会补偿问题清楚地呈现出来。恰恰是随着近代心理学的兴起，社会补偿问题才成为科学研究中一个比较

① ［法］卢梭：《社会契约论》，第34页。

② 补偿（compensation）在个体心理学中是指个体使用此机制来追求弥补真实或想象中的不如意部分。其方式可分为直接、间接、过度三方面。直接补偿是指个体愈来愈希望在失败或不足的部分重新获得成功，赌徒是最明显的例子。间接补偿是指个体希望藉由某领域的成功，来补偿其他领域的失败。过度补偿是对补偿性的一种努力，个体付出了牺牲平衡的代价，以及在生活中的适应能力。

重要的问题。

弗洛伊德在其《过失心理学》一文中分析了过失心理机制过程中的“补偿机制”。过失是一种非常态心理现象，这一心理现象是有一定“意义”内容的，它被看作是一种“有目的的心理过程”，甚至是一种“正当动作”①。研究这种非常态过失的关节点在于理解这一心理现象的“意义”内涵，“过失是有意义的”，“所谓意义就是指重要性、意向、倾向及一系列心理过程中的一种”②。过失是牵制的意向和被牵制的意向相互牵制的结果，具体来说，牵制的意向乃是对被牵制的意向的反面，更正或补充，当牵制的意向被压制、拒斥时，过失由此而生，被拒斥、被压制的牵制的意向同时在错误里得到了补偿。③

其社会学意义在哪里呢？首先是非常态和常态这对概念。作为社会学最小分析单元的个体行动者，在其行动表现方面，大致呈现出一种常态，相对而言就是非常态现象，即个别行动者的行动与多数行动者的行动有较为显著的差别。在社会系统这个层次上，如果从历时来看，社会也表现出一种常态和非常态之分，当然这要涉及一个判别标准，然而，不论这个判别标准是何种性质，都有一个常态和非常态的划分。其次，补偿也是社会系统的一种内在机制。当社会的潜在意向（牵制的意向）被压制时，会在社会系统的各个层面上受到更正。最后，对于我们来说，非常态现象是可以被理解的。非常态现象作为一种社会心理事实，我们可以通过一定的方法理解它的意义。第一，可以根据常态下的类似现象进行比较分析。第二，可根据引起这些非常态现象的社会心理情境及常态下的社会情感来考察。④

① ［德］弗洛伊德：《精神分析引论》，商务印书馆1984年版，第19页。
② ［德］弗洛伊德：《精神分析引论》，第40页。
③ ［德］弗洛伊德：《精神分析引论》，第45页。
④ ［德］弗洛伊德：《精神分析引论》，第32—33页。

与弗洛伊德不同，阿德勒不是一个生物决定论者，而是一个社会目的论者。他认为，“精神仅属于有生命、能自由活动的生物体”①。精神生活的发展是与运动密不可分的。这个运动其实就是与精神相联系的外部环境的变化。阿德勒指出，“与世隔绝的精神生活是不可想象的。我们唯一能想象得出的精神生活是与环境紧密相关联的，它从外部接受刺激并对这些刺激作出反应，它放弃那些不适于保护自己对抗外部世界的劫难的能力，但有时它也屈从于这些外部力量以保存其生命。所以，精神生活是一系列既采取攻势又寻求安全庇护的活动”②。而这个环境指的就是社会性方面。“人与人之间的关系一方面由宇宙的本质决定，因而变化无常；另一方面，又由诸如一个社会或国家的政治传统这类固有的制度决定着，不认清这些社会关系我们就无从理解这些精神活动……社会是人延续其生存的最好保证。”③弱小的人类通过社会，利用劳动分工维持自己的生存。弱小的人相对于他的外部而言始终是卑下的。这种天然的“自卑感和不安全感刺激着他、强迫着他寻找一个能将生存竞争中人人所面临的不利因素排除干净或减少到最小的方法。就在这时，出现了对精神器官的必然要求，因为精神器官能够影响适应及安全感获得的过程。增加天生的防御武器如坚角、利爪或利齿，并不能使人脱离原始的半人半兽状态而成为一种新的生物。只有精神器官能够对突发事件作出反应，并补偿人在机体上的缺陷”④。

阿德勒个性心理学的基本概念包括自卑情节、补偿机制和个人对权力感与优越感的追求。对这些概念的理解只有将它们置于社会中才能做到。人的自卑情节是与生俱来的，补偿机制是为着克服自卑的，只有在社

① ［奥］阿德勒：《理解人性》，贵州人民出版社1991年版，第3页。
② ［奥］阿德勒：《理解人性》，第4页。
③ ［奥］阿德勒：《理解人性》，第10—12页。
④ ［奥］阿德勒：《理解人性》，第13页。

会中才能实现补偿,行动者因而会树立社会目标并追求之以克服自卑感。“灵魂企望用补偿来缓和令人痛苦的自卑感……但是,当他在奋力求得补偿时却不会简单满足于恢复力量的平衡;他会要求一种过度补偿(overcompenation),会寻求一种超额平衡。”①如果是这样,从整个人类关系来考虑,这明显地带有反社会色彩。

可见,作为现代社会心理学创始人的他,洞悉了社会给个人发展带来的各种可能性和限制,同时也没有忽略社会自身因此也可能反受其害。怎么办呢?阿德勒强调用学校教育去训练、培养人的社会兴趣和社会感以补偿个人发展过程中的种种错误,去修正那种舍我其谁的权力追求野心和虚荣。“现在,我们开始明白,所有有助于确保人类生存的规则,比如法典法规、图腾和禁忌、迷信或教育,都必须受制于社会这个概念并适合于这个概念……对社会的适应是精神器官的最重要的功能,对个体如此,对社会亦然。我们所谓的公正与正直以及我们视作人的性格中最有价值的东西,实际上是对人类社会要求的最大实现。这些要求使灵魂具体化并引导着它的活动;责任感、忠诚、坦率、对真理的挚爱等美德的产生和维护,全仰仗于社会生活的普遍有效的原则。”②

从对个性心理学的粗略解析过程中,我们看到补偿机制不同形态的发展线索,从最自然的生理补偿机制到个体的心理补偿机制,再到社会的补偿机制。在社会的补偿机制这一层次,也看到了社会补偿机制是和社会公正相勾连的,或者说,它联系着社会内在的不平等。同时,我们也体认到社会补偿机制有其自身的内在张力,这种内在张力表现在机制的两种不同功能:既弥补不平等,又维系不平等。这种辩证冲突思想多少是因阿德勒部分地受到弗洛伊德的精神分析学的影响,也部分地受到马克思作品的影响。在关于讨论绝对真理时,他分析了自己的思想关联要素,

---

① [奥]阿德勒:《理解人性》,第 17、48 页。

② [奥]阿德勒:《理解人性》,第 14 页。

“我们要考虑到一个重要方面是社会物质层面，马克思和恩格斯对此作过描述。据他们的教导，经济基础，即人生活于其中的技术形式，决定着‘理想的、逻辑上的上层建筑’即个体的思想和行为。我们的‘人类生活的逻辑’和‘绝对真理’的概念与这些观点是部分一致的。然而历史以及我们对个体生活的洞察（也就是我们的个体心理学）却使我们认识到：个体对于某种经济状况的要求所作出的错误反应有时反倒是有好处的。为了逃避尴尬经济处境，他可以难分难解地纠缠于自己的错误反应所结成的网络之中。而我们的通向绝对真理的方法则将引导我们跨过无数之类错误”①。

四、马克思、涂尔干对社会补偿是现代社会内在机制的揭示

心理学对补偿问题的关注，说明了补偿问题是现代性支配下社会的一个固有问题。在前现代社会，补偿问题并不明显，是非经常性的，而在现代社会它则成了一种常态，弱势群体、不平等、反抗、社会运动、福利运动等都是其具体表现。所有这些表明，补偿问题不仅在个人心理层面有所反映，而且在社会心理层面也凸显出来。补偿问题要在社会理论上得以确立，主要是基于系统论、控制论、协同学等新科学理论范式的出现。但是，在它得到普遍认识之前，马克思、涂尔干以及韦伯在各自领域从整体论视角探讨了资本主义发展的内在机制，而且是明显谈及了补偿机制问题关乎社会何以可能这一点。

① ［奥］阿德勒：《理解人性》，第14页。

马克思是一位整体论者,他始终把资本主义当作一个有机体系统来分析。在《资本论》中,他之所以从商品着手研究,并非一般人认为的那样是一种“原子论”式的分析;相反,商品并不是“原子”,而是“细胞”,是“结构”的部分,商品本身也是“结构”,是一个“小宇宙”。他说,“物的使用价值对于人类来说没有交换就能实现,就是说,在物和人的直接关系中就能实现;相反,物的价值则只能在交换中实现,就是说,只能在一种社会的过程中实现”①,也就是说,在商品上体现的是一整套资本主义的运作逻辑。

补偿是关系到社会再生产能否正常实现、维系社会平衡的特殊机制。资本主义从外在表现为“庞大的商品的堆积”,从实质上表现为不断“重新反复”的社会生产过程。资本主义社会生产是一个分层级、分领域、相互作用的系统,整个系统要顺利实现必须要满足现实条件,即补偿的顺利完成。社会总资本的再生产和流通过程表现为一个“不断更新的生产过程,是资本在流通领域不断地重新完成各种转化的条件,是资本交替地表现为货币资本和商品资本的条件”②。为此,“再生产过程必须从 W′的各个组成部分的价值补偿和物质补偿的观点来加以考察……直接摆在我们面前的问题是:生产上消费掉的资本,就它的价值来说,怎样由年产品得到补偿? 这种补偿的运动怎样同资本家对剩余价值的消费和工人对工资的消费交织在一起?”③因此,这一过程要求:“年产品既包括补偿资本的那部分社会产品,即社会再生产,也包括归入消费基金的、由工人和资本家消费的那部分社会产品,就是说,既包括生产消费,也包括个人消费。这种消费包括资本家阶级和工人阶级的再生产(即维持),因而也包括总

---

① 马克思:《资本论》(第2卷),人民出版社1991年版,第100页。
② 马克思:《资本论》(第2卷),第390页。
③ 马克思:《资本论》(第2卷),第436页。

生产过程的资本主义性质的再生产"①。可见,资本主义的社会生产过程若是没有在价值和实物上实现补偿,整个社会系统中如若没有一种补偿机制,生产不可能,社会和谐亦不可能,社会将陷入一场旷日持久的阶级冲突中。

如果说,社会补偿在马克思那里通过其生产性功能或者说经济功能说明了资本主义社会的命运,那么,在涂尔干那里,社会补偿则表现为社会惩罚或社会恢复,或者可以这样说,在涂尔干那里,社会补偿是与集体意识、社会分化、社会团结相联系的。马克思始终强调,在生产、商业和消费的一定发展阶段上有相应的社会结构、相应的家庭、等级或阶级组织,即相应的市民社会。涂尔干相对马克思和韦伯而言,在理论旨趣上更强调个人与集体的关系,探讨怎样使社会赖以存在的"协调一致"的环境得以实现。② 集体意识指的是一般社会成员共同的信仰和情感的总和。集体意识具有强制性,对集体意识的损害和违背会招致集体社会强烈的不服,也就是说,如果共同意识为其成员所伤害,它就要求补偿,这是对所有成员感情的补偿。在现代社会,分化日趋明显,其根本原因在于机械团结的解体,要实现社会协调,应当诉诸有机团结,有机团结在哪里呢?涂尔干认为,有机团结存在于法团组织里。

"当有机团结占据显著地位的时候,情况就截然不同了,所有能够削弱团结的因素甚至会对最有活力的社会关系产生影响……共同情感已经不再拥有能够把个人,甚至所有事物维系于群体的力量。自此以后,颠覆的倾向就不再会受到任何阻碍,很容易产生出来。社会组织逐渐丧失了曾经凌驾于人类利益之上的超验存在,已经不再拥有同样的反抗力量了。与此同时,它本身也遭到了更猛烈的攻击。人类完全用自己的双手搭建

① 马克思:《资本论》(第2卷),第435页。
② [法]雷蒙·阿隆:《社会学主要思潮》,第214页。

起来的社会组织,已经不再能有效地对抗人类需要了。汹涌的波涛总归会把阻挡它的堤岸冲垮的。形势已经变得更加危急了。所以说,在组织社会里,分工必然会越来越接近我们刚才所说的理想的自发状态。如果社会能够尽己所能努力——而且应该努力——去把外在的不平等状态消除掉,这不只是因为这项事业本身是高尚的,而且也因为它解决了岌岌可危的生存问题。社会要想继续维持自身的存在,就必须将其所有的组成部分牢固地联系起来,只有在这种条件下,团结才有可能产生。因此,我们应该预料到,在组织社会不断发展的同时,必须保证这项事业更加具有绝对意义上的公正性。"①

出路在哪里呢?在《职业伦理与公民道德》一书里,他重新定义了民主,"民主并不取决于支配国家的人的多少;民主的本质及其特征,是人们与整个社会的沟通方式"②。"民主政体似乎是这样一种政治体系,社会可以通过它获得有关其自身的最纯粹的意识。"③"严格说来,国家是社会思维的器官。同各种事物一样,思维是直接的也是实践意义上的,而不是思辨的。一般而言,国家并不是为了思考而思考,也不是为了建构一种学说体系,而是为了引导集体行为。"④如何使国家的思考摆脱个人取向呢?他认为能够满足这种要求的是地方群体和职业群体这两类群体。⑤在社会已出现严重危机的背景下,涂尔干所谋求解决危机的方式既是亚当·斯密式的,也是托克维尔式的,既强调各类次级群体、法团的作用,同时也强调道德伦理的规范力量。

这一分析路径揭示出这样一种理论预设:在社会转型中,社会系统本

---

① [法]埃米尔·涂尔干:《社会分工论》,第339页。

② [法]埃米尔·涂尔干:《职业伦理与公民道德》,渠东、付德根译,上海人民出版社2001年版,第91页。

③ [法]埃米尔·涂尔干:《职业伦理与公民道德》,第94页。

④ [法]埃米尔·涂尔干:《职业伦理与公民道德》,第55页。

⑤ [法]埃米尔·涂尔干:《职业伦理与公民道德》,第101—102页。

身发生深刻的分化，为保持社会协调，需要上级系统对衰败的下级系统进行补偿，创设出新系统以吸纳从衰败的下级系统中游离出来的分子。Niklas Luhmann（尼古拉斯·卢曼）在其《社会系统》"系统与环境"一章中把涂尔干这种分化补偿的思想精练化了。[①] 也就是说，只有在一般系统论里，社会补偿才被真正认识到了，只有通过它才可能理解社会系统的整体性、转换性、自我调整性。[②]

---

① Niklas Luhmann, *Social Systems*, pp.176-209.

② [瑞士]皮亚杰：《结构主义》，商务印书馆1984年版，第2页。

附论三　补偿与社会系统平衡*

自1978年改革开放以来，总体性社会的中国发生了深刻分化，功能分化虽有所发展，但主要还是利益分化，不平等问题成为社会的主要矛盾，所以，社会整合成为当前的关键问题。事实上，正如帕森斯所说，社会整合是现代经济社会最具实质性的问题。① 而我们在这里探讨的补偿问题正是关系到我们的社会如何可能、怎样可能的重大理论问题。

一、意义与价值：社会系统的本质性构成要素

目前在社会科学领域，对组织与制度变迁进行的研究主要有两种分

---

* 该文曾刊于《晋阳学刊》2006年第5期，此次收入对文字和注释略作修改。

① ［美］塞德曼：《有争议的知识——后现代时代的社会理论》，中国人民大学出版社2002年版。

析工具:一种是强制性变迁和诱致性变迁[①];另一种是强关系和弱关系。[②] 它们的共同点在于强调了组织和制度是一个关系、规则系统,系统的变化会受内外因素的影响。毫无疑问,这样一种分析在逻辑上完全是正确的,但是,它们的共同不足在于两方面:一方面,它们忽略了系统自身调整的能力,在方法论模型上仍然是一种刺激—反应,这无法解决笛卡尔意义上的心—身关系问题[③],也无法解决自然—文化的融合问题[④];另一方面,它们只认识到制度之所以不可或缺只是为了安全和经济两方面的需要,而忽视了自由、创造方面的因素。

社会学研究仍必须坚持走从肇始于马克思,经过涂尔干、韦伯的学科化努力,然后通过帕森斯等人的现代转换,形成的整体—结构—系统的思想路线。走这条方法论路线的好处在于帮助我们尽可能全面地掌握"认识对象的条件"[⑤],或者说要使我们的行动更为"清明"。研究组织,事实上是研究者把组织或者制度当作一个有机体似的结构来分析。既然如此,这种分析事实上也就把社会当作了一个进化的实体。一个进化的实体是"自然"的,所以涂尔干和韦伯都认为社会的发展进程是理智化的发展过程,以至于他们作出如下结论:社会学研究者的工作已经专门化了,他所从事的工作在他那个时代不管怎样伟岸,都必然被他的后来者所超越。[⑥] "自然"的社会似乎像康德的星云那样模糊、混沌,也犹如索绪尔在

---

① 林毅夫:《关于制度变迁的经济学理论:诱致性变迁与强制性变迁》,载R.科斯、A.阿尔钦、D.诺斯等:《财产权利与制度变迁——产权学派与新制度学派译文集》,上海三联书店1994年版,第374页。

② Mark Granovetter, "The Strength of Weak Ties", in *Social Structure and Network Analysis*, (ed.) by Peter V. Marsden and Nan Lin, Sage, 1982.

③ [美]贝塔朗非:《人的系统观》,魏宏森译,清华大学出版社1989年版,第95页。

④ [法]多斯:《从结构到解构——法国20世纪思想主潮》(上卷),季广茂译,中央编译出版社2004年版,第25—35页。

⑤ [法]布迪厄:《实践感》,蒋梓骅译,译林出版社2003年版,第1页。

⑥ [德]韦伯:《学术与政治》,钱永祥等译,广西师范大学出版社2004年版,第166页。

谈及语言实体如何划定界限时所说的那样,“总之,语言不是许多已经预先划定、只需要研究它们的意义和安排的符号,而是一团模模糊糊的浑然之物”①。为此,我们需要通过系统的分析概念,为各种不同的社会经验事实给出相应的“含义”,只有这样才可能对社会发展的逻辑作出“判断”。

至此,问题开始明朗化了,也就是说,当我们研究社会、组织、制度乃至思考社会变迁时,应当从整体的、结构的、系统的角度去研究。但是,从整体—系统—结构研究又到底是怎样一回事呢?社会研究和自然科学研究不一样?它要立足于意义和价值?社会世界是一个符号世界?社会关系的关联在于交往者赋予其个体行动的意义和价值,社会之所以是一个关系系统,正是因为价值的缘故。索绪尔通过其“共时语言学”给我们指出了研究的方向,“符号的任意性又可以使我们更好地了解为什么社会事实能够独自创造一个语言系统。价值只依习惯和普遍同意而存在,所以要确立价值就一定要有集体,个人是不能确定任何价值的”②。在像语言这样的符号系统中,各个要素是按照一定规则互相保持平衡的,同一性的概念常与价值的概念融合在一起,反过来也是一样。因此,简言之,价值的概念就包含有单位、具体实体和现实性的概念。但是如果这些不同的方面没有根本的差别,问题就可以用好几种形式依次提出。我们无论要确定单位、现实性、具体实体或价值,都要回到这个支配着整个静态语言学的中心问题。③

---

① [瑞士]索绪尔:《普通语言学教程》,高名凯译,商务印书馆1980年版,第147页。
② [瑞士]索绪尔:《普通语言学教程》,第147页。
③ [瑞士]索绪尔:《普通语言学教程》,第155—156页。

二、补偿与社会系统本质性构成要素的关联

补偿关系、补偿作用作为学术概念和术语首先见诸物理学和生物学中，它是用来探讨物理上的平衡状态和生物学上的“体内平衡状态”的。比如，在物理学上，几个力的合力为R，与这个力大小相等、方向相反的力R′的作用在于使这个物理系统平衡，这一作用被称作“补偿作用”[①]。在生理学中，继贝尔纳（Claude Bernard）之后，坎农（Cannon）提出了“体内平衡”（Homeostasie），这一概念强调有机体内部环境的永恒性平衡状态，由此涉及有机体内部环境及其自我调节。这种调节作用是超越而不是否定了物理平衡作用的形式，系统性的补偿机制以自我调整的形式仍然存在。[②] 由此看来，补偿作用是用来说明事物的平衡状态的。

社会系统的分化一直是社会学的中心主题之一，其根本原因在于它关系到社会的平衡与和谐。涂尔干认为，社会的演进方向总的来说是从机械社会向有机社会转变。有机社会是一个分化的社会，如果这种分化完全朝向无休止的、极端的个人主义，这样的社会状态将导向霍布斯所描绘的“战争状态”[③]。韦伯不仅认为现代社会是一个专业化的社会，更是提出现代的一个重要问题：除魅后的社会又会陷入“诸神纷争”。可见，社会分化虽属于自然进化的规则，但是，由于人和实在的物质以及动物相比是完全不同的生命，他是一个带有社会属性的人，他有认识世界、改造世界的能力，他在社会分化的这个方面是有能力去补偿过度分化带来的

---

① ［瑞士］皮亚杰：《结构主义》，倪连生、王琳译，商务印书馆1984年版，第30页。
② ［瑞士］皮亚杰：《结构主义》，第33—35页。
③ 参见［法］埃米尔·涂尔干：《社会分工论》，第二版“序言”。

伤害的。

社会和谐实质上是一个社会系统如何趋向平衡、一致的问题，而社会分化则关系到社会系统的平衡。众所周知，社会是个价值的、意义的、符号的系统，所以，社会分化的实质是不同意义、价值、符号的碰撞和结晶化。也就是说，社会系统虽然是一个相对稳定的系统，但是它也会面临危机、经历风险和剧烈变迁。所以，平衡和补偿是社会系统的内在主题，社会系统因此而存在。这样看来，补偿并不是一个和社会无关的话题，事实上，社会系统的均衡和补偿关联到社会系统的本质性构成要素。

一直以来，社会理论并没有直接论述社会的补偿机制，直到不久前，才由卢曼在《社会系统》一书第五章中分析说明了补偿在社会分化过程中的必要性。在这之前，经典三大家也只有马克思在其《资本论》第2卷讨论社会总资本的再生产和流通时，才从实物补偿和价值补偿的角度论及了补偿。马克思的补偿揭示了资本主义是一个不断重新反复的生产系统，在他的意义上，补偿最终不能实现，资本主义系统最终会被否定而且会被新的社会所替代。在马克思那里，补偿和系统是有关联的，而在涂尔干和韦伯那里，系统、整体的思想一直都是存在的，但更多的是一种“涌现”的“整体论”和“系统论”，而且由于他俩各自的特殊研究主题，对补偿关系、补偿作用的强调也不很明显。涂尔干强调社会分化的功能和影响，并以此和集体表象、集体意识相联系，其中心焦点仍在于如何在现代条件下维护社会的一致，如何克服失范，因此集体意识和表象以及法团在很大程度上扮演着像在物理学力学系统中那个起着补偿作用的平衡力。

韦伯并不是一位“化约论者”，也不像有些人所说的和马克思有着截然不同的立场。① 事实上，他和马克思、涂尔干一样都看到了社会是价值、意义的宇宙。韦伯似乎没为补偿留下多少理论空地，然而，如果我们

① Julien Freund, "German Sociology in the Time of Max Weber", in *A History of Sociological Analysis*, (eds.) by Tom Bottomore and Robert Nisbet, Basic Books, 1978.

留意到他所焦虑的“诸神之争”以及理智化的“铁笼”,就可以察觉到韦伯所要真正寻求的是如何解脱人的内在危机和外在限制,可以说,他的分析路径是一种源起于德国的精神分析学①,其根本目的在于:如何解除掉时代性的“精神官能症”痛苦,亦如贝塔朗非所强调的如何应对“符号宇宙”解体后的危机状态。既然是这样,社会补偿的命题就深深植根于“意义”和“价值”的主题,因此,在我们看来,社会补偿论题就是这些社会学经典大家的共同的理论基础和取向。

三、补偿与系统平衡

社会系统不是一个简单集合,而是各个要素的相互作用。② 社会系统维持其平衡涉及很多方面,比如社会系统及其子系统运行的功能性先决条件能否得到满足,社会结构分化时诸如经济、宗教、权力、亲属、成就等子系统能否实现功能转换。③ 按照皮亚杰的解释,如果社会系统能在整体性、转换性、自我调整性三个方面正常运作,那么系统结构也就是均衡的。④

我们追问的是,如果社会向一个自组织系统转换,那么补偿机制是否还存在? 对于这个问题帕森斯和卢曼都作了肯定的回答。帕森斯认为,在他之前的系统理论的基础仍然是牛顿物理学范式,而现在协同学、控制

① 比如弗洛伊德在《精神分析引论》中分析过错机制时连带分析了补偿机制。他的学生阿德勒更是将补偿作为基础,发展出了有社会理论意涵的人格心理学。

② [美]贝塔朗非:《人的系统观》,第 51 页。

③ Talcott Parsons, *The Social System*, pp.26-36.

④ [瑞士]皮亚杰:《结构主义》,第 2 页。

论、熵理论、耗散结构理论已经不仅仅是物理学的,也渗透到了社会科学领域[①],社会系统是其各个成分的稳定布局,它不受外界强加于它的变动的影响。受到帕森斯深刻影响的卢曼同样认为,“每个系统都是从它的环境而来……环境并不是一个具有运作能力的统一体,它不能理解、处理、影响系统。因此我们可以说,系统是通过指涉环境、明确自身而使它自己总体化(totalizes)。环境只不过是‘其余的一切’”[②]。

皮亚杰认为,帕森斯试图在功能与价值之间建立联系的思想十分深刻。在一种社会背景中,结构尽管是无意识的,迟早也要表现为规范或规则,以或多或少稳定的方式强迫个人接受。不管我们怎样相信结构有持久性,规则仍然可以有功能作用的改变,价值变化就是明证。可以说,价值的尺度就是功能的尺度,价值和规范合在一起的二重性和相互依赖性证明了把结构和功能相联系的必要性。[③] 我们也由此看到帕森斯身上留下的韦伯烙印。价值和意义的冲突始终存在,如何把个人整合进共同价值中是解决问题的关键,而补偿至少说明了一种可能性。

相对于帕森斯而言,卢曼仍然重视意义和价值,但是,他尤为重视的是系统的复杂性问题。系统与环境的关系是系统理论的中心范式问题。而这一问题的实质又在于选择什么样的参照系以研究系统。所以卢曼认为,“所有功能分析的最终参照在于系统与环境的差异”[④]。因为“差异”的存在,所以,功能主义中的平衡理论就成了系统与功能之间不同层级[gradient]复杂性的差异可运作的对等体。[⑤] 差异有两重功能,一是明确环境对于系统的意义并不仅在于认识上、方法论上的需要,而是有助于认

---

① Talcott Parsons, *The Social System*, pp.541-545.

② Niklas Luhmann, *Social Systems*, p.181.

③ [瑞士]皮亚杰:《结构主义》,第72页。

④ Niklas Luhmann, *Social Systems*, p.176.

⑤ Niklas Luhmann, *Social Systems*, p.176.

识到环境为系统提供了信息和能量，是理解系统自我指涉的关节点；二是系统与环境的差异有助于系统体认到系统所面临的复杂性。

复杂性是差异的连续体，或者可以说，系统与环境间的差异是以一个连续体为前提的。认识到这一点意义十分重大。因为"现在我们能进一步说，那种能够使元素得以构造的假定复杂性在系统中仅仅能够被当作环境来处理。可以确切地说，细胞的化学系统构成了大脑的环境，而且也可以确切地说，人的意识构成了社会系统的环境。任何的神经生理过程的解构不会作为最终的元素而触及个体细胞，同样，任何社会过程的解构也不会触及人的意识。"①所以，系统可以通过漠视它的环境而获得自由以及实现自我的自治管理。②

但是，补偿机制仍然是存在的。因为，系统的层级结构是个事实，系统与环境的差异是个事实，复杂性是个事实，系统所面临的危机和风险仍然是个事实。所以"与环境的关系是由系统的结构来调整的，也已经显示出结构的选择水平对低等层级的复杂性起着补偿作用"③。"无论系统语言学上可能性多么复杂，也无论系统主题的结构是多么精致，从来没有使涉及每件事的系统成为可能，这些事件发生于它的环境之中，而这些环境对于所有系统而言，在系统结构上有不同层级。因此，像每个系统一样，社会必须通过其高等级秩序来补偿它自己的低等级层次上的复杂性。"④

由上面我们已经看到，经由帕森斯和卢曼作出证明：补偿是社会系统的固有机制。对补偿机制的深入研究也只能走"帕—卢"路线，即强调意义、价值、规范与社会平衡的关联。

---

① Niklas Luhmann, *Social Systems*, pp.178–179.

② Niklas Luhmann, *Social Systems*, pp.183.

③ Niklas Luhmann, *Social Systems*, pp.183.

④ Niklas Luhmann, *Social Systems*, pp.182.

四、补偿机制研究与当下社会科学的任务

对于我们身处社会的性质、状况和阶段，不同的社会学家已经用各自不同的概念来予以描述社会状态是怎样的，比如“时空压缩”“超越进化”“失范”“断裂”“转型”等都是学者们作出的有力答复。不仅如此，社会学还是一门经世致用的学问①，所以，我们需要在中国这样一个“时空压缩”，即前现代、现代和后现代压缩到一起的境况下去诊治“断裂”，使我们的“转型”更平稳、顺畅些。对补偿机制研究就是面对上述召唤的一种回应。

补偿机制是嵌进社会系统本身中的一种固有机制。对它的理解和把握是要把社会思考为种种关系子系统构成的系统，但是不仅限于此，我们还应深入理解社会关系的实质是行动者相互间意义、价值冲撞后经过帕森斯意义上的结晶化过程后形成的规范。所以，在对现实中具体的社会补偿机制分析时，我们分析的立足点只能是基于特殊社会背景来考察此一社会系统的高低层级间相互的转换是否成功，通过意义、价值和结晶化了的规范来区别高低层级，从而来辨别现实矛盾是基于补偿不足（社会系统的高等层级没有补偿低等层级一直是社会系统无法应付的复杂性因素），还是因为补偿过度（社会系统的高等层级补偿了低等层级，但是提供了过多的规范以使复杂因素增加）。由此我们可以给出如下结论，社会的平衡与补偿机制相关，而补偿机制又是等同于哈贝马斯所说的意义、价值和规范的命题。

---

① 景天魁：《社会发展的时空结构》，黑龙江人民出版社2004年版。

当前的很多经验研究立足于探讨社会系统各个层次的整合问题，并得出了很多优秀成果，这些成果无不是对中国基层社会系统整合状况的透彻分析，比如有张静博士提出的“社会整合的二元结构”①，还有孙立平先生提出的“正式权力非正式运作”②。我们认识到，如果这些个案真能推及整体，即认为所有的地区都是这样，那么，他们所指出的并不是说基层社会系统的整合和平衡是成功的，恰恰说明了一种危机，即中国基层社会系统的补偿机制出现了问题，同时也提出了这样一种要求：变化着的意义和价值需要有恰当的规范来适应。

① 张静：《二元整合秩序：一个财产纠纷案的分析》，《社会学研究》2005年第3期。
② 孙立平：《清华社会学评论》（特辑），鹭江出版社2000年版。

附论四　补偿的道德性及其实现*

一、乔尔·范伯格的"徒步旅行者"故事

乔尔·范伯格(Joel Feinberg)设想了这样一个故事:

一个在崇山峻岭间行走的徒步旅行者遭遇到了一场未曾预料到的暴风雪,在恶劣的天气状况下,他的生命濒临危险。幸运的是,他跌跌撞撞地碰到了一间没人居住的小木屋。小木屋上锁了,窗户被用木板钉着,显然,这是有人为过冬准备的。也很明显,小木屋是某人的私有财产。他打碎窗户,钻了进去。他在一个角落里挨过了三

* 该文曾发表于《社会》杂志 2008 年第 1 期,同时曾被人大复印资料《社会学》转载,该文是作者引领另外三位作者共同促成的,作者是主笔,此次收入针对个别重要概念用语进行了修改,比如 quasi-compensation 这个术语,以前翻译为"半补偿",其实翻译为"准补偿"更为准确,还有 prima facie duties 这一术语,以前翻译为"表面责任",现在则改译为"当然责任"这个概念。

天时间，直到暴风雪停止。在这期间，为了自救，他吃了未知恩人的食物，并且燃掉了壁炉里的木材以御寒。当然，他这样做可能是公正的，然而，他也侵害了别人的权利。①

在这则故事中，徒步旅行者与屋主之间到底是一种什么样的关系呢？有人会毫不犹豫地认为是财产侵害赔偿关系。因为他们会说，法律要件是清晰的：徒步旅行者的过错责任、屋主的财产权利、财产损害事实都是非常清楚的。当然，也会有人提出反对意见：强权原则和见死不救的情形有可能出现，徒步旅行者和屋主之间不是财产权利责任关系，而是一种正义原则关系。②

初看起来，这则故事关系的只是法律上的侵权补偿问题，但深究下去，却可能有比较重要的社会理论意义。徒步旅行者履行的补偿责任以什么为根据？是自己的过错吗？屋主实现自己的补偿权利又从何而来？这些问题是值得深入思考的。因为徒步旅行者和屋主之间的侵害补偿关系有着一个比较明显的逻辑矛盾。如果屋主据其私有财产权进行抗辩，或者不信任徒步旅行者，很可能就会出现见死不救的事；相反，如果承认徒步旅行者基于过错的补偿责任，则在一定程度上承认了强权原则（Mighy is Right）。两种情况可能导致一种大家都不愿见到的霍布斯意义上的问题：一个陌生人充斥的世界，社会如何避免失序。

---

① Joel Feinberg，"Voluntary Euthanasia and the Inalienable Right to life"，p.102.

② 关于反对的观点参见洛伦·E.洛马斯基（Loren E.Lomasky）的《补偿与权利的限制》（1991）。在这则故事中，缔结契约的机会是不存在的，因此，如何构造"契约制度"的问题凸显出来了。正如帕森斯所说，"追求个人利益的广泛而复杂的行动，是在一套规则的框架之内发生的，并不依赖于契约各方的直接个人动机"。Loren E.Lomasky，"Compensation and the Bounds of Rights"，in *Compensatory Justice*；［美］塔尔科特·帕森斯：《社会行动的结构》，第 350 页。

二、补偿道德性的论证

范伯格的故事暗含了一个在理论和实践方面都很重要的问题，即补偿是否具有道德性的问题。

1. 补偿的社会功能事实与其道德上不重要之间的紧张

社会科学的目标和任务无外乎两方面内容：一是理解人们如何认识自己；二是理解人们怎样做事。这就是帕菲特（Derek Parfit）所讨论的理与人之间的关系。那如何探讨这一关系呢？帕菲特采取了与帕森斯在《社会行动的结构》一书中类似的应对方案。帕森斯的处理方法是强调行动的目的—手段联系，并认为，行动者的行动必然含有规范性的道德因素。他说，"只要……处境允许对于达到目的的手段有所选择，在那种选择中就存在着行动的一种'规范性取向'"①。同样，帕菲特反对他自己所称的自利论（self-interest theory），并主张采取道德论和当前目标论（present-aim theory）立场。② 由此看出二人在处理这一问题上的相似点：并不是只要价值不要环境条件，也不是只看环境条件不看价值。

---

① ［美］塔尔科特·帕森斯：《社会行动的结构》，第 50 页。

② 当前目标论是指这样一种假定："会最好地实现这个人的当前愿望的东西与这个人在一切都考虑到的情况下最想要的东西是一样的。而且……假定这个人的愿望与他的道德信念或者别的什么价值和理想并不冲突。"当前目标论包括三种版本，其一是工具论（IP），即我们每个人最有理由做的是最好地实现其当前愿望的任何事；其二是审慎论（DP），即我们每个人最有理由做的，不是能够最好地达到他实际上想要的东西的事，而是，在行动的时候如果他已经经历"理想的审慎"过程——如果他知道相关的事实，思考清楚，而且不受歪曲的影响——能够最好地达到他本会要的东西的事；第三个版本是批判性的当前目标论（CP），即这一主张认为某些愿望是内在地非理性地要求的，某些愿望是合理地要求。［英］德里克·帕菲特：《理与人》，王新生译，上海译文出版社 2005 年版，第 169—173 页。

他俩不约而同地采取这种处理办法显然不是偶然的,这是因为他们面对着一个共同的问题,即功利主义的二难困境。① 功利主义历经数代变化,形式繁多,目前还在不断发展。因此,诚如罗尔斯所言,“确实存在着这样一种思考社会的方式”②。这种方式是一种明显的类比方法,它认为个人尚能达到他自己的最大利益,一个社会也能按同样原则去行动。功利主义原则可以表述为,“一个社会,当它的制度最大限度地增加满足的净余额时,这个社会就是安排恰当的”③。但是,一旦这样划定功利主义原则,在刚才所提到的类比方法中,就会出现一个问题,即能否把社会化约为个人。

帕森斯总结了功利主义行动体系的四个特征:“原子论”“合理性”“经验主义”以及“目的随意性”④,并指出功利主义行动体系的二难特征在于,这种“行动的逻辑性中只包含手段与目的的关系,而不包含目的与目的之间的关系”,这种行动结构很可能要么陷入到“激进理性主义的实证主义体系”中去,要么陷入“反智主义的实证主义”这另一个极端。⑤

帕菲特也深刻地看到了这种自利论的内在困难。《理与人》一书第一编的题目便一目了然:“自败的理论”(self-defeating theory)。什么意思呢? 自败即自我挫败,是指“即使以其自身的标准来衡量也是失败的”⑥。

① 所谓功利主义二难困境是指,要么是真正的激进实证主义的观点,要么是严格的功利主义观点。前者完全否定了手段—目的图式是分析人类行动所必不可少的,后者则越来越依赖于超科学的形而上学假定。真正的激进实证主义是一种理性主义的观点,它抹杀了合理性行动的目的、手段,以及条件的区别,使行动成为一种单纯适应给定条件及其预想中的未来状态的过程。严格的功利主义又称为反智主义的实证主义,它完全根本地改变了合理性的地位,实际上完全取消了合理性。参见[美]塔尔科特·帕森斯:《社会行动的结构》,第789页。

② [美]约翰·罗尔斯:《正义论》,何怀宏、何包钢、廖申白译,中国社会科学出版社1988年版,第20页。

③ [美]约翰·罗尔斯:《正义论》,第21页。

④ [美]塔尔科特·帕森斯:《社会行动的结构》,第66页。

⑤ [美]塔尔科特·帕森斯:《社会行动的结构》,第227页。

⑥ [英]德里克·帕菲特:《理与人》,中译本序言。

这样讲是因为自利论存在着“为己”的自利论,和“为他”的自利论,两者最后对行动者来说都很可能是一个糟糕的结局。可以分别举例说明。对于“为己”的自利论来说,假如某窃贼相信自己行窃始终不会被逮住,他采取了各种技术手段以避免自己不被抓住,第一次行窃成功了,第二次成功了,第三次也成功了……,但是不幸在第N次被抓住了,结果惩罚会非常严重。这就是“为己”自利的可能结果。如果一个社会以“为己”的自利论为基础,那么诚实反倒成为保护自己的最好策略。或者换一种极端的说法是,这种社会就可能丧失“人心”基础,即,当且仅当所有人都面临共同危险时,他们内心中的社会秩序感才可能被唤起。对于“为他”的自利论来说,假如某一行动者爱他的家庭和朋友,按照自利理论,对这些人的爱会影响到该行动者的利益的东西。该行动者相当多的幸福来自于知道他所爱的人是幸福的,以及有助于带给他所爱的人以幸福。假如他所爱的人一切顺利,这对他来说还算幸福。但是在有些情况下,如果对他来说将会更好的东西对他所爱的那些人来说可能将会更糟。[①] 由此可见,不管哪种自利论,都会带来糟糕的结果。这些结果表现为许多形式:家长制、强权以及社会冷漠等。

由以上论述可知,功利主义二难困境是造成社会失序、断裂的一个重要原因。也就是说,霍布斯所说的“秩序问题”需要解决。这里之所以谈论补偿问题,也就是在上述问题的意义上提出来的。帕森斯的“意志行动理论”(voluntaristic theory of action)绝非如查尔斯·卡米克(Charles Camic)所言,抽调了行动者的动机。[②] 事实上,帕森斯在《社会系统》以及他往后的著作中,越来越重视古典功利主义者所谈论的道德理论以及人的激情(passion),只不过他是在现代社会高度分化、高度整合、日益制

---

① [英]德里克·帕菲特:《理与人》,第7页。

② Charles Camic, “The Utilitarianism Revisited”, *The American Journal of Sociology*, Vol.85, No.3(November 1979), pp.516-550.

度化的意义上来论述“规范性取向”“价值”的，也就是说，他更多的是在分析论的意义上来谈论现代人的道德和激情困境。所以，我们才可能理解 AGIL 模式以及模式变项的实质。① 然而，这也使得人们的视域局限于帕森斯的社会整合理论，即社会系统各子系统之间的功能互补（complementarity），却对帕森斯 20 世纪 50 年代后期创立的关于分化的宏观社会变迁理论有所忽视，从而误认为帕森斯的行动系统理论是一种静态的、缺少冲突的社会理论。② 这类批评者往往忽视了现代社会生成的一个特点③，“在一定的制度条件，群体异质性越大的社会越可能产生共享的观念，因为人们只有通过共享的观念才能说服其他人，来达到自己的要求”④。

按照帕森斯的理论，我们的确看到补偿具有一定的社会功能，它在现代社会主要反映为社会系统各功能子系统的互补。虽然承认了补偿的社会功能，但是，补偿的道德性也的确没有怎么表现出来。⑤ 虽然帕菲特的

---

① 皮亚杰认为帕森斯的结构功能理论体现了方法论结构主义（亦称为运算整体主义），它超越了“原子论”的整体主义和“涌现论”的整体主义。皮亚杰：《结构主义》，倪连生、王琳译，商务印书馆年版 1984/1996 年版。

② 参见 J.C.亚历山大：《分化理论：问题及其前景》，《国外社会学》1992 年第 1 期。

③ 在这一点上，涂尔干具有最深刻的认识。涂尔干认识到了集体良知的类型变化与机械团结、有机团结、失范的分类，以及与利己性自杀、利他性自杀、失范性自杀相区分的内在关联。集体良知在每个个体身上唤起的共同情感之强弱程度，决定了个体人格的完整程度。一个社会为什么没有陷入完全的失范性自杀，那是集体良知还在发挥作用。这就构建起了集体良知、价值与社会秩序的关联。如果一个组织中的个体都有自己的“完全人格”，那么，组织中失范可能就是一种常态了。之所以认为劝说、影响、教育如此重要，是因为它们在个体人格中注入了集体性因素，从而产生了秩序整合效果。

④ 周雪光：《组织社会学十讲》，社会科学文献出版社 2003 年版，第 139 页。

⑤ 帕森斯在《社会系统》一书第三章关于“评价性行动取向之相关背景的结构”这部分内容中讨论“自我的问题以及其他行动者（alter）在财产中的权利”时，把补偿的规则化与专业化、财产权利以及协作并列为不可缺少的部分。在这里他用的是 Remuneration 一词，而不是 Compensation，这明显是认为交换中的补偿对等是规则化的产物，所以赋予补偿较少的道德性。显然，这是帕森斯方法论结构功能主义的明显表现。但是，随着理论的推进，规范性、价值取向日趋明显，从而也在一定程度上承认了补偿的道德性。Talcott Parsons, *The Social System*, p.73.

理论旨趣是道德理论,但是,由于他对自利理论的批判也自然导致他对补偿作出了重要讨论。① 而且,帕菲特从自己的论证视角、过程表明了他对补偿的看法与帕森斯的理论中表现出的对补偿的认识有惊人的相似,即社会补偿并非不重要,但在道德上并不重要。他认为,“在某种意义上,我们的那些负担能够被我们所爱的那些人的受益而补偿,但是它们不能被其他人的受益而补偿”。因此,“有关补偿的主张”——一个人的负担不能被他人的受益补偿——不能被否定。② “补偿预设了个人同一性,……因此,我们可能主张这个事实具有更少的道德重要性。鉴于这个事实是由补偿所预设的,我们会主张说补偿这个事实本身在道德上是更不重要的。尽管有关补偿的主张不能被否定,但是会如此这般被赋予更少的权重。”③

现在看来,帕菲特在对补偿的认识上是采取了一种帕森斯式的综合,一方面肯定来自功利主义的某种标准,即人们为了一些利益能够忍受一定的负担,这是对“不同的人的生活中的负担和利益不能从道德上加以权衡”这种观点的部分认同;另一方面也认为“一个人的负担不能被他人的受益补偿”的主张如果加上一定的限定条件,也是合理的。然而,这种综合也受到了戴安·耶斯克(Diane Jeske)的质疑。

2. 准补偿概念(quasi-compensation)的提出与补偿的道德性之维护

在上一部分,我们看到了帕菲特对补偿的综合性评价。④ 这种评价既肯定补偿的社会功能,又认为补偿在道德上并不重要。如此的综合,在

---

① 通过关联帕森斯和帕菲特之间的理论可以看到,知识创造者的社会角色往往构成了理论发展的背景和动力。

② [英]德里克·帕菲特:《理与人》,第 482 页。

③ [英]德里克·帕菲特:《理与人》,第 483 页。

④ 这里之所以说是一种综合性评价,最主要的原因是我们限于篇幅没有专门讨论帕菲特关于补偿分析的立论基础,即心理学还原主义中的“心理连续性”视角,而是把这方面的内容融进 Diane Jeske 论述的“准补偿”概念中。

理论上产生了一个严重影响，即在客观上承认并支持了功利主义的合法性。对此，耶斯克提出了不同意见：

> 帕菲特主张，心理学还原主义以及个人同一性并不是使我们用一种强硬形式拒绝“个人独立性反对立场”（the separateness-of-persons objection）的理由。我认为他是对的。然而，心理学还原主义者不应被引导去认为功利主义更合理。如果心理连续性而不是心理同一性可以成为什么理由的话，那么，我们有理由设想我们的道德理论应该把其真正重要性归因于人人之间彼此相依的关系（the relationship in which persons stand to one another）。①

由此可见，耶斯克同意帕菲特的心理连续性观点，但反对那种认为补偿在道德上不重要的观点。耶斯克的分析也从功利主义本身着手。他认为功利主义是一种目的论道德观，一方面它是关于价值和善的理论，另一方面它是关于价值最大化的理论。从行动的角度看，他认为功利主义的基础是中立的个人（person-neutral）。所以他认为，功利主义在处理人际关系时，由于把人际（interpersonal）关系化约为个人内心的（intrapersonal）体验，从而使它和道德理论无涉了，继而不承认补偿在道德上有重要性。罗尔斯正是基于这点，批评功利主义“没有考虑个人的独立性”（the separateness-of-persons）。耶斯克则认为，罗尔斯的评判并没有切中要害。因为，按照心理学还原主义，在人类现实生活中，是连续性关系（continuity），而不是同一性关系（identity）更为普遍。或者如帕菲特所言，“如果我们不再认为个人是独立存在的实体，而且最终认为某个生命的统一性所涉及的不过是这个生命中不同的经验之间的各种各样的关

① Diane Jeske, “Persons, Compensation, and Utilitarianism”, *The Philosophical Review*, Vol. 102, No.4(October 1993), pp.541-575.

系，那么更多关注经验的质量、更少地关注谁的经验就更加令人幸福"①。所以，罗尔斯那类"个人的独立性"的反对观点就不再是令人信服的了。因此，耶斯克认为，心理学还原主义不应使人认为功利主义更合理；相反，由于连续性关系更为普遍，道德理论对于人际关系是十分重要的。

耶斯克认为补偿具有道德上的重要性并不是意见，而是基于其分析。心理连续性表明：(1)不能把人际(interpersonal)关系化约为个人内心的(intrapersonal)体验；(2)存在对于个体而言的面向人内心的补偿(intrapersonal compensation)，但不存在人际间的补偿(interpersonal compensation)；(3)心理连续性是有层级的，产生了关于有心理连续性的人和完全是陌生人之间不同的道德边界；(4)如果我提供了更大的利益给和你有心理连续性的人，我就准补偿(quasi-compensation)了我对你施加的负担；(5)准补偿有条件地支持了面向人内心的事与某种人际间的事这之间的相似性；(6)准补偿的重要性暗示了人际关系的道德意涵。②

可见，准补偿虽然不是我对我的亲朋好友负有责任的缘由，但通过定义道德边界，准补偿显然有助于解释我们为什么能合理地被要求承受某种对于我的亲朋好友的责任，而不必要求我承担对陌生人的责任。③ 在此意义上，耶斯克为补偿找到了更多的道德合理性。耶斯克说：

> 当我们把补偿当作一个重要的道德概念时，我们看到了存在于人类生命中的道德边界，这种存在于生命间的道德边界为我们分配物品采取某种限制提供了真正的理由。比如，这些边界为抗辩中立性的个人提供了理由。④

---

① ［英］德里克·帕菲特：《理与人》，第495页。
② Diane Jeske，"Persons，Compensation，and Utilitarianism".
③ Diane Jeske，"Persons，Compensation，and Utilitarianism".
④ Diane Jeske，"Persons，Compensation，and Utilitarianism".

虽然准补偿概念为社会中的补偿提供了合法理由,但是理由不是很充分,因为耶斯克面对的还是熟人关系,对于陌生人来说则显得有些困难。在现代社会,匿名性、抽象性已经越来越突出,我们面对的是一个陌生人为主体的社会。因此,徒步旅行者的困难是随时都可能发生的。如果我们想获取《雾都孤儿》中奥利弗似的幸运,那就有必要进一步增进补偿的道德性。

3. 通过当然责任(prima facie duties)赋予补偿较完整的道德性

徒步旅行者的问题正是关于社会世界的陌生人与社会秩序实现的难题。我们认为,解决的路径在于如何解决补偿的道德性问题。菲利普·蒙塔古(Philip Montague)在《补偿的权利和义务》(1984)一文中看到了某种可能性。他首先讨论了关于侵害他人权利的道德意义的两个前提:(1)侵权有时受到道德的许可(这个前提为大多数道德哲学家所认可);(2)每个受许可的侵权产生了“剩余责任”(residual duties),即“修复的责任”(a duty of reparation)。[①]“修复的责任”来自W.D.罗斯的《对与善》(*The Right and Good*),即别人只要侵害了我的权利,他就应该补偿我的损失。[②]因此,补偿的责任被认为无非是一项因为以前的错误行动(wrongful act)而引起的修复责任。汤姆森和范伯格都在罗斯的修复责任概念基础上认为徒步旅行者有补偿的责任。因此产生了一个问题。

> 这里存在一个明显的问题。正如汤姆森和范伯格指出,一个人像徒步旅行者那样行动似乎是许可的。然而,如果屋主有权利不让徒步旅行者破坏自己的财产,如果徒步旅行者只有忍耐的义务,

---

① Philip Montague,“Rights and Duties of Compensation”,*Philosophy & Public Affairs*,Vol.13,No.1(1984).

② W.D.Ross,*The Right and Good*,(ed.) by Philip Stratton-Lake,The Clarendon Press,1930,pp.26-27.

> 那么，就不容易看到徒步旅行者对屋主财产进行破坏的许可权利。另一个值得提及的问题是，如果徒步旅行者的破坏行动的确是受许可的，那么，他必须赔偿屋主的任何责任几乎不能被看作修复的责任，因为修复的责任是根据一些过错行动确定的。①

但是，在徒步旅行者怎能被允许侵害屋主的权利的问题上，朱迪斯·贾维斯·汤姆森（Judith Jarvis Thomson）和范伯格都没有提出令人满意的解释。② 而且，明显存在着一个矛盾，即如果徒步旅行者被允许侵害屋主的权利，那么，徒步旅行者不补偿屋主也是没有什么责任的。那怎么化解这一问题呢？蒙塔古于是借用了罗斯的当然责任概念。罗斯的理论将当然责任概念从实际责任（actual duties）中区别出来。当然责任与一般意义上的责任不太一样，后者是一种对等、平衡权利的责任，而当然责任指的是一种具有约束力的、必须被履行的道德责任，除非它在某种特定状况下与另一当然责任相冲突竞争、进而被凌驾取代。③ 按照这种定义，蒙塔古就转换了问题，他认为徒步旅行者的过错是因为他的行动违背了当然责任。经这一转换，补偿的责任变换为感激的义务，于是，蒙塔古认为补偿具有道德性。这样一种解释方法的一个明显结果便是拒斥把补偿权利当作霍菲尔德式的特权来看待。④

---

① Philip Montague，"Rights and Duties of Compensation".

② Judith Jarvis Thomson，"Rights and Compensation"，*Nous*，1980；Joel Feinberg，"Voluntary Euthanasia and the Inalienable Right to life".

③ W.D.Ross，*The Right and Good*，p.19.

④ 美国法学家霍菲尔德（W.N.Hohfeld）曾对权利、义务等基本概念进行了较系统的分析。他认为，仅就权利一词而论，它包括以下四种含义：（1）狭义的权力，指人们可以要求他人这样行为或不行为；（2）特权（privilege），指人们能不受他人干涉而行为或不行为；（3）权力（power），指人们通过一定行为或不行为而改变某种法律关系的能力；（4）豁免（immunity），指人们有不因其他人行为或不行为而改变特定法律关系的自由。参见沈宗灵：《权利、义务、权力》，北大法律信息网（2002），http://article.chinalawinfo.com。

三、回到社会世界:如何补偿?

以上论述从帕菲特始,中间经过耶斯克,然后到蒙塔古,补偿的道德性被逐渐建立起来。事实上,现实世界中的社会保障、救济在很大程度上体现了补偿的道德性。那么,一般的补偿过程究竟是怎样建立的呢? 在这个方面,阿姆杜尔的三层级补偿原则是值得借鉴的。阿姆杜尔补偿三原则包括:(1)补偿应由制造不公正的人来承担;(2)补偿应由那些因不公正而获益的人来承担;(3)如果不能辨明制造不公正的人或因不公正而获益的人,那么,补偿应由共同体来承担。①

现在,我们以当前农村中的五保户制度来分析上述三原则运用的可能性有多大。我们曾在重庆市 S 县 G 镇 C 村观察村里选择五保户的过程时发现,补偿的道德性是无疑的、而且是受到尊重的。村集体接上一级组织乡政府要求选出五保户,村长会同村支书、村会计(又称文书)选择了村里最符合要求的五位老人。虽然名额和具体要求是规定好了的,但是选择完全要依赖选择者的地方性知识。选择者在选择过程中重复着村里的疾苦和病痛,在商榷过程中,选择不仅经历了一个同情的过程,而且通过短暂的选择过程(约一个半小时),对村里人事的集体记忆再次浮现,形成了共享观念——对国家观念、村集体观念的认同,宣示了国家和精英们自己的在场,最终实现了社会平衡的需要。此番描述只是表明补偿的道德性和社会功能。

---

① Robert Amdur,"Compensatory Justice:The Question of Costs",pp.229-244.

就补偿原则的实现过程来看,五保户的选择大致遵守了阿姆杜尔的三原则过程。据我们调查,这个村的财力很弱,那一带的村基本上都是“空壳村”,因此本村是不能担当补偿责任的,五保户都是孤寡老人,准补偿也是不可能的。五位老人在年轻时都是为国家建设、城市建设有过贡献的,比如税收、劳力等的付出。在一个实行过高积累、低消费的社会来看,他们是作了重大贡献的,然而,制造不公正的人或因不公正而获益的人都是不能够辨明的,所以,补偿应由社会共同体来承担,在我们这里则是由国家来承担的。

阿姆杜尔的补偿三原则大致能够解释我们这个案例,但其不足之处主要在于,在我们这里,补偿的实施主体主要是国家,而在他那里则是共同体。很显然,共同体和国家是非常不同的。这里的问题主要在于,国家力量是从共同体汲取来的,如果单独依靠国家,国家是无法解决好补偿问题的。比如,五保户受到的补偿还远远不够,他们的存活还得依靠他们所在的社区。因此,把这个问题放到整个社会,那么国家的力量就显得是非常有限的。由此看来,这里的确有着某种“政府失灵”。即使认为国家是放大的共同体,那么依靠共同体(社区)也可能存在很大的问题。因为,我们的社会共同体还是比较弱,其能力在现阶段尚不足以担当起补偿的重任。因此,这要求我们在国家之外,寻找一条长期可行、与前面二者并行不悖的方式。

根据前面的讨论,既然补偿是具有道德性的,那么我们就得回到道德性的载体上去,即回到“社会”本身。具体说来就是,实现补偿道德性的根本在于谋求一条社会共同体(societal community)的道路。这条道路源于对现代社会的如下一种认知。由于现代社会日益分化、复杂性程度日益加深,因此,虽然人际关系经常处在一种紧张之中,但是由于专业化的发展,人与人之间的互动也还是有着一种共享的道德和价值。这就是说,补偿道德性的实现并不是依托某种神秘主义或超验的什么东西，而是以一定的社会机制作为基础[①]，这种社会机制并不简单地是一种人与人互动过程中的互惠过程，而是一种社会系统理论意义上的平衡机制。[②]

古尔德纳曾经在论述互惠机制时提及过替代互惠机制的补偿机制。在他那里补偿机制和互惠机制是一种对立关系，因此，补偿机制在他那里带有消极意义。对于补偿机制有助于社会系统稳定、平衡的正面解释要归功于后来的尼可拉斯·卢曼。

古尔德纳认为功能学派的理论存在自我否定的漏洞，主要表现为对社会残存物(survival)和剥削的解释不足。[③] 古尔德纳认为，以默顿为代表的功能主义强调功能分析应从辨明包括人类行为、制度以及共享的信仰的问题模式入手，研究说明社会结构的各种可能性结果，即既存的结

---

① 据赫斯特洛姆和斯威伯格两人考察，在社会学发展的早期，经典大家很少使用社会机制一词，该词在社会研究中得到广泛运用主要是在第二次世界大战后。机制一词最先用于生物学中，它之所以受到生物学家的喜爱，主要是因为规律(law)一词太过于强调生物发展过程中不可更改的那一方面，而无法很好表达出有重要意义的例外(exceptions)，所以，生物学家采用了机制(mechanism)一词。在社会科学中，经济学比较多地运用了机制一词，比如“市场机制”一词的运用。机制一词在社会学中能得到扩展要归功于帕森斯、默顿(Robert Merton)等人的贡献。帕森斯在1951年出版了《社会系统》(*The Social System*)一书，他在该书中对机制作了比较深入的分析，他说：“对于系统或子系统的其余部分来说，某一过程(process)的可替代性结果有重要意义的话，那么这一过程就被称为机制”，其中“过程是指一种方式或模式，在这一模式中，系统或系统其余部分的状态变迁到另一状态”。这样看来，机制大致包括了三个基本特征：第一，系统性，是指机制乃是系统的机制，是以一定的结构为载体的；第二，过程性，是指事态有因果关联；第三，功能性，是指作为一定结构的机制对于系统来说是有意义、有作用的。Peter Hedstrom, Richard Swedberg(ed.), *Social Mechanisms*, p.5; Talcott Parsons, *The Social System*, p.201.

② 因为个体和社会处在相互建构的“结构二重性”关系之中，个体的、日常的和世俗化的行动是社会实现自身的生产和再生产的基础，所以，社会不仅是一个高度相对性和具体性的存在，而且是一个行动系统性的存在。这就是说，当我们在解决社会问题时，首要的一点在于对社会有一个系统的、类型学的分析参照框架。参见肖瑛：《回到“社会的”社会学》，《社会》2006年第5期。

③ Alvin W.Gouldner, “The Norm of Reciprocity: A Preliminary Statement”, pp.61-178.

果、显功能、负功能、潜功能等方面。[①] 然而,这种分析方法在解释社会残存物时存在明显不足,因为社会残存物所依赖的社会结构已经瓦解了。还有,功能主义对"剥削"也没有采取正确的研究态度,不平等交换的研究在经典社会学几大家那里是一个重要话题,马克思、涂尔干都非常重视这一点,但是,现代社会学明显忽略了这个问题。不平等交换包括很多方面,比如管理者和工人之间、男女之间、师生之间、医患之间等的剥削关系。不平等是如此普遍,势必会影响到现代社会系统的稳定。所以,古尔德纳认为功能主义范式存在着"自我挫败"的可能。古尔德纳因此认为,找到一种修正功能主义缺陷的方法是非常必要的。对于古尔德纳来说,互惠可能是维系社会系统稳定的一种关键机制。古尔德纳并没有将互惠绝对化。他认为,某些社会也许不依赖互惠,可能有些替代互惠机制的补偿机制。他猜测这些补偿机制可能包括:完全的强力统治、文化学意义上单方面或无条件的慷慨、文化学意义上以情感为目的的赠礼、还礼。完全的强力统治的社会本身微乎其微,基本上已经消失,文化上的慷慨和赠礼主要存在于初民社会中,所以,现代社会主要还是一个不平等交换的社会。所以他认为,不平等交换的社会之所以能持续,主要在于有一种互惠机制。接着他在罗斯分析权利—义务之间关系的基础上,阐述了帕森斯在《社会系统》一书中提到过的互补机制(complementarity)的四种含义。

我们认为,古尔德纳在这件事上可能做得并不成功,因为古尔德纳的解释有三个方面的问题。第一,他错误地把补偿机制和互惠机制相对立。事实上,补偿和互惠是紧密联系在一起的。迈尔斯·L.帕特森(Miles L.

---

① 默顿之所以重视社会问题,这是基于他一贯的理论思路。他认为,有目的的行动带来的非预期后果是社会学理论的中心问题之一,之所以有非预期后果,完全是因为社会的结构、价值等因素影响的结果。因此只有在这个意义上,我们才能理解默顿后来不断提出的一些社会理论问题,比如自我失败的预言、自我实现的预言、潜功能、显功能、学术研究中的优先权问题。罗伯特·默顿:《非预期结果及其相关的社会学观点:个人思想录》,《国外社会学》1998 年第 3 期。

Patterson)探讨了非言语即时性行为(nonverbal immediacy behaviors)中的补偿过程。补偿是一个重建总体性亲密感(total intimacy)平衡点(equilibrium point)的过程。由于亲密感受到关系和情境的影响,所以,亲密感经常有多个维度,同时表明行为者有不同的平衡价值。因此,总体性亲密感平衡点是经常可能面临失衡的。补偿就是恢复平衡的过程。补偿过程的实现必须依赖于他所说的"互惠交换"(reciprocal change)。[①] 也就是说,帕特森视互惠为补偿过程实现的中介。这就不同于古尔德纳的看法。古尔德纳将互惠与补偿对立,肯定互惠,贬斥补偿。第二,他虽然注意到了帕森斯关于社会系统中互补机制的论述,但是他要么错误理解了,或者是忽略了帕森斯的真正目的在于试图解决功利主义二难困境。所以,他运用罗斯的分析方法去重释互补机制是偏离了帕森斯提出的解决霍布斯秩序问题的战略方向。第三,正如他承认的那样,互惠机制未必就是现代社会问题的主要机制。虽然经验研究并没有完全作出反对的论据,但是已经有不少关于互惠机制负功能的个案。比如,在发展中国家当中,"互惠"在一定程度上支持着"腐败",在其他一些经验研究中的确也证实了此点,威廉姆·M.埃文(Willianm M.Evan)在其《研究型组织中的角色紧张与互惠的规范》(1962)一文中验证了"互惠"会产生"组织压力"[②],詹姆士·D.韦斯特法尔(James D.Westphal)与爱德华·J.扎亚克(Edward J.Zajac)则在《出自核心圈子的乱子》(1997)一文中看到了"互惠"并不必然有利于维护组织系统的"稳定性"。[③]

---

① Miles L. Patterson, "Compensation in Nonverbal Immediacy Behaviors: A Review", *Sociometry*, Vol.36, No.2(June 1973), pp.237-252.

② William M.Evan, "Role Strain and the Norm of Reciprocity in Research Organizations", *The American Journal of Sociology*, Vol.68, No.3(November 1962), Studies on Formal Organization, pp.346-354.

③ James D.Westphal Edward J.Zajac, "Defections from the Inner Circle: Social Exchange, Reciprocity and the Diffusion of Board Independence in U.S.Corporations", pp.161-183.

在互惠机制并不能很好地说明它和社会系统稳定之间的关系的情况下，能否找到另一种可行的道路呢？在这里，我们极其简单地对比了帕森斯和卢曼的社会系统论，希望从中发现补偿道德性实现的可能性途径。

卢曼的理论路径和帕森斯的理论路径既有联系也有区别。帕森斯视制度化规范和双重偶然性（行动者和环境都具有偶然性）具有同等地位，也就是说，帕森斯认为人在系统之内。所以在帕森斯那里始终存在分化与整合、规范与自由等多对张力。试图处理这些紧张是帕森斯晚期学术生涯重视美国经验的重要原因，所以他认为，美国社会的"共同体"传统、"公民宗教"，以及大学体制是理解现代社会整合机制的三个关键。

与帕森斯相比，卢曼也肯定制度化规范的重要意义，但是，他认为人在社会系统之外。因为卢曼这样认为，"可以确切地说，细胞的化学系统构成了大脑的环境，而且也可以确切地说，人的意识构成了社会系统的环境。任何的神经生理过程的解构不会作为最终的元素而触及个体细胞，同样，任何社会过程的解构也不会触及人的意识"①。并且认为，"单个高分子的高等级复杂化排列、单细胞、单个神经元系统以及个体心理系统都属于它们[系统]的环境"②。

因为视人为社会系统之外的环境因素，所以卢曼更看重社会系统中的中介因素和分化因素，比如货币、权力、亚系统等。因为在卢曼看来，由于现代社会系统的复杂性始终在增加，化解复杂性是决定系统体内平衡的关键。复杂性问题在于系统与环境之间的差异关系。对这些差异关系的调整依赖于社会系统内的补偿机制，即"以复杂性应对复杂性"的补偿机制。正如卢曼所说，"系统与环境的关系是由系统的结构来调整的，结构的选择水平已经显示出对低等层级的复杂性起着补偿作用"③。"无论

① Niklas Luhmann, *Social Systems*, p.179.

② Niklas Luhmann, *Social Systems*, p.182.

③ Niklas Luhmann, *Social Systems*, p.183.

系统语言学上可能性多么复杂,也无论系统主题的结构是多么精致,从来没有使涉及每件事的系统成为可能,这些事件发生于它的环境之中,而这些环境对于所有系统而言,在系统结构上有不同层级。因此,像每个系统一样,社会必须通过其高等级秩序来补偿它自己的低等级层次上的复杂性"①。

以上内容表明,社会系统的稳定和平衡需要各种社会亚系统来实现。比如,社会共同体就是实现社会系统平衡的一种补偿机制。一方面,社会共同体是社会系统遵循着一定的"路基线"(cutting lines)分化、演化的结果②;另一方面,由于社会共同体是一种公民们在其间能彼此自由自愿地形成团结关系的制度性框架,而且这种自愿联合的基础不在于其他别的,而在于能创造"共同利益"的"说服和感化"的行为。③ 对照现实经验来说,按照"路基线"行动体现了现代社会系统的强制性、相对稳定性。在这个系统中,国家为公民的沟通创造出"共享性规范"的权利、责任、义务,即 T.H.马歇尔强调的"公民权利""政治权利",从而有助于社会共同体的发展。④ 也就是说,社会共同体在一定程度上发挥着"机械团结"的作用,促进它是处理现代社会的"秩序问题"、促进社会持续发展的重要路径之一。

---

① Niklas Luhmann, *Social Systems*, p.182.

② Niklas Luhmann, *Social Systems*, p.7.

③ 马修:《凝聚性"公众"的分立成形》,《国家与市民社会:一种社会理论的研究路径》,邓正来编译,中央编译出版社 2002 年版,第 279—313 页。

④ T.H.马歇尔:《公民权与社会阶级》,刘继同译,《国外社会学》2003 年第 1 期。

参考文献

1. 中文文献

[德]阿·阿德勒:《生活的科学》,苏克、周晓琪译,生活·读书·新知三联书店1987年版。

[德]阿德勒:《理解人性》,贵州人民出版社1991年版。

[美]阿马迪亚·森:《贫困与饥荒》,王宇、王文玉等译,商务印书馆2001年版。

[以]艾森斯塔德:《社会系统的质与界限——若干理论思考》,《国外社会学》1991年第2期。

[以]艾森斯塔德:《现代化:抗拒与变迁》,张旅平等译,中国人民大学出版社1988年版。

[法]埃米尔·涂尔干:《社会分工论》,渠东译,生活·读书·新知三联书店2000年版。

[法]埃米尔·涂尔干:《宗教生活的基本形式》,渠东、汲喆译,上海人民出版社2000年版。

[法]埃米尔·涂尔干:《乱伦禁忌及其起源》,渠东译,上海人民出版社2003年版。

[法]埃米尔·涂尔干:《职业伦理与公民道德》,渠东、付德根译,上海人民出版社2001年版。

[法]埃米尔·涂尔干(E.迪尔凯姆):《社会学方法的准则》,狄玉明译,商务印书馆1995年版。

北京政法学院民法教研室:《中华人民共和国土地法参考资料汇编》,法律出版社

1957 年版。

[美]本杰明·卡多佐:《司法过程的性质》,苏力译,商务印书馆 2002 年版。

[美]彼得·奥斯本:《时间的政治——现代性与先锋》,王志宏译,商务印书馆 2004 年版。

[美]波斯纳:《法律与社会规范》,沈明译,中国政法大学出版社 2004 年版。

[美]布赖恩·特纳:《Blackwell 社会理论指南》,李康译,上海人民出版社 2003 年版。

[古希腊]柏拉图:《理想国》,商务印书馆 1986 年版。

[法]布希亚:《物体系》,林志明译,上海世纪出版集团 2001 年版。

蔡华:《土地权利、法律秩序和社会变迁——家庭联产承包责任制的法律视角分析》,《战略与管理》2000 年第 1 期。

[加]查尔斯·泰勒:《黑格尔》,张国清、朱进东译,译林出版社 2002 年版。

常红晓:《土地出让金收益重分　财政部考虑收取一定比例》,《财经》2006 年 3 月 21 日。

陈心想:《一个游戏规则的破坏与重建——A 村村民调田风波案例分析》,《社会学研究》2000 年第 2 期。

成涛林、夏永祥:《被征地农民的权益保护研究》,《城市发展研究》2004 年第 5 期。

程晓农:《全面制度创新适应经济全球化——二十一世纪中国面临的挑战》,《开放时代》2001 年第 1 期。

戴慧思(Deborah Davis):《二十世纪九十年代的不平等和分层》,《国外社会学》2000 年第 5 期。

戴双兴:《构建征用征购双轨并存的征地补偿制度》,《中国房地信息月刊》2004 年第 6 期。

党国英:《土地制度对农民的剥夺》,《中国改革》2005 年第 7 期。

[英]德里克·帕菲特:《理与人》,王新生译,上海译文出版社 2005 年版。

邓海娟:《城市建设征地与拆迁中弱势群体的利益表达》,《特区经济》2005 年第 8 期。

邓正来:《国家与市民社会:一种社会理论的研究路径》,中央编译出版社 2002 年版。

[法]笛卡尔:《谈谈方法》,王太庆译,商务印书馆 2000 年版。

[美]杜赞奇:《文化、权力与国家——1900—1942 年的华北农村》,王福明译,江苏人民出版社 2004 年版。

[德]费迪南德·滕尼斯:《共同体与社会》,林荣远译,商务印书馆 1999 年版。

费孝通:《江村经济》,江苏人民出版社 1986 年版。

费孝通:《中国绅士》,惠海明译,北京:中国社会科学出版社 2006 年版。

冯昌中:《我国征地制度变迁》,《中国土地》2001 年第 9 期。

[德]弗兰兹—克萨维尔·考夫曼:《社会福利国家面临的挑战》,王学东译,商务印书馆 2004 年版。

[美]R.麦克法夸尔、费正清主编:《剑桥中华人民共和国史》,谢亮生等译,中国社会科学出版社 1998 年版。

[法]福柯:《何为启蒙?》,《福科集》,杜小真等编译,上海远东出版社 2003 年版。

[美]富勒:《法律的道德性》,郑戈译,商务印书馆 2005 年版。

[德]弗洛伊德:《精神分析引论》,商务印书馆 1984 年版。

高鹤:《基于财政分权和地方政府行为的转型分析框架》,《改革》2004 年第 4 期。

勾晓峰:《土地矛盾渐成不稳定因素　征地制度改革成关键》,《经济参考报》2006 年 2 月 28 日。

管云海:《地方政府财政收入实际能力初探》,《四川财政》2002 年第 4 期。

[德]哈贝马斯:《事实与规范》,童世骏译,生活·读书·新知三联书店 2003 年版。

[美]哈耶克:《哈耶克论文集》,邓正来编译,首都经济贸易大学出版社 2001 年版。

[美]哈耶克:《个人主义与经济秩序》,生活·读书·新知三联书店 2003 年版。

[美]韩丁:《翻身》,韩倞等译,北京出版社 1980 年版。

韩纪江、孔祥智:《不同类型的失地农民及其征地补偿分析》,《经济问题探索》2005 年第 6 期。

何健:《补偿与社会系统平衡》,《晋阳学刊》2006 年第 5 期。

何健等:《补偿的道德性及其实现》,《社会》2008 年第 1 期。

何清涟、张祥平:《"圈地运动"与中国社会心理的变迁》,《战略与管理》2000 年第 4 期。

贺雪峰、阿古智子:《村干部的动力机制与角色类型——兼谈乡村治理研究中的若干相关话题》,《学习与探索》2006 年第 3 期。

[德]黑格尔:《精神现象学》(上),贺麟、王玖兴译,商务印书馆 1987 年版。

[德]亨利希·库诺:《马克思的历史、社会和国家学说——马克思的社会学的基本要点》,袁志英译,上海世纪出版集团 2006 年版。

洪兆平:《地方政府竞争战略的基本类型》,《扬州大学税务学院学报》2006 年第 2 期。

[美]怀默霆(Martin King Whyte):《中国发展中的城市与农村》,《国外社会学》2000 年第 5 期。

黄燕、孟繁邨:《地方政府行为演变的阶段性特征及其趋势分析》,《管理现代化》

2006 年第 4 期。

黄志华:《“征地”应是一种法律行为》,《浙江国土资源》2006 年第 2 期。

[美]黄宗智:《华北的小农经济与社会变迁》,中华书局 1986 年版。

[美]黄宗智:《中国研究范式转移》,强世功译,社会科学文献出版社 2003 年版。

[英]吉登斯:《社会的构成:结构化理论大纲》,李康、李猛译,生活·读书·新知三联书店 1998 年版。

[英]吉登斯:《民族国家与暴力》,胡宗泽、赵力涛译,生活·读书·新知三联书店 1998 年版。

[美]吉尔伯特·罗兹曼:《中国的现代化》,段小光等译,江苏人民出版社 1998 年版。

[意]加罗法洛:《犯罪学》,耿伟、王新译,中国大百科全书出版社 1996 年版。

贾科:《领导干部考察失真研究》,《战略与管理》2004 年第 3 期。

贾亚男:《财政转型与西部地区地方政府的财政协调》,《新疆农垦经济》2006 年第 5 期。

贾晔:《社会保障 ABC(二):社会保障制度的起源和发展》,《人口与计划生育》2003 年第 2 期。

江庆:《中央与地方纵向财政不平衡的实证研究:1978—2003》,《财贸研究》2006 年第 2 期。

蒋廷黼:《中国近代史》,海南出版社 1994 年版。

金耀基:《行政吸纳政治——香港的政治模式》,《中国政治与文化》,香港牛津大学出版社 1997 年版。

景军:《社会记忆理论与中国问题研究》,《中国社会科学季刊》(香港)1995 年总第 12 期。

景天魁:《社会发展的时空结构》,黑龙江人民出版社 2002 年版。

景天魁:《作为公正的发展》,《社会科学战线》2003 年第 6 期。

瞿同祖:《清代地方政府》,范忠信、晏锋译,法律出版社 2003 年版。

瞿同祖:《瞿同祖法学论著集》,中国政法大学出版社 2004 年版。

[匈]卡尔·博兰尼:《巨变:当代政治、经济的起源》,黄树民、石佳英译,台湾远流出版社 1990 年版。

[德]克劳斯·F.勒尔:《程序正义:导论与纲要》,陈林林译,法律思想网 2002 年 2 月 11 日。

[德]拉尔夫·达仁道夫:《现代社会冲突》,林荣远译,中国社会科学文献出版社 2000 年版。

[美]拉维·坎布尔:《发展经济学与补偿原则》,《国际社会科学杂志》2004 年第 1 期。

郎咸平:《上市公司声誉机制建立与治理结构改革》,http://finance.sina.com.cn(2006年1月9日)。

劳骥:《别拿"村干部"不当"干部"》,《聊望新闻周刊》2005年第7—8期。

[法]雷蒙·阿隆:《社会学主要思潮》,葛志强等译,华夏出版社2000年版。

李冬梅:《我国地方财政困境辨析》,《云南财贸学院学报》2005年第5期。

李红军:《打破地方政府"以地生财"的"怪圈"》,《政府法制》2006年第8期(上)。

李猛:《日常生活中的权力技术——迈向一种关系/事件的社会学分析》,北京大学硕士研究生学位论文(1996年未刊稿)。

李猛:《论抽象社会》,《社会学研究》1999年第1期。

李培林:《再论"另一只看不见的手"》,《社会学研究》1994年第1期。

李培林:《中国社会结构转型》,黑龙江人民出版社1995年版。

李培林:《村落的终结——羊城村的故事》,商务印书馆2004年版。

李平、徐孝白:《征地制度改革:实地调查与改革建议》,《中国农村观察》2004年第6期。

[俄]列宁:《论所谓市场问题》,《列宁全集》(第1卷),人民出版社1984年第2版。

刘世定:《占有、认知与人际关系——对中国乡村制度变迁的经济社会学分析》,华夏出版社2003年版。

刘亚玲:《按照市场经济办法确定征地补偿标准》,《经济学家》2005年第3期。

刘炎焱:《财政职能在地方政府之间的配置比较》,《经济与法》2006年第1期。

[美]刘易斯·科塞:《社会冲突的功能》,孙立平等译,华夏出版社1989年版。

[美]流心:《自我的他性——当代中国的自我谱系》,常姝译,上海人民出版社2005年版。

[德]卢曼:《社会》,《国外社会学》2001年第6期。

[德]卢曼:《社会的概念》,于海译,《国外社会学》2001年第6期。

[德]卢曼:《权力》,瞿铁鹏译,上海人民出版社2005年版。

[法]卢梭:《社会契约论》,何兆武译,商务印书馆1980年版。

鲁彦平、卓惠萍:《利益:互惠社区中村干部竞选的行为逻辑——豫北三镇六村的调查与思考》,《甘肃农业》2005年第12期。

[美]伦斯基:《权力与特权:社会分层的理论》,关信平等译,浙江人民出版社1988年版。

[美]罗伯特·E.墨菲:《文化与社会学引论》,王卓君、吕遒基译,商务印书馆2004年版。

[美]罗伯特·贝拉等:《心灵的习性——美国人生活中的个人主义和公共责任》,

翟宏彪等译,生活·读书·新知三联书店1991年版。

[美]罗伯特·贝拉:《德川宗教:现代日本的文化起源》,王晓山、戴茸译,生活·读书·新知三联书店2003年版。

[美]罗伯特·默顿:《非预期结果及其相关的社会学观点:个人思想录》,《国外社会学》1998年第3期。

[美]罗尔斯:《正义论》,何怀宏、廖申白译,中国社会科学文献出版社1988年版。

罗荣渠:《现代化理论与历史经验的再探讨》,上海译文出版社1998年版。

[英]洛克:《政府论》(下篇),商务印书馆1964年版。

麻挺松、张克难:《转轨经济中的我国地方财政困境:一个合约视角的分析》,《南京政治学院学报》2006年第2期。

马骏、刘亚平:《中国地方政府财政风险研究:"逆向软预算约束"理论的视角》,《学术研究》2005年第11期。

马克思:《〈黑格尔法哲学批判〉》,《马克思恩格斯全集》(第1卷),人民出版社1956年版。

马克思:《政治经济学批判"序言"》,《马克思恩格斯全集》(第13卷),人民出版社1965年版。

马克思:《马克思致维拉·伊万诺夫娜·查苏利奇》,《马克思恩格斯全集》(第35卷),人民出版社1971年版。

马克思:《资本论》(第2卷),人民出版社1991年版。

马克思:《政治经济学批判》,人民出版社1976年版。

马克思、恩格斯:《共产党宣言》(单行本),人民出版社1997年版。

马克思、恩格斯:《马克思恩格斯选集》(第4卷),人民出版社1972年版。

[德]马克斯·舍勒:《资本主义的未来》,罗悌伦等译,生活·读书·新知三联书店1997年版。

[德]马克斯·韦伯:《支配社会学》,康乐、简惠美译,广西师范大学出版社2004年版。

[德]马克斯·韦伯:《社会学的基本概念》,顾忠华译,广西师范大学出版社2005年版。

[德]马克斯·韦伯:《新教伦理与资本主义精神》,于晓、陈维纲等译,生活·读书新知三联书店1987年版。

马戎、刘世定、邱泽奇主编:《中国乡镇组织变迁研究》,华夏出版社2000年版。

[法]马塞尔·莫斯:《礼物》,汲喆译,上海人民出版社2002年版。

[英]迈克尔·曼:《社会权力的来源》(第1卷),刘北成、李少军译,上海人民出版社2002年版。

[美]麦克·M.塞尔内亚:《安置的新经济学:对赔偿原则的社会学批判》,王星

译,《国际社会科学杂志》2004 年第 1 期。

毛泽东:《湖南农民运动考察报告》,《毛泽东选集》(单行本),人民出版社 1964 年版。

孟光宇:《地政法规》,大东书局 1946 年版。

[美]米尔斯:《社会学的想象力》,陈强、张永强译,生活·读书·新知三联书店 2001 年版。

[德]米歇尔·鲍曼:《道德的市场》,肖君、黄承业译,中国社会科学出版社 2003 年版。

[英]密尔松:《普通法的历史基础》,李显东等译,中国大百科全书出版社 1999 年版。

[法]莫里斯·哈布瓦赫:《社会形态学》,王迪译,上海世纪出版集团 2005 年版。

宁泽逵、柳海亮、王征兵、柴浩放:《村干部向何处去——关于村干部"公职化"的可行性分析》,《中国农村观察》2005 年第 1 期。

潘扬彬、郑庆昌:《城市化过程中征地博弈分析》,《福建农林大学学报》(哲学社会科学版)2006 年第 2 期。

[瑞典]裴小林:《集体土地制:中国乡村工业和渐进转轨的根源》,http://www.usc.cuhk.edu.hk/wkgb.asp(1999)。

彭代彦:《村干部的职能与激励》,http://www.cenet.org.cn/cn/CEAC/(2003)。

[法]皮埃尔·布迪厄、[美]华康德:《实践与反思——反思社会学导引》,李猛、李康译,中央编译出版社 1998 年版。

[瑞士]皮亚杰:《结构主义》,商务印书馆 1984 年版。

[英]齐格蒙特·鲍曼:《共同体:在一个不确定的世界中寻找安全》,欧阳景根译,江苏人民出版社 2003 年版。

齐晓瑾、蔡澍、傅春晖:《从征地过程看村干部的行动逻辑——以华东、华中三个村庄的征地事件为例》,《社会》2006 年第 2 期。

钱承旦、陈晓律:《英国》,四川人民出版社 2003 年版。

渠敬东:《涂尔干的遗产:现代社会及其可能性》,《社会学研究》1999 年第 1 期。

全国人民代表大会常务委员会:《第十届全国人民代表大会财政经济委员会关于 2005 年中央和地方预算执行情况与 2006 年中央和地方预算草案的审查结果报告》,《全国人民代表大会常务委员会公报》(2006 年 4 月)。

饶友玲:《地方政府财政风险:表现形式、成因与防范》,《中央财经大学学报》2004 年第 4 期。

申京诗:《改革征地制度四种建议的解析》,《中国土地》2005 年第 5 期。

申静、王汉生:《集体产权在中国乡村生活的实践逻辑——社会学视角下的产权建构过程》,《社会学研究》2005 年第 1 期。

沈原:《社会转型与工人阶级的再形成》,《社会学研究》2006 年第 2 期。

四川省公安厅:《群体性事件的调研报告》,《公安研究》2004 年第 1 期。

孙立平:《改革以来中国社会结构的变迁》,《中国社会科学》1994 年第 2 期。

孙立平:《社会转型:发展社会学的新议题》,《社会学研究》2005 年第 1 期。

孙立平等:《清华社会学评论》(特辑),鹭江出版社 2000 年版。

[美]塔尔科特・帕森斯:《社会行动的结构》,张明德、夏遇南、彭刚译,译林出版社 2003 年版。

[美]塔尔科特・帕森斯:《现代社会的结构与过程》,梁向阳译,光明日报出版社 1988 年版。

谭泰乾:《从地方公共财政的"地方性"特征看地方政府之间的竞争》,《求实》2004 年第 5 期。

[英]汤姆逊:《古代哲学家》,何子衡译,生活・读书新知三联书店 1963 年版。

[美]唐纳德・J.布莱克:《法律的运作行为》(修订版),唐越、苏力译,中国政法大学出版社 2004 年版。

陶楚南、梅昀:《对我国征地补偿测算制度的探析——以武汉市江夏区为例》,《华中农业大学学报》(社会科学版)2005 年第 4 期。

童中贤:《地方政府征地补偿机制理性分析》,《公共管理学报》2005 年第 4 期。

国土资源部办公厅编:《国土资源调研报告》,地质出版社 1999 年版。

[法]托克维尔:《美国的民主》(上卷),董果良译,商务印书馆 1988 年版。

[美]托尼・塞奇:《盲人摸象:中国地方政府分析》,《经济社会体制比较》2006 年第 4 期。

王柏玲、于少强:《从地方政府经济行为角度谈积极财政政策转型》,《北方经贸》2006 年第 4 期。

王钢:《从商品属性看征地补偿》,《中国土地》2005 年第 9 期。

王国林、章笑力:《征地中的民主村务实验》,《浙江大学学报》(人文社会科学版)2005 年第 4 期。

王嘉州:《理性选择与制度变迁:中国大陆中央与地方政经关系类型分析》,中国台湾国立政治大学东亚研究所博士学位论文 2003 年。

王嘉州:《中央与地方政经关系类型之建立与检定》,《远景基金会季刊》2003 年第 4 卷第 3 期。

王平、刘守英等:《地根政治:全面解剖中国土地制度》,《中国改革》2005 年第 7 期。

王绍光、胡鞍钢、丁元竹:《最严重的警告:经济繁荣背后的社会不稳定》,《战略与管理》2002 年第 3 期。

王绍光、胡鞍钢:《中国国家能力报告》,辽宁人民出版社 1993 年版。

王守智、夏珺:《政策解读:征地补偿安置为什么要听证》,《人民日报》2004 年 6 月 14 日第 2 版。

王思斌:《村干部权力竞争解释模型之比较》,《北京大学学报》(哲学社会科学版)2005 年第 3 期。

王征兵:《村干部合法收入标准的确定——以陕西省兴平市西吴镇为例》,《中国农村经济》2004 年第 11 期。

文榕:《中国"土地问题"》,东亚经济评论(2005 年 7 月 25 日),http://www.e-economic.com。

邬丽萍:《地方政府在土地市场上的角色与地位》,《统计与决策》2006 年第 8 期。

吴瀚飞:《中国公开选拔领导干部制度研究》,中国社会科学院研究生院博士学位论文(2001 年未刊稿)。

吴敬琏:《共和国经济 50 年》,中国宏观经济信息网(2004 年 7 月 12 日),http://www.macrochina.com。

吴玲:《我国征地制度的制度悖论与创新路径》,《宏观经济研究》2005 年第 10 期。

吴明熹:《改革征地制度维权农民》,《建设科技》2004 年第 6 期。

吴尚鹰:《土地问题与土地法》,商务印书馆 1935 年版。

吴毅:《双重边缘化:村干部角色与行为的类型学分析》,《管理世界》2002 年第 11 期。

肖瑛:《回到"社会的"社会学》,《社会》2006 年第 5 期。

萧新煌:《低度发展与发展——发展社会学选读》,台湾巨流图书公司 1982 年版。

潇湘台:《改革开放后大陆社会稳定之研究》,中国台湾国立中山大学研究所在职专班硕士学位论文 2004 年。

谢朝华:《关于停止征地工作中货币安置的建议》,《中国土地》2004 年第 4 期。

谢清树:《中国土地征用制度的改革——与市场经济国家土地征用制度的比较》,《开放时代》2005 年第 5 期。

谢蓉、温倩文:《财政转移支付制度下中央与地方的博弈关系》,《中国行政管理》2005 年第 7 期。

雄连勇:《关于土地在价值创造中的作用及对改革征地制度的启示》,载《国土经济》2004 年第 3 期。

熊自建:《中共〈深化干部人事制度改革纲要〉的颁布与推行》,《问题与研究》2002 年第 3 期。

徐慧清:《去他者化:农村村干部的身份追求》,《社会主义研究》2006 年第 3 期。

徐晓军:《当代中国农村乡镇干部内部的三重网络》(2004 年 7 月 19 日),http://www.sociology.cass.net.cn。

［美］亚历山大：《分化理论：问题及其前景》，《国外社会学》1992 年第 1 期。

［古希腊］亚里士多德：《尼各马可伦理学》，廖申白译，商务印书馆 2003 年版。

严金明：《大陆征地制度：历史演变、问题评析与制度改革设计》，《海峡两岸土地利用研讨会论文集》2005 年。

杨皋伶、朱玉碧：《〈土地管理法〉中征地条款的缺陷研究》，《西南农业大学学报》（社会科学版）2005 年第 3 期。

杨善华、苏红：《从“代理型政权经营者”到“谋利型政权经营者”——向市场经济转型背景下的乡镇政权》，《社会学研究》2002 年第 1 期。

杨善华、王纪芒：《被动城市化过程中的村庄权力格局与村干部》，《广东社会科学》2005 年第 3 期。

杨小凯：《民国经济史》，《开放时代》2001 年第 9 期。

姚洋：《财政联邦化导致地方政府商业化和机会主义倾向》，《领导决策信息》2003 年第 8 期。

［美］伊曼纽尔·沃勒斯坦：《现代世界体系》（第 1 卷），尤来寅等译，高等教育出版社 2000 年版。

应星：《大河移民上访的故事》，生活·读书·新知三联书店 2001 年版。

［德］尤尔根·哈贝马斯：《交往行为理论》（第 1 卷），曹卫东译，上海人民出版社 2004 年版。

于福春、高德刚、刘德勤：《处理大型工程征地中引发社会矛盾的新机制探索》，《山东水利》2006 年第 7 期。

于建嵘：《农民有组织抗争及其政治风险——湖南省 H 县调查》，《战略与管理》2003 年第 3 期。

于晶、牛海涛：《从利益冲突看我国中央与地方财政关系变迁》，《湖南税务高等专科学校学报》2005 年第 6 期。

［美］约翰·罗尔斯：《正义论》，何怀宏、何包钢、廖申白译，中国社会科学出版社 1988 年版。

［美］约翰·曼达利奥：《历史社会学的发展趋势》，姚映然、李康译，载《国外社会学》2001 年第 4 期。

［英］詹姆斯·W.汤普逊：《中世纪晚期欧洲经济社会史》，徐家玲等译，商务印书馆 1992 年版。

张红、于楠、谭峻：《对完善中国现行征地制度的思考》，《中国土地科学》2005 年第 1 期。

张江华：《工分制下农户的经济行为——对恰亚诺夫假说的验证与补充》，《社会学研究》2004 年第 6 期。

张静：《基层政权——乡村制度诸问题》，浙江人民出版社 2000 年版。

张乐天:《告别理想:人民公社制度研究》,东方出版中心 1998 年版。

张林江:《围绕农村土地的权力博弈——不确定产权的一种经验分析》,中国社会科学院研究生院博士学位论文(2003 年未刊稿)。

张鸣:《乡村治理与摆平和摆平术》,中国农村研究网(2006 年 12 月 11 日)。

张维迎、栗树和:《地区间竞争与中国国有企业的民营化》,《经济研究》1998 年第 12 期。

张小军:《象征地权与文化经济——福建阳村的历史地权个案研究》,《中国社会科学》2004 年第 3 期。

张晓玲、卢海元、米红:《被征地农民贫困风险及安置措施研究》,《中国土地科学》2006 年第 2 期。

赵树凯:《乡村治理:组织和冲突》,http://www.usc.cuhk.edu.hk/wkgb.asp(2003)。

赵树凯:《破除"地方政府公司主义"》,《中国改革》2006 年第 8 期。

浙江省国土资源办公厅:《保障被征地农民权益　妥善解决农民长远生计——浙江采取十种形式安置失地农民》,《浙江国土资源》2004 年第 8 期。

郑地:《村干部为啥老打土地主意》,《中国土地》2006 年第 9 期。

郑明怀:《"强龙难压地头蛇"——转型时期村干部蜕变的特征及其原因》,《宜春学院学报》2005 年第 S1 期。

中共中央宣传部理论局:《科学发展观学习读本》,《人民日报》(2006 年 7 月 19 日第 8 版)。

中国土地勘测规划院地政研究中心:《从体制上消除地方过度依赖"土地财政"》,《中国土地》2006 年第 7 期。

中国土地勘测规划院地政研究中心:《地方政府土地利用行为分析》,《中国土地》2006 年第 7 期。

中国土地政策改革课题组:《中国土地现状解密:土地财政与地方政府》,《财经》(2006 年 2 月 20 日第 4 期)。

周飞:《土地征用制度改革的理论分析与实证研究》,南京师范大学博士学位论文(2005 年未刊稿)。

周鹏、詹耀文:《论分税制条件下我国中央与地方政府关系的嬗变——以财政关系为例》,《上饶师范学院学报》2003 年第 1 期。

周雪光:《"关系产权":产权制度的一个社会学解释》,《社会学研究》2005 年第 2 期。

周雪光:《组织社会学十讲》,社会科学文献出版社 2003 年版。

周远征:《D 市圈地调查》,《中国经营报》(2003 年 11 月 10 日)。

朱东恺、施国庆:《城市建设征地和拆迁中的利益关系分析》,《城市发展研究》2004 年第 3 期。

朱林兴:《导入市场机制,改革征地制度》,《探索与争鸣》2004 年第 2 期。

朱林兴:《关于征地制度改革的一些思考》,《上海市经济管理干部学院学报》2004 年第 1 期。

朱苏力:《当代中国的中央与地方分权——重读毛泽东“论十大关系”第五节》,北大法律信息网(2003)。

2. 地方志及档案

B 图书馆,《B 志稿》(1—4 册),1943 年版(油印)。

B 图书馆红楼馆,B4—20。

D 市档案馆,0053 全宗 11 目第 80 卷。

D 市档案馆,0081 全宗 3 目第 728、433 卷

D 市档案馆,0081 全宗 4 目第 1075、1376、1658 卷。

D 市档案馆,1125 全宗 1 目第 49、68 卷。

D 市国土资源与房屋管理局档案馆,1355c 全宗。

《D 市土地管理志》,SW 大学出版社 1991 年版。

《G 镇志》(内部刊物),2006 年 1 月版。

《S 县粮油志 1911—1981》(内部刊物),1984 年 9 月版。

3. 英文文献

Alvin W.Gouldner,“The Norm of Reciprocity:A Preliminary Statement”,*American Sociological Review*,Vol.25,No.2(April 1960).

Andrew Walder,“The Decline of Communist Power:Elements of Institutional Change”,*Theory and Society*,Vol.23,No.2(1994),Special Issue on the Theoretical Implications of the Demise of State Socialism.

Charles Camic,“The Utilitarianism Revisited”,*The American Journal of Sociology*,Vol.85,No.3(November 1979).

David Fogel, *We Are Living Proof: The Justice Model of Corrections*, W. H. Anderson,1975.

David Rubinstein,“The Concept of Justice in Sociology.”*Theory and Society*,Vol.17,No.4(July 1988).

David Shambaugh,“The Review of Perspectives on Modern China:Four Anniversaries”,*The China Quarterly*,Vol.132(December 1992).

Diane Jeske,“Persons,Compensation,and Utilitarianism”,*The Philosophical Review*,Vol.102,No.4(October 1993).

Elizabeth Perry,"Trends in the Study of Chinese Politics:State-Society Relations." *The China Quarterly*,Vol.139(September 1994).

G.R.J.Hockey,"Compensatory Control in the Regulation of Human Performance under Stress and High Workload:A Cognitive Energetical Framework",*Biological Psychology*,No. 45(1997).

Guillermina Jasso,"Some of Robert K.Merton's Contributions to Justice Theory",*Sociological Theory*,Vol.18,No.2(July 2000).

James D.Westphal,and Edward J.Zajac,"Defections from the Inner Circle:Social Exchange,Reciprocity,and the Diffusion of Board Independence in U.S.Corporations",*Administrative Science Quarterly*,Vol.42,No.1(March 1997).

Javier Trevino (ed.) *Talcott Parsons Today*, Rowman & Littlefield Publishers, Inc.,2001.

Jean C.Oi,"Fiscal Reform and the Economic Foundations of Local State Corporatism in China",*World Politics*,Vol.45,No.1(1992).

Jean C.Oi,"The Role of the Local State in China's Transitional Economy",*The China Quarterly*,No.144(December 1995).

Joel Feinberg,"Voluntary Euthanasia and the Inalienable Right to Life",*Philosophy and Public Affairs*,Vol.7,No.2(Winter 1978).

John W.Chapman(ed.),*Compensatory Justice*,New York University Press,1991.

Judith Jarvis Thomson,"Rights and Compensation",*Nous*,1980.

Julien Freund,"German Sociology in the Time of Max Weber",in *A History of Sociological Analysis*,(eds.)by Tom Bottomore and Robert Nisbet,Basic Books,1978.

Karl Polanyi,*The Great Transformation*,Beacon Press,1960.

Loren Brandt,Jikun Huang,Guo Li and Scott Rozelle,"Land Rights in Rural China: Facts,Fictions and Issues",*The China Journal*,No.47(Janurary 2002).

Mark Granovetter,"The Strength of Weak Ties",in *Social Structure and Network Analysis*,(ed.)by Peter V.Marsden and Nan Lin,Sage,1982.

Michael Cernea, *Putting People First-Sociological Variables in Rural Development*, Oxford University Press,1991.

Michel Oksenberg, "China's Political Systems: Challenges of the Twenty-First Century",*The China Journal*.No.45(January 2001).

Miles L.Patterson,"Compensation in Nonverbal Immediacy Behaviors:A Review",*Sociometry*,Vol.36,No.2(June 1973).

Niklas Luhmann,*Social Systems*,(trans.)by John Bednarz,Jr.& Dirk Baecker,Stanford University Press,1995.

Norman Long, *Development Sociology: Actor Perspectives*, Routledge, 2001.

P.B.Evans, D.Rueschemeyer, and Theda Skocpol(ed.), *Bring The State Back In*, Cambridge University Press, 1985.

Pat Shannon, "Bureaucratic Initiative in Capitalist New Zealand: A Case Study of the Accident Compensation Act of 1972", *The American Journal of Sociology*, Vol.88(1982), Supplement: Marxist Inquiries: Studies of Labor, Class, and States Peter Hedstrom, and Richard Swedberg(ed.), *Social Mechanisms*, Cambridge University Press, 1998.

Philip Montague, "Rights and Duties of Compensation", *Philosophy & Public Affairs*, Vol.13, No.1(1984).

Qian Yingyi and Barry R.Weingast, "China's Transition to Markets: Market-Preserving Federalism, Chinese Style", *Journal of Policy Reform*, No.1(1996).

Robert Amdur, "Compensatory Justice: The Question of Cost", *Political Theory*, Vol.7, No.2(May 1979).

Robert Merton, *Social Theory and Social Structure*, The Free Press, 1968.

Robert N.Bella, "Civil Religion in America", in *Beyond Belief—Essays on Religion in a Post-Traditional World*, University of California Press, 1991.

Roland F. Lee, "Emerson's 'Compensation' as Argument and as Art", *The New England Quarterly*, Vol.37, No.3(September 1964).

S.N.Eisenstadt, "Social Change, Differentiation and Evolution." *American Sociological Review*, Vol.29, No.3(June1964).

S.N.Eisenstadt, *The Political Systems of Empires*, Free Press, 1969.

Steven M. Goldstein, "China in Transition: The Political Foundations of Incremental Reform", *The China Quarterly*, No.144(December 1995).

Susan H.Whiting, *Power and Wealth in Rural China: The Political Economy of Institutional Change*, Cambridge University Press, 2001.

T.H.Marshall, *Class, Citizenship and Social Development*, Anchor Books, 1965.

Talcott Parsons, "On the Concept of Influence", *The Public Opinion Quarterly*, Vol.27, No.1(Spring 1963).

Talcott Parsons, Edward A.Shils(ed.), *Toward a General Theory of Action*, Harvard University Press, 1962.

Talcott Parsons, *Talcott Parson On Institutions and Social Evolution*, (ed.) by Leon H. Mayhew, The University of Chicago Press, 1982.

Talcott Parsons, *Talcott Parsons: The Early Essays*, (ed.) by Charles Camic., the University of Chicago Press, 1991.

Talcott Parsons, *The Evolution of Societies*, (ed.) by Jackson Toby, Prentice-Hall,

Inc., 1977.

Talcott Parsons, *The Social System*, The Free Press, 1951.

Tallman Irving and Ihinger-Tallman, "Value Distributive Justice and Social Change", *The American Journal of Sociology*, Vol.44, No.2(April 1979).

Theda Skocpol(ed.) *Vision and Method in Historical Sociology*, Cambridge University press, 1984.

Theda Skocpol, "Old Regime Legacies and Communist Revolutions in Russia and China", *Social Forces*, Vol.55, No.2(December 1976).

Theda Skocpol, *States and Social Revolutions*, Cambridge University Press, 1979.

Thomas Gold, Dong Guthrie, David Wank, *Social Connections in China*, Cambridge University Press, 2002.

Victor Nee, Rebecca Mathews, "Market Transition and Societal Transformation in Reforming State Socialism", *Annual Review of Sociology*, Vol.22(1996).

Vivienne Shue, "Grasp Reform: Economic Logic, Political Logic and the State-Society Spiral", *The China Quarterly*, No.144(December 1995).

Vivienne Shue, "The Review of State and Society in China: The Conseaqueses of Reform", *The China Quarterly*, No.135(1993).

W.Richard Scott, *Organizations: Rational, Natural, and Open Systems*, Prentice Hall International, Inc, 1998.

W. D. Ross, *The Right and Good*, (ed.) by Philip Stratton-Lake, The Clarendon Press, 1930.

William M. Evan, "Role Strain and the Norm of Reciprocity in Research Organizations", *The American Journal of Sociology*, Vol.68, No.3(November 1962), Studies on Formal Organization.

索 引

后　记

就这些论文而言，算是第二次写后记了。当时就曾认为，人生在一定程度上是和“时间恐惧”作某种挣扎，随着年岁的增长，这一点体会似乎愈加明显，但也增加了另一种认识，时间虽使人生不完美，却使得生命的某些片段显得更富光彩。对于某些人来说，知识的过程或许就属于这样那样的彩绘玻璃。当然，这些彩绘玻璃显现其光彩时需要诸多的条件，比如建筑、绘画者、光线、领悟者等，没有这些条件，玻璃只是没有形式的物质碎片。

因此，我要感谢很多人。

在论文最初的写作过程中，我时常有泄气的感觉，甚至有多次更换题目的念头，之所以能将这个题目坚持做下来，最要感谢的人当属我的老师景天魁先生，除了先生的督勉以及生活方面的关心、支持外，尤为重要的是他时常提醒的“从细处着手，整体观念着眼”“虚实相应、上下结合”等警语，使我在研究、写作过程中不断有所悟，使我逐渐明白从察社会之“变”到思社会之“通”的治学途径，使我思考如何从时间的专制之下获取得救的方式。中国社会光变不行，除了变，我们还应打“通”因“变”带来的种种隔断，正如科耶夫曾说，戒指之所以成为戒指，乃是它是空洞与金子的结合。在论文写作中,我体会到程序原则的坚持可能是我们社会实现“通”的不可或缺的前提,因为在我看来,程序并不等同于僵死,反倒可能通过严谨性的行动让我们获得思考的能力,继而在有了起码的思考力之后,才可能具备最低限度的良知和同情。

这是写作中的一点体会。这一感受是源于多种力的合成,陆学艺老师、李培林老师、苏国勋老师、李银河老师、罗红光老师等师长犹如一道道不同的力,在论文开题讨论时,他们不仅切中了这项研究的病症,而且施以援手,帮助我继续走下去。感谢答辩过程中洪大用老师和朱红文老师给予的批评和帮助。不管以后在哪里,我也忘不掉社会学系秘书陆会平老师永不拒人的微笑,她对我们的帮助是不厌其烦的。

同时,也要感谢渠敬东老师,正是他在清华大学以及本校的社会理论课堂上的讲解,引导我去深入思考“思想”与“社会”间的张力。还要感谢赵立玮,除了帮助我避免误读帕森斯的作品外,更是对我的文献收集、学养积累有十分重要的影响。

最后,我要感谢我的家人——我的母亲、妻子、女儿以及早故的父亲和新近去世的祖母。我的母亲潘中培只身一人将独子的我拉扯大,极其艰辛,极其坚强,我的爱人江玲为我承担了家庭的许多工作,女儿清源更是我阅读与生活的快乐源泉,她们给予我的太多了……

本书出版得到了西南大学文化与社会发展学院勉仁出版基金、重庆市北碚区新城管委会安置房小区可持续发展项目的资助,在此表示谢意!

何　健

二零一六年十二月五日

责任编辑:汪　逸
封面设计:周方亚
责任校对:张红霞

图书在版编目(CIP)数据

补偿的限度:有关征地的社会学研究/何健 著. —北京:人民出版社,
2017.7
ISBN 978－7－01－017551－5

Ⅰ.①补…　Ⅱ.①何…　Ⅲ.①土地征用-补偿-社会学-研究-中国
Ⅳ.①F321.1

中国版本图书馆 CIP 数据核字(2017)第 068754 号

补偿的限度
BUCHANG DE XIANDU
——有关征地的社会学研究

何　健　著

人民出版社 出版发行
(100706　北京市东城区隆福寺街 99 号)

环球东方(北京)印务有限公司印刷　新华书店经销

2017 年 7 月第 1 版　2017 年 7 月北京第 1 次印刷
开本:710 毫米×1000 毫米 1/16　印张:18.25
字数:232 千字

ISBN 978－7－01－017551－5　定价:46.00 元

邮购地址 100706　北京市东城区隆福寺街 99 号
人民东方图书销售中心　电话 (010)65250042　65289539